Manfred Kittel
Nach Nürnberg und Tokio

Schriftenreihe
der Vierteljahrshefte für Zeitgeschichte
Band 89

Im Auftrag des Instituts für Zeitgeschichte

Herausgegeben von

Karl Dietrich Bracher, Hans-Peter Schwarz, Horst Möller

Redaktion: Jürgen Zarusky

R. Oldenbourg Verlag München 2004

Nach Nürnberg und Tokio

„Vergangenheitsbewältigung" in Japan und
Westdeutschland 1945 bis 1968

Von Manfred Kittel

R. Oldenbourg Verlag München 2004

Bibliografische Information Der Deutschen Bibliothek

Die Deutsche Bibliothek verzeichnet diese Publikation in der Deutschen Nationalbibliografie; detaillierte bibliografische Daten sind im Internet über <http://dnb.ddb.de> abrufbar.

© 2004 Oldenbourg Wissenschaftsverlag GmbH, München
Rosenheimer Straße 145, D-81671 München
Internet: http://www.oldenbourg-verlag.de

Das Werk einschließlich aller Abbildungen ist urheberrechtlich geschützt. Jede Verwertung außerhalb der Grenzen des Urheberrechtsgesetzes ist ohne Zustimmung des Verlages unzulässig und strafbar. Dies gilt insbesondere für Vervielfältigungen, Übersetzungen, Mikroverfilmungen und die Einspeicherung und Bearbeitung in elektronischen Systemen.

Gedruckt auf säurefreiem, alterungsbeständigem Papier (chlorfrei gebleicht).
Gesamtherstellung: R. Oldenbourg Graphische Betriebe Druckerei GmbH, München

ISBN 3-486-57573-2
ISSN 0506-9408

Inhaltsverzeichnis

I.	Einleitung	1
II.	Zweierlei Vergangenheiten	13
III.	Hirohito: Vom Hauptkriegsverbrecher zum Symbol der Unschuld?	25
IV.	Innere und äußere Rahmenbedingungen der „Vergangenheitsbewältigung"	31
V.	Alliierte Prozesse gegen die Hauptkriegsverbrecher: Tokio, Nürnberg und die Schulddebatte	43
VI.	Politische Säuberung	55
VII.	Umgang mit Kriegs- und Gewaltverbrechen nach dem Ende der Besatzungsherrschaft	69
VIII.	„Wiedergutmachung"	77
IX.	„Vergangenheitsbewältigung" und politische Kultur	91
	1. Shintôistische und protestantische Erinnerungslandschaften	95
	2. Geschichtspolitik	107
	3. Die Rolle der Journalisten	113
	4. Schlüsselfunktion des (regierenden) Konservativismus bei der „Vergangenheitsbewältigung"	116
	5. Linksopposition und Pazifismus	130
X.	Die Studentenbewegung der 1960er Jahre	139
XI.	Ausblick: Später Klimawandel in der japanischen Erinnerungskultur und „Amerikanisierung des Holocaust" in der Bundesrepublik	153
XII.	Resümee: Äußerer Druck und innere Rezeptoren in der Erinnerungskultur	167

Nachwort. Von Miyazawa Kôichi und Philipp Osten. 177

Abkürzungsverzeichnis 181

Literaturverzeichnis 183

Personenregister 199

I. Einleitung*

Als eine „Orgie der Gewalt, die in der Weltgeschichte ihresgleichen sucht", hat die sino-amerikanische Publizistin Iris Chang den grausamen Höhepunkt der japanischen Kriegsverbrechen in der alten chinesischen Hauptstadt Nanking 1937 bezeichnet und kritisiert, daß die meisten Nicht-Asiaten „über die Schrecken des Massakers anders als über die Atombombenexplosionen in Japan oder den Holocaust in Europa fast nichts" wüßten[1]. Tatsächlich wurde Nanking in wichtigen Standardwerken zur Geschichte des Zweiten Weltkriegs oder z. B. in den Churchill-Erinnerungen nicht einmal erwähnt. Und in Japan selbst wird Kriegsverbrechern im Tokioter Yasukuni-Schrein in einer Art und Weise gedacht, die ein überlebendes amerikanisches Opfer zu der Einschätzung veranlaßte, dies sei etwa so, als planten die Deutschen „mitten in Berlin eine Kathedrale für Hitler zu erbauen"[2]. Der ehemalige Ministerpräsident Singapurs Lee Kwan-Yew kam (1992) zu dem Schluß: „Unglücklicherweise sind die Japaner, anders als die Deutschen, im Umgang mit den von ihnen während des Zweiten Weltkriegs verursachten Greueltaten und furchtbaren Katastrophen weder offen noch ehrlich ...".[3]
Der Franzose Alfred Grosser urteilt ähnlich über die „Vergangenheitsbewältigung" in der Bundesrepublik Deutschland und den Genozid im Gedächtnis der Menschheit: „Wohl nirgendwo sonst auf der Welt hat eine Gemeinschaft in vergleichbarem Ausmaß akzeptiert und gewünscht, daß die dunkle Vergangenheit in der Gegenwart eine so zentrale Stellung einnimmt"[4]. Die These des renommierten Friedenspreisträgers des deutschen Buchhandels hat indes wenig Resonanz gefunden. Dieser Eindruck drängt

---

* Der Konvention entsprechend wird bei der Nennung japanischer Eigennamen im folgenden der Familienname vorangestellt. Lang gesprochene Vokale werden mit einem Hilfszeichen (^) über dem Buchstaben gekennzeichnet.
[1] Chang, Die Vergewaltigung von Nanking, S. 11f. Die Fehler des Buches erleichterten es der japanischen Rechten, gegen die Publikation Front zu machen. Chang hatte unter anderem nicht richtig wahrgenommen, daß in Japan in den 1970er Jahren doch eine intensivere Debatte über Nanking begonnen hatte. Vgl. hierzu vor allem die Einleitung von Gibney in: Honda, The Nanjing Massacre, sowie Ishida, Das Massaker von Nanking, S. 235, und Bork, Geschichtsklitterung in Sprechblasen, in: Die Zeit, Nr. 11, v. 11. März 1999. Jüngere Publikationen zum Thema Nanking analysiert Yang, Re-Examining the Japanese Atrocities in Nanjing.
[2] Chang, Die Vergewaltigung von Nanking, S. 18.
[3] Zit. nach Tanaka, Japans Nachkriegsverantwortung, S. 411.
[4] Grosser, Ermordung der Menschheit, S. 147. Ähnlich auch die Einschätzung von Schwarz, Epochenwechsel, S. 208.

sich jedenfalls auf, wenn man etwa die einschlägigen Bibliotheksbestände des Instituts für Zeitgeschichte allein für den jüngsten Zeitraum ab 1995 sichtet. Unter dem Stichwort „Vergangenheitsbewältigung" stößt man dabei auf mehrere Hundert, überwiegend deutschsprachige Bücher historischer, philosophischer, politologischer, soziologischer, psychologischer oder (volks-)pädagogischer Thematik, die aber selten einmal die deutsche Entwicklung mit der in anderen Ländern vergleichen, sondern sich allen möglichen Facetten der nationalen Erinnerung widmen. Diese Beobachtung ist allerdings nicht dahingehend mißzuverstehen, daß es nicht auch noch mehr als genug Forschungsdesiderata in bezug auf die nationale deutsche Auseinandersetzung mit der NS-Vergangenheit gäbe, man denke nur an das eminent wichtige, bis heute wissenschaftlich nicht umfassend geklärte Thema der strafrechtlichen Verfolgung von NS-Gewaltverbrechen durch die deutsche Justiz in den 1950er Jahren[5]. Richtig ist aber doch, daß es allzu lange, wenn überhaupt, Kolloquien und Sammelbänden überlassen worden ist[6], die Erinnerungsgeschichte an Nationalsozialismus und Zweiten Weltkrieg in der Bundesrepublik in eine international vergleichende Perspektive zu rücken[7].

Trotz Hermann Heimpels gut begründeten Plädoyers aus den 1950er Jahren, „daß die Zeit einer ausschließlich nationalstaatlichen Geschichtsbetrachtung vorbei"[8] sei, hat sich an der primär nationalgeschichtlichen Orientierung, manche sagen gar: „hoffnungslosen Provinzialität" deutscher Historiographie[9] bis in die jüngste Zeit hinein nicht schrecklich viel geändert[10]. Die Möglichkeit, das heuristische Potential international vergleichender Geschichtswissenschaft zu nutzen, stieß sich gerade beim Thema der NS-Vergangenheit und ihrer Bewältigung in Deutschland lange hart im Raume mit der Forderung, „nicht aufzurechnen", die Schatten der eigenen

---

[5] Dieser Schluß läßt sich etwa aus einem Projekt des Instituts für Zeitgeschichte zur Inventarisierung von Verfahrensakten ziehen. Vgl. hierzu Eichmüller, Die Verfolgung von NS-Verbrechen.

[6] Vgl. etwa den Tagungsband von Knigge/Frei (Hg.), Verbrechen erinnern, mit einer leider nur ganz knappen Skizze der japanischen „Vergangenheitsbewältigung" von Sato, Japan und der Zweite Weltkrieg, sowie Bock/Wolfrum, Umkämpfte Vergangenheit, oder Weber/Piazolo, Justiz im Zwielicht.

[7] Wie aufschlußreich ein Vergleich gerade auch höchst unterschiedlicher Erinnerungskulturen sein kann, hat am Beispiel Israels und Deutschlands Zuckermann, Zweierlei Holocaust, gezeigt.

[8] Heimpel, Über Geschichte und Geschichtswissenschaft, S. 22.

[9] Vgl. Eckert, Gefangen in der Alten Welt. Andreas Eckerts scharfe Kritik an dem Desinteresse deutscher Geschichtswissenschaft für außereuropäische Geschichte ist allerdings insofern ergänzungsbedürftig, als sie von dem ebenfalls noch nicht hinreichend ausgeprägten Forschungsinteresse an außerdeutschen europäischen Gegenständen absieht, das angesichts der Entwicklung zur Europäischen Union zumindest ebenso anachronistisch wirkt.

[10] Die Situation der deutschen Geschichtswissenschaft sei vielmehr, so sehen es Heinz-Gerhard Haupt und Jürgen Kocka, durch höchste Spezialisierung und Kleinschrittigkeit gekennzeichnet. Haupt/Kocka, Historischer Vergleich, S. 26.

Geschichte nicht durch den Blick auf die der Nachbarn perspektivisch zu verkürzen und dadurch womöglich den Prozeß der demokratischen Läuterung der bundesrepublikanischen Gesellschaft zu gefährden. So richtig es war, zunächst vor der eigenen Tür zu kehren, so deutlich ist doch heute auch, daß sich die deutsche historische Forschung zur „Vergangenheitsbewältigung" im eigenen Land wichtiger Erkenntnismöglichkeiten begäbe, wenn sie in den „Grenzen eines nationalgeschichtlichen Reduktionismus"[11] verharrte und nicht – von dem zwischenzeitlich erreichten Fundament eines fest in die westliche Wertegemeinschaft eingebundenen Staatswesens aus – damit begänne, die unleugbaren Defizite ebenso wie die „Erfolge" der eigenen „Vergangenheitsbewältigung" im vergleichenden Blick auf ähnliche Prozesse in anderen Nationen differenzierter beurteilen zu lernen. Tatsächlich lassen sich Verdrängungssymptome und Erinnerungsleistungen einer Gesellschaft – auch der bundesdeutschen – „erst im Vergleich zu anderen präziser bestimmen"[12].

Eine komparative Untersuchung des Genozids im Gedächtnis der Völker hat – wie beispielsweise Alfred Grosser deutlich macht – keineswegs von der Besonderheit des in Auschwitz verübten industrialisierten Massenmordes selbst abzusehen[13]. Gerade die Betonung der Singularität eines historischen Geschehens setzt ja paradoxerweise den Vergleich stillschweigend voraus, liegt doch „die Bedeutung einer Einzigartigkeit ... darin, daß alle anderen Phänomene im *Vergleich zu ihr* durchschnittlich und in ihrer Durchschnittlichkeit untereinander vergleichbar sind"[14]. Man kann sich zudem fragen, ob das Beharren auf dem Unvergleichlichen nicht den Blick auf die Möglichkeit verstellte, „den systematischen Massenmord als einen Grundzug der modernen Zivilisation zu begreifen und somit die Perspektive, die Adorno und Horkheimer mit ihrer Dialektik der Aufklärung entwarfen, auf weitere Phänomene auch außerhalb der europäischen Geschichte anzuwenden"[15]?

Gewiß ließe sich kategorisch argumentieren, aus der Sicht der Opfer sei jeder Vergleich von Verbrechen verwerflich, „weil die einzigartige Authentizität des historischen Geschehens dadurch bedroht wird."[16]. Andererseits gehen gerade komparatistische Ansätze insofern von einer Opferperspektive aus, als sie prinzipiell die Ermordung jedes einzelnen Menschen für gleich bedeutend und erinnerungswürdig halten, ob die Täter nun im Dienste einer vulgärdarwinistischen (nationalsozialistischen) Weltanschauung,

---

[11] Darauf haben jetzt zu Recht Christoph Cornelißen, Lutz Klinkhammer und Wolfgang Schwentker hingewiesen. Cornelißen/Klinkhammer/Schwentker, Nationale Erinnerungskulturen, S. 20.
[12] Ebd.
[13] Grosser, Ermordung der Menscheit, v.a. S. 45f., S. 95f.
[14] Shimada, Formen der Erinnerungsarbeit, S. 30.
[15] Ebd., S. 31.
[16] Ebd., S. 30.

im Namen einer pseudohumanistischen (kommunistischen) Ideologie oder auf dem Boden eines „asiatischen" Rassismus agierten und ob dabei neben diesem einzelnen Opfer nun einige Hundert oder viele Millionen Menschen ums Leben kamen. Oder, um es mit Albert Camus zu sagen: Jeder gewaltsame Tod ist ein Weltuntergang.

Im folgenden geht es aber ohnehin nicht um einen Vergleich von Genoziden und den sie verübenden Regimen, sondern um die Analyse unterschiedlicher Erinnerungskulturen. Zu den Bedingungen für deren Möglichkeit gehört keineswegs die absolute Gleichartigkeit der zu „bewältigenden" Verbrechenskomplexe. Vielmehr reicht es hin, daß sich in der ersten Hälfte des 20. Jahrhunderts in mehreren großen Ländern, im stalinistischen Rußland wie im ultranationalistisch-militaristischen Japan, Herrschaftssysteme etabliert hatten, die ähnlich wie das nationalsozialistische Deutschland eine bis dahin nahezu unvorstellbare kriminelle Energie nach innen und/oder nach außen entwickelten und vor allem im Zeitalter des Zweiten Weltkrieges eine apokalyptische Zahl an (Todes-)Opfern produzierten.

Doch während der Vergleich der „Vergangenheitsbewältigung" in der Bundesrepublik Deutschland mit der Japans auch deswegen naheliegt, weil sich hier nach dem Zweiten Weltkrieg ebenfalls ein Systemwechsel vollzog und eine demokratische Gesellschaft etablierte[17], unterläge die Einbeziehung Rußlands der offensichtlichen Schwierigkeit, daß dies dort erst zögernd seit Gorbatschow bzw. seit dem Ende der Sowjetunion 1991 geschah, während andererseits schon Mitte der 1950er Jahre nach dem XX. Parteitag der KPdSU ein, wenn auch nicht demokratisch normierter Prozeß der Bewältigung des Stalinismus eingesetzt hatte. Zwar sind seit dem Zerfall der UdSSR mittlerweile auch schon über zehn Jahre vergangen – rein chronologisch gesehen also das Stadium der Bundesrepublik Mitte der 1950er Jahre erreicht –, was ein Urteil zumindest über die Take-Off-Phase der Bewältigung erlaubte. Zudem gehört es zum üblichen Instrumentarium komparatistischer Historiographie, auch zeitlich verschobene Phasen unter einem bestimmten tertium comparationis zu untersuchen[18]. Doch konzentriert sich der vorliegende Vergleich schon deshalb auf Japan, weil der internationale Forschungsstand zur Stalinismus-Bewältigung im neuen Rußland noch dürftiger ist als die Bewältigung selbst[19].

---

[17] Wenn auch von politologischer Seite darauf verwiesen wird, daß sich die oligarchischen Herrschaftsstrukturen Japans selbst durch die Zäsur von 1945 nicht entscheidend gewandelt hätten; allerdings hätten Demokratie, Entmilitarisierung und vermehrte Kontakte mit dem Westen zumindest die Bedingungen und Ziele dieser Herrschaft verändert. J. Hartmann, Politik und Gesellschaft, S. 55.

[18] Zu den methodischen Herausforderungen international vergleichender Geschichtswissenschaft vgl. am Beispiel des vom Institut für Zeitgeschichte durchgeführten deutsch-französischen Projekts Kittel/Neri/Raithel/Wirsching, Faktoren der Stabilität und Instabilität.

[19] Einen ersten Einblick in die Problematik vermitteln Fein, Geschichtspolitik in Rußland; Sunder-Plaßmann, Rettung oder Massenmord?; Ferreti, La mémoire refoulée.

I. Einleitung

Im Mittelpunkt der Studie steht der Versuch, wesentliche Komplexe vor allem der frühen japanischen Auseinandersetzung mit der ultranationalistisch-militaristischen bzw. „Tennô-System-faschistischen"[20] Vergangenheit anhand der internationalen und neuerdings endlich auch deutschen Forschung zu dem Thema einmal zumindest in großen Umrissen monographisch zusammenhängend darzustellen und die sich daraus ergebenden Befunde knapp mit den im wesentlichen als bekannt vorauszusetzenden (bundes-)deutschen Phänomenen zu vergleichen. Denn ein „systematischer und abgewogener Vergleich der Bewältigungsformen von deutscher Seite" steht, wie Volker Fuhrt, einer der nicht sehr zahlreichen deutschen Kenner japanischer Zeitgeschichte, konstatiert hat, noch immer aus[21].

Die zeitliche Eingrenzung auf die Jahre zwischen 1945 und 1968 ist dabei der deutschen Perspektive geschuldet: Einem in der alten Bundesrepublik sozialisierten Forscher wird es bei dem Thema nicht zuletzt darum gehen, aus der japanischen Entwicklung Erkenntnisse vor allem für eine präzisere Beurteilung der „Vergangenheitsbewältigung" in der Ära Adenauer und bis in die Zeit der 68er-Bewegung hinein zu gewinnen. Denn zu deren zentralen Motiven wird gängigerweise die Kritik an der „Unfähigkeit zu trauern" (A. Mitscherlich), also das Ungenügen am gesellschaftlichen Umgang mit der NS-Erblast in den 1950er und frühen 1960er Jahren gezählt[22], auch wenn sich heute dem „abgeklärten Blick" manches Altachtundsechzigers selbst die Ära Adenauer retrospektiv ganz anders darstellt, weil sie „bei näherem Hinsehen" gerade auch bezüglich der „Vergangenheitsbewältigung" „bemerkenswert konfliktbetont" gewesen sei und der „Konsens des diskreten Schweigens ... sich ... immer wieder als brüchig" erwiesen habe[23]. Nachdem die von Ralph Giordano später polemisch zugespitzte 68er-Formel von einer „zweiten Schuld" der Deutschen wegen ihrer Verdrängungsleistungen nach 1945 den notwendigen Widerspruch erfahren hatte[24], be-

---

[20] Zur Problematik einer Anwendung des Faschismus-Begriffs auf Japan vgl. Martin, Japan und der Krieg, S. 209 ff.
[21] Fuhrt, Von der Bundesrepublik lernen?, S. 337.
[22] Vgl. etwa Pfeil, Kampf um Geschichtsbilder, S. 248.
[23] Die 1950er Jahre verlören somit „alles Idyllische und Beschauliche, alles Verlogene und Restaurative"; so betont unter Verweis auf Wolfgang Kraushaar: Reichel, Vergangenheitsbewältigung, S. 139. Auch Gerd Koenen spricht heute im Rückblick auf die „68er" von ihrem „Knick in der historischen Optik", also davon, daß sie sich mit dem Restaurationsvorwurf an die „Adenauer-Republik" in der Zeit und der Gesellschaft, in der sie lebten, „weitgehend vertan und versehen" haben. Koenen, Das rote Jahrzehnt, S. 101.
[24] Siehe Hoffmann, Stunden Null?, sowie die Untersuchung der öffentlichen Auseinandersetzung mit dem Nationalsozialismus in der Ära Adenauer durch Kittel, Die Legende, die erstmals breiter dokumentierte, was etwa der einleitende Band von Wolfgang Kraushaars Protestchronik (Kraushaar, Die Protestchronik 1949–1959) später bestätigte: daß sich die 1950er Jahre „als ein Jahrzehnt der politischen Skandale und Kontroversen darstellen, wenn nicht des permanenten politischen Protestes." (Reichel, Vergangenheitsbewältigung, S. 139). Daß zahlreiche einzelne Facetten des öffentlichen Umgangs mit der NS-Vergangenheit weiterer

gann auch die historische Forschung zu diesem Fragenkomplex, von Thesen und Antithesen zum Versuch von Synthesen überzugehen. So findet sich heute in der wissenschaftlichen Literatur mehr und mehr die Einschätzung, von „einer allgemeinen Verdrängung der Zeit des Nationalsozialismus ..., was die ersten beiden Jahrzehnte der Bundesrepublik angeht", könne „nicht die Rede sein"[25].

Worauf aber kann zurückgreifen, wer im vergleichenden Blick auf den deutschen Forschungsstand das zum japanischen Fall greifbare Wissen über die Bestrafung der Hauptverantwortlichen nach 1945, die Disqualifizierung belasteter Personen, die Entschädigung der Opfer sowie die politisch-kulturelle Auseinandersetzung mit dem überwundenen Regime und seinen Verbrechen[26] zu einer ersten knappen Überblicksdarstellung zu bündeln sucht? Lange lagen zum Gesamtkomplex lediglich eine Reihe älterer kleiner Essays vor[27], so daß das 1994 erschienene Buch des niederländischen Journalisten Ian Buruma[28] im Grunde genommen die wichtigste Darstellung zum Thema ist. Zwar „weit von einer systematischen Studie entfernt", vermittelt es dennoch in feuilletonistischer Weise wichtige Einsichten „in die psychologischen Hintergründe von Bewältigungs- und Verdrängungsformen in Japan und Deutschland"[29]. Mehr oder weniger von Buruma inspiriert oder durch die in den 1990er Jahren einsetzende Diskussion um Entschädigung für Zwangsprostituierte der japanischen Armee oder ehemalige Zwangsarbeiter angeregt, sind in den letzten Jahren auch vergleichende Monographien zur amerikanischen Besatzungs- und Schulreformpolitik in Deutschland und Japan bzw. zur Geschichtsschreibung in Westdeutschland und Ja-

---

Erforschung bedürfen, hat Axel Schildt zu Recht betont. Schildt, Der Umgang mit der NS-Vergangenheit, S. 23 ff.

[25] Winkler, Der lange Weg nach Westen. Zweiter Band, S. 176. Eine eigentümliche Ambivalenz des frühen deutschen Umgangs mit dem Nationalsozialismus, „nicht eine allgemeine Verdrängung" konstatiert auch Thamer, NS-Vergangenheit im politischen Diskurs, S. 44. Berghoff, Zwischen Verdrängung und Aufarbeitung, S. 111 u. 114, sieht den Umgang der bundesdeutschen Gesellschaft mit dem „Dritten Reich" weder von der Verdrängungs- noch von der Aufarbeitungsthese adäquat beschrieben, meint aber, um 1955 herum zumindest das Ende einer „hermetischen Erinnerungsverweigerung" erkennen zu können. Neben dem sehr breiten Spektrum unterschiedlichster Ambivalenz-Befunde halten sich aber auch Positionen, die den Eindruck erwecken, sich von einer eher meinungsorientierten Betrachtungsweise nicht lösen zu können, obwohl sich die deutschlandpolitischen Pulverdämpfe, die lange über der Frage der „Vergangenheitsbewältigung" lagen, seit langem verzogen haben. Als Beispiel für die letztere Denkschule genannt, der im Eifer des Gefechts schon einmal gravierende sachliche Fehler unterlaufen (vgl. Jesse, Lesebuch zur Demokratiegründung, S. 530), sei Norbert Frei, Hitlers Eliten nach 1945, S. 312. Dort wird der Schluß nahegelegt, erst mit dem „Machtwechsel" zur Sozialdemokratie nach der Studentenrevolte seien die Bedingungen für eine wirkliche Bewältigung der NS-Vergangenheit erfüllt gewesen.

[26] Vgl. hierzu den von Helmut König unterbreiteten Vorschlag zur Konzeption von Vergangenheitsbewältigung in: König, Von der Diktatur zur Demokratie, S. 378 f.

[27] Martin, Restauration – Die Bewältigung der Vergangenheit in Japan; Nakai, Die „Entmilitarisierung" Japans und die „Entnazifizierung" Deutschlands nach 1945 im Vergleich.

[28] Buruma, Erbschaft der Schuld.

[29] Fuhrt, Von der Bundesrepublik lernen?, S. 337.

pan 1945–1960[30] erschienen, und auch einige Tagungsbände und Themenhefte haben sich – im Anschluß an einen früheren Sammelband von Arnulf Baring und Masamori Sase[31] – unterschiedlich intensiv mit einzelnen Facetten des Bewältigungsprozesses in beiden Ländern (mit Fragen nach Kontinuität und Neubeginn 1945, dem Einfluß der Besatzungsmächte auf die deutsche und japanische Rechtsordnung sowie dem Umgang mit Kriegs- und Besatzungsunrecht)[32] beschäftigt. Hervorzuheben sind besonders der von Sebastian Conrad 2001 herausgegebene Themenband des Jahrbuchs für Außereuropäische Geschichte (Periplus)[33] sowie der gerade (2003) von Christoph Cornelißen, Lutz Klinkhammer und Wolfgang Schwentker veröffentlichte Vergleich der „Erinnerungskulturen" in Deutschland, Italien und Japan seit 1945[34], wo weitere wichtige Problemfelder von der Rolle des Tennô bis zu den Wirkungen des Staatsshintô angerissen werden, ohne daß die meisten der Beiträge allerdings selbst einen vergleichenden Ansatz verfolgten.

Nicht nur an komparatistischen Synthesen mangelt es bislang. Beim Blick speziell auf das deutschsprachige Schrifttum zum Thema japanische „Vergangenheitsbewältigung" fiel bis in die jüngste Zeit hinein generell ein „relatives Desinteresse an Japans Umgang mit der eigenen Vergangenheit auf"[35], und zwar über das durch die Sprachbarriere bedingte Maß hinaus. Japan wurde in der Bundesrepublik – zugespitzt formuliert – meist vor allem als ökonomische Herausforderung oder aber rätselhaft verklärt als Land des Lächelns wahrgenommen, während die historisch-politische Entwicklung oft außer Betracht blieb. Kaum rezipiert worden ist beispielsweise die fundierte Sozialgeschichte der politischen Elite Japans 1945 bis 1965 aus der Feder des langjährigen Sekretärs der deutschen Botschaft in Tokio, die bereits 1973 in den Schriften des Hamburger Instituts für Asienkunde erschienen ist[36]. Auch eine Dokumentation über die amerikanische Besatzungsherrschaft in Japan in den Vierteljahrsheften für Zeitgeschichte 1978[37], die erste Publikation zum Thema in einer deutschen Fachzeitschrift, hat keinen Forschungsschub ausgelöst.

Ulrich Menzel, Herausgeber einer vierbändigen Japan-Anthologie im Suhrkamp-Verlag, klagte denn auch (1989), daß es noch nicht einmal eine

---

[30] Rosenzweig, Erziehung zur Demokratie; Hentschke, Demokratisierung als Ziel; Conrad, Auf der Suche nach der verlorenen Nation.
[31] Baring/Masamori (Hg.), Zwei zaghafte Riesen?, mit Einzelbeiträgen auch zu den Themen Reeducation und Entmilitarisierung.
[32] Petzina/Ruprecht, Wendepunkt 1945?; Diestelkamp u. a., Zwischen Kontinuität und Fremdbestimmung; Marxen/Miyazawa/Werle, Der Umgang mit Kriegs- und Besatzungsunrecht.
[33] Vgl. hierzu die instruktive Einleitung von Conrad, Erinnerungspolitik in Japan.
[34] Cornelißen/Klinkhammer/Schwentker, Erinnerungskulturen.
[35] Fuhrt, Erzwungene Reue, S. 10.
[36] Zahl, Die politische Elite Japans.
[37] Benz, Amerikanische Besatzungsherrschaft in Japan.

von einem deutschen Autor verfaßte, umfassende und grundlegende monographische Darstellung der japanischen Zeitgeschichte gebe, nachdem die traditionell „unpolitisch"-philologisch orientierten deutschen Japanologen es auch nach 1945 unterlassen hätten, eine „Diversifizierung des Faches in Richtung Japankunde anzuregen"[38]. Eine Ausnahmeerscheinung stellt insofern der 1965 eingerichtete Lehrstuhl für Geschichte Japans an der Ruhr-Universität Bochum dar, der sich noch heute auf seiner Homepage rühmt, „die einzige Professur im deutschsprachigen Raum" zu sein, die „so explizit auf die japanische Geschichte ausgerichtet ist"[39], ohne allerdings für das hier zu traktierende zeitgeschichtliche Themenfeld besonders viel Einschlägiges hervorgebracht zu haben. Erwähnung verdient deshalb auch das Japan-Seminar der Universität Halle-Wittenberg, wo am Lehrstuhl von Gesine Foljanty-Jost die jüngst veröffentlichte, sehr verdienstvolle, wenn auch aufgrund der Themenstellung für die frühe Phase noch manche Fragen offen lassende Dissertation von Volker Fuhrt über „Vergangenheitsbewältigung" und Kriegsschulddiskussion in Japan entstanden ist[40].

Über die lückenhafte deutsche Forschungsliteratur hinaus können der japanischen Sprache Unkundige sich aber vor allem einer ganzen Reihe englischsprachiger, vor allem amerikanischer Studien bedienen, um Informationen über die „Vergangenheitsbewältigung" im Land der aufgehenden Sonne zu gewinnen, da die – stärker auch geschichts- und sozialwissenschaftlich orientierte – Japanologie in den USA aus leicht nachvollziehbaren geographischen wie historischen Gründen spätestens seit den frühen 1940er Jahren ausgesprochen produktiv ist[41]. Hervorgehoben sei nur – wegen ihres komparatistischen Ansatzes – die frühe Studie von John D. Montgomery über die von der amerikanischen Besatzungsmacht nach 1945 inaugurierten „künstlichen Revolutionen" in Deutschland und Japan[42].

Auf dieser Basis läßt sich der Versuch unternehmen, von der „Vergangenheitsbewältigung" eines Landes zu handeln, das aus der Perspektive der

---

[38] Menzel, Im Schatten des Siegers: Japan. Bd. 1, S. 13. Die beklagte Lücke ist allerdings durch Rudolf Hartmanns Geschichte des modernen Japan, die von der Mitte des 19. Jahrhunderts bis in die 1980er Jahre reicht, weitgehend geschlossen worden. R. Hartmann, Geschichte des modernen Japan.
[39] http://www.ruhr-uni-bochum.de/gj/index.html (23.03.04).
[40] Fuhrt, Erzwungene Reue. Der ebenfalls zu Themen der japanischen Zeitgeschichte vor allem für die Zeit bis zum Zweiten Weltkrieg publizierende Freiburger Historiker Bernd Martin hat eine Professur für Neuere und Neueste Geschichte inne. Vgl. etwa Martin, Japan and Germany, sowie ders., Japans Weg in die Moderne. Sebastian Conrad würdigt Martin in einer Rezension des genannten englischsprachigen Titels als den einzigen Inhaber eines historischen Lehrstuhls an einer deutschen Universität, der sich mit der jüngsten Geschichte Japans befasse und damit eine „rühmliche Ausnahme vom Germano- und Eurozentrismus der Profession" darstelle. Japanstudien 9 (1997), S. 377–384, Zitat S. 377.
[41] Wie sehr die amerikanische Literatur dominiert, zeigt auch der HZ-Forschungsbericht von Martin, Japan und der Krieg in Ostasien, der ein eigenes Kapitel über Kriegsverbrecherprozesse und Besatzungspolitik enthält (S. 189–209).
[42] Montgomery, Forced to be Free.

I. Einleitung

deutschen Zeitgeschichte auch deshalb besonders interessant ist, weil das fernöstliche Inselreich, ein Land mit einzigartiger ästhetischer Tradition und unvergleichlicher Feinheit im menschlichen Umgang wie im Sprachgefühl, in den 1930er und 1940er Jahren durch die Beseitigung demokratischer Liberalität im Inneren und kriegerische Politik nach außen „einer ähnlichen Politik nationalistischer Verirrungen gefolgt war wie Deutschland"[43], das doch eigentlich als Land der Dichter und Denker galt. Die von Bernd Martin herausgearbeiteten „faszinierenden Parallelen"[44] zwischen deutschem und japanischem „Sonderweg" bis 1945 sollten sich nach dem Zweiten Weltkrieg jedoch beträchtlich verschieben.

In methodischer Hinsicht versteht sich die vorliegende Arbeit – nach der von Jürgen Osterhammel in seinen Bemerkungen zur transkulturell vergleichenden Geschichtswissenschaft vorgeschlagenen Typologie – als Partialvergleich[45]. Nicht die gesamte Geschichte der japanischen und (bundes-)deutschen Gesellschaft in den Dekaden nach dem Zweiten Weltkrieg wird einer komparativen Prozedur unterzogen, vielmehr richtet sich die Erkenntnisabsicht auf das – immer noch breite, aber doch besser überschaubare – Segment der „Vergangenheitsbewältigung". Gerade Partialvergleiche zwischen nicht mehr als zwei Fällen – erfolgreich durchgeführt etwa für den nahezu zeitgleichen ländlichen antikapitalistischen Protest in Mexiko und der Ukraine[46] – lassen sich am ehesten mit dem „Handwerksethos des Fachhistorikers" vereinbaren. Für den Historiker der deutschen „Vergangenheitsbewältigung" gilt dabei, was Jürgen Osterhammel über den Fachmann für die britische Industrialisierung bemerkt hat: Dieser verspreche sich tiefere Einsichten in sein eigenes Spezialgebiet von einem Vergleich mit Japan und werde – ohne über dieses Land aus den Quellen gearbeitet zu haben – doch wissen, welche Fragen an die Sekundärliteratur zu stellen seien. Und er werde zudem keine unüberwindlichen Kulturbarrieren überwinden müssen, um „Zugang zu der umfangreichen englischsprachigen Forschung über die industrielle Entwicklung Japans [zu] finden – auch wenn er sich mit einer gewissen Demut seiner fehlenden Sprachkenntnisse bewußt sein muß."[47] Die Demut erstreckt sich – angesichts der oft hochgespannten Erwartungen an den transkulturellen Vergleich – „auch auf den *embarras de*

---

[43] Broszat, Zeitgeschichte in Japan, S. 289.
[44] So der Klappentext zu Martins Studie „Japan and Germany".
[45] Osterhammel, Transkulturell vergleichende Geschichtswissenschaft, S. 294.
[46] Dahlmann, Land und Freiheit. Vgl. auch den deutsch-französischen Vergleich von Kittel, Provinz zwischen Reich und Republik.
[47] Osterhammel, Transkulturell vergleichende Geschichtswissenschaft, S. 295. Die japanische Sprachbarriere ist übrigens auch von dem erwähnten Forschungsbericht Bernd Martins im Traditionsorgan der deutschen Geschichtswissenschaft nicht überwunden worden, der sich ebenfalls dadurch legitimiert, daß zu dem Thema von deutschen Japanologen jahrzehntelang nicht hinreichend viel vorgelegt wurde.

richesse der weltweiten Geschichtsforschung"[48], deren sämtlichen spezialistischen Verästelungen im Rahmen eines komparatistischen Essays allerdings weder nachgestiegen werden kann noch muß[49].

Der Begriff „Vergangenheitsbewältigung" soll in dieser Untersuchung, die sich vor allem an einen deutschen Leserkreis richtet, trotz seiner bekannten Problematik Verwendung finden. Denn zum einen wissen bei einem Terminus selten „so viele, was gemeint ist", auch ohne genau „zu wissen, was er meint"[50]; zum anderen ließe sich mit Helmut König argumentieren, der den Begriff für umfassender hält als dessen Alternativen wie „Aufarbeitung der Vergangenheit", „Erinnerungskultur" oder „Vergangenheitspolitik", weil er das „gesamte Spektrum der politischen, kulturellen, juristischen, wissenschaftlichen, pädagogischen, ästhetischen und religiösen Dimensionen des Themas" bezeichne[51]. Allerdings könnte man die genannten Felder ebenso gut unter den – freilich weit verstandenen – Begriff der „Erinnerungskultur" fassen[52], der im Zuge des kulturalistischen Trends in der Geschichtswissenschaft nachgerade hyperinflationäre Verbreitung gefunden hat, auch wenn „Erinnerungskultur" im engeren Sinne eigentlich nur „die wissenschaftlich-dokumentarische, die ästhetisch-expressive und die feierlich-rituelle Auseinandersetzung mit der Vergangenheit"[53] meint. Dennoch besitzt der Begriff gegenüber dem der „Vergangenheitsbewältigung" schon den praktischen sprachlichen Vorzug, auch besser adjektivisch verwendet werden zu können. Im folgenden sollen beide parallel in dem von König beschriebenen Sinne benutzt werden, während auf den Terminus „Vergangenheitspolitik" (N. Frei) verzichtet wird. Im Kontext einer Arbeit über die politisch-legislativen Voraussetzungen der Ahndung von NS-Straftaten in den Jahren 1949 bis 1954 geprägt, die unser Wissen um Entscheidungsprozesse, Einflußstrukturen und Diskussionszusammenhänge in einigen Feldern der Erinnerungskultur zweifelsohne vermehrt hat[54], suggeriert der Begriff „Vergangenheitspolitik" die strategische Planung eines geschlossenen politischen Komplexes durch Regierungshandeln in einem Maße, das

---

[48] Osterhammel, Transkulturell vergleichende Geschichtswissenschaft, S. 283.
[49] Dies gilt aufgrund des gewählten Ansatzes vor allem für die kaum mehr überschaubare Literatur zur deutschen „Vergangenheitsbewältigung", die hier nur punktuell für die ausgewählten Vergleichsebenen herangezogen wird, also etwa nicht für die nur am Rande behandelte, weil in Japan kaum eine Rolle spielende Rezeption des Widerstandes nach 1945. Wer einen Überblick über die Auseinandersetzung mit der NS-Diktatur in der Bundesrepublik gewinnen möchte, kann im übrigen bereits auf die ausgewogene Darstellung von Reichel, Vergangenheitsbewältigung, zurückgreifen.
[50] Brochhagen, Nach Nürnberg, S. 11.
[51] König, Die Zukunft der Vergangenheit, S. 8.
[52] Vgl. J. Assmann, Das kulturelle Gedächtnis; Nora, Zwischen Geschichte und Gedächtnis; A. Assmann, Erinnerungsräume; Hockerts, Zugänge zur Zeitgeschichte; Cornelißen, Was heißt Erinnerungskultur?
[53] Reichel, Politik mit der Erinnerung, S. 26 f.
[54] Frei, Vergangenheitspolitik, S. 12.

es auf den weiten und historisch verminten Feldern der „Vergangenheitsbewältigung" in einer offenen Gesellschaft so kaum geben konnte. Auch wenn der Vater des Begriffs selbst betont hat, hinter den von ihm untersuchten Parlamentsinitiativen, Gesetzgebungswerken und administrativen Entscheidungen zur „Bewältigung der frühen NS-Bewältigung" sei keine strategische Planung zu erkennen[55], hat er zu diesem Mißverständnis durch seine Schwerpunktsetzung und die Art mancher Urteile doch Anlaß gegeben. Mit „Vergangenheitspolitik", so bemerkte folglich etwa Andreas Mink zu Freis Arbeit zustimmend, „bezeichnen wir seither die Bemühungen in der frühen Adenauer-Ära, durch weitreichende Amnestie-Gesetze aus Hitlers ‚Volksgemeinschaft' eine Gesellschaft der Ahnungslosen und der Mitläufer zu formen."[56]

Eher noch als von „Vergangenheitspolitik" könnte man für die Ära Adenauer vielleicht von „Bewältigungspolitik" sprechen, um zumindest näher an die semantische Problematik des zeitgenössischen, Mitte der 1950er Jahre aufkommenden Begriffes „Vergangenheitsbewältigung" anzuknüpfen, auch wenn das manchem zu historistisch vorkommen mag. Charakteristisch für die (bundes-)deutsche Entwicklung scheint der Terminus „Vergangenheitsbewältigung" jedoch insofern, als er ein Ziel vorgab, das gerade in bezug auf die NS-Zeit von vornherein nicht zu erreichen war – denn, was geschehen ist, läßt sich nicht mehr „bewältigen" –, so daß jedes politische Handeln auf diesem Feld hinter dem begrifflichen Anspruch zurückbleiben mußte und spätere Diagnosen des Scheiterns geradezu vorprogrammiert waren[57].

Dagegen hat Sebastian Conrad im vergleichenden Blick auf Japan aus ganz anderen Gründen zur Vorsicht bei der Verwendung des deutschen Terminus „Vergangenheitsbewältigung" gemahnt: Der Begriff rede die Möglichkeit eines „richtigen" Umgangs mit einer „schlimmen" Vergangenheit ein und strukturiere den Blick auf die japanischen Diskussionen in einer Weise vor, „die in der Regel lediglich dazu führt, Defizite zu konstatieren"[58]. Conrads Monitum ist insofern nachvollziehbar, als Mitte der 1980er Jahre im Zeichen vermehrter Kritik an den Defiziten nationaler Erinnerungskultur in Japan immer wieder – oft mit Bezug auf Richard von Weiz-

---

[55] Ebd., S. 13.
[56] Andreas Mink, Zweierlei Kontinuität, in: Aufbau, New York-Berlin, issue 25, December 12, 2002 (http://www.aufbauonline.com/2002/issue25/1_2.html).
[57] Kittel, Die Legende, S. 21–28. Nach Reichel, Vergangenheitsbewältigung, S. 20, offenbart sich in dem vieldeutigen, gewichtigen, als typisch deutsch geltenden Wort vielleicht auch eine trotzig-naive „Sehnsucht nach Unmöglichem" (Bernhard Schlink), die das Vergangene so in Ordnung bringen wolle, daß seine Erinnerung nicht mehr auf der Gegenwart laste. Zur Problematik des umstrittenen Begriffs vgl. auch Dudek, „Vergangenheitsbewältigung".
[58] Conrad, Erinnerungspolitik in Japan, S. 4. Conrad schlägt statt dessen vor, von „Erinnerungspolitik" zu reden, wobei er im Blick etwa auf die diskursive Koalition zwischen US-Besatzungsmacht und japanischen Linksintellektuellen Wert darauf legt, „Erinnerungspolitik" immer auch als „Teil einer gemeinsamen, transnationalen Geschichte" zu verstehen.

säckers Rede zum 8. Mai 1985 und manchmal sehr pauschal – die Bundesrepublik als das große Vorbild gepriesen wurde. Dennoch läßt sich in dem oben umrissenen offenen Sinn mit dem Begriff „Vergangenheitsbewältigung" arbeiten, zumal der entsprechende japanische Terminus *kako no kokufuku*, den 1992 eine führende Tageszeitung popularisierte, den Versuch einer direkten Übersetzung aus dem Deutschen darstellt[59].

Obendrein geht es im folgenden nicht um das – von Conrad zu Recht als unzureichend abgelehnte – bloße Konstatieren von Defiziten der japanischen Erinnerungskultur vor dem Hintergrund einer idealisierten bundesdeutschen Vergleichsfolie; auch wenn der vergleichende Historiker natürlich kaum ganz davon absehen kann, die Unterschiede in den Ergebnisbefunden selbst ebenfalls zu benennen. Darüber hinaus steht aber vor allem die *Erklärung* der vorgefundenen Stärken und Schwächen des Umgangs mit einer dunklen Vergangenheit in beiden Ländern im Mittelpunkt. Lassen sich die tiefgreifenden Unterschiede tatsächlich auf mentalitäre oder zumindest auf im weitesten Sinne politisch-kulturelle Ursachen zurückführen, wie man es im Anschluß an die verkürzende Formel von Ruth Benedict über die Divergenzen zwischen shintôistischer Scham- und christlicher Schuldkultur tun könnte?[60] Welche Rolle spielte dabei die Tatsache, daß es neben Nanking auch noch Hiroshima gab, das immer wieder als „atomarer Holocaust" charakterisiert wurde[61] und Japan zu einer weltweit Empathie auslösenden Opfernation schlechthin werden ließ, während nach Auschwitz der Untergang Dresdens oder der Wilhelm Gustloff, Symbole des „konventionellen" Bombenkriegs und der großen Vertreibung, bei allem unaussprechlichen Schrecken erinnerungskulturell doch keine annähernd vergleichbare Wirkung entfalteten? Darüber hinaus ist zu fragen, ob der von Volker Fuhrt für Japan betonte Faktor des – von den 1950er bis in die 1970er Jahre hinein weithin mangelnden – Außendrucks (*gaiatsu*)[62], auch für die abweichende Entwicklung der bundesdeutschen „Vergangenheitsbewältigung" aufschließende Kraft hat; in dem Sinne, daß *foreign pressure* – einschließlich nicht zielgerichteter Einflußnahme etwa durch die öffentliche Meinung des Auslands bzw. deren Wahrnehmung in der Bundesrepublik[63] – hier bereits in den ersten Dekaden nach 1945 entscheidend höher war? Und schließlich: Wie war das Verhältnis zwischen diesem Außendruck und den jeweiligen „inneren Rezeptoren" der Erinnerungskultur in Japan und Westdeutschland?

---

[59] Ebd., S. 8.
[60] Benedict, The Chrysanthemum, S. 223.
[61] Zur Problematik dieses Begriffs vgl. Kapitel IV.
[62] Fuhrt, Erzwungene Reue. S. 193f.; auch Sebastian Conrad hat dafür plädiert, den japanischen Umgang mit der Vergangenheit „in einem Kontext transnationaler Einflußnahme und Erwartungshaltungen" zu situieren. Conrad, Krisen der Moderne?, S. 177.
[63] Vgl. zu diesem erweiterten Konzept von *foreign pressure*: Miyaoka, Foreign Pressure, S. 10.

II. Zweierlei Vergangenheiten

Eine komparatistische Analyse der Bewältigungsprozesse hat zunächst von den wesentlichen Spezifika der zugrundeliegenden Vergangenheiten auszugehen und sich neben den Unterschieden der politischen Systeme auch die Dimensionen der Verbrechen zu vergegenwärtigen, um die es dabei ging bzw. geht. Die prinzipielle Möglichkeit eines Vergleichs deutscher und japanischer „Vergangenheitsbewältigung" wird im Blick auf die unvorstellbare Zahl an Todesopfern, die auch der vom japanischen Kaiserreich entfesselte „Großostasiatische Krieg"[1] zwischen 1931/37 und 1945 gefordert hat[2], unmittelbar deutlich[3]. Von den etwa 20 Millionen Menschen, die infolge „normaler" militärischer Kampfhandlungen sowie aufgrund von Verbrechen unterschiedlichster Art starben, entfielen nach amtlichen Schätzungen allein 9,3 Millionen auf China, das darüber hinaus 9,5 Millionen Verwundete und 2,9 Millionen von der japanischen Armee verschleppte und später vermißte Menschen beklagte. Das Flüchtlingsproblem hatte ein gigantisches Ausmaß. Schätzungsweise 50 bis an die 100 Millionen flohen vor den Kampfhandlungen. Von den japanischen Truppen umgebracht wurden wahrscheinlich 3,9 Millionen chinesische Zivilisten und Kriegsgefangene. Schon die Verluste unter letzteren betrugen zwischen 500 000 und einer Million Menschen[4].

Das später als „Dreistrahlentaktik" aus Töten, Plündern und Niederbrennen bezeichnete brutale Vorgehen des japanischen Militärs in China gipfelte an der Jahreswende 1937/38 nach der Einnahme Nankings in einem Massa-

---

[1] So der euphemistische, vom japanischen Regime selbst verwendete Begriff, der allerdings gegenüber dem „Pazifischen" oder „Japanisch-Chinesischen" Krieg zumindest den Vorteil hat, daß er sowohl die maritimen wie die festländischen Kriegsschauplätze umfaßt. Nüchtern und präzise läßt sich am besten vom „Ostasiatisch-Pazifischen Krieg" sprechen.

[2] In Ostasien läßt sich der Beginn des Zweiten Weltkriegs auf den – in Japan so genannten – „China-Zwischenfall" an der Marco-Polo-Brücke vom 7. Juli 1937 datieren. Vgl. Kuhn, Der Zweite Weltkrieg in China, S. 17. Allerdings hatte der chinesisch-japanische Krieg bereits mit dem „Mandschurischen Zwischenfall" im September 1931 und der folgenden Besetzung von Mukden und der gesamten Mandschurei begonnen.

[3] Zur Opferbilanz des Zweiten Weltkriegs im Fernen Osten vgl. Fuhrt, Erzwungene Reue, S. 20–24. Vertiefend Tanaka, Hidden Horrors; Li, The Search for Justice; Rees, Horror in the East; und nach wie vor die klassische amerikanische Studie von Russel, The Knights of Bushido.

[4] Dabei ist in völkerrechtlicher Hinsicht allerdings zu berücksichtigen, daß dem Zweiten Chinesisch-Japanischen Krieg überhaupt keine Kriegserklärung zugrunde lag und daß Japan das – die Behandlung von Kriegsgefangenen regelnde – Genfer Protokoll vom 27. Juli 1929 nicht ratifiziert hatte. Erst nach Pearl Harbor gab Tokio seine Zustimmung zum Genfer Protokoll. Vgl. Kuhn, Der Zweite Weltkrieg in China, S. 30.

ker, dem nach mehr als vorsichtigen Schätzungen 40000 Menschen, nach neueren Forschungen bis zu 200000 Einwohner der Stadt zum Opfer fielen[5]. Beim Versuch, Nordchina von jedem Einfluß des kommunistischen Südens abzuschotten und die Bevölkerung zu diesem Zweck in eine sogenannte Kollektivsiedlung zu treiben, wurden alle antijapanischen Kräfte ausnahmslos erschossen, Lebensmittel und Brennstoffe geraubt. Einwohnerschaften ganzer Dörfer wurden „routinemäßig ... massakriert"[6], wenn sie im Verdacht standen, die Guerilla oder die chinesische Armee zu unterstützen. Allein im Rahmen dieser Strategie der „Ausweitung des Niemandslands" in Nordchina in den Jahren 1941 bis 1945 töteten japanische Soldaten über 2 Millionen Chinesen[7]. Daß Nanking kein „Betriebsunfall" war[8], erhellen neben vielen kleineren Greueltaten vor allem auch die Massaker bei der Eroberung Singapurs im Februar 1942 oder die Zerstörung Manilas Ende 1944, die Zehntausende Opfer kostete und von Massenvergewaltigungen, Folter und Verstümmelungen begleitet war[9].

Hinzu kamen die Menschenversuche der berühmt-berüchtigten Einheit 731 in der Mandschurei, die der Herstellung bakteriologischer Waffen dienten, welche 1939/40 auch zum Einsatz gelangten[10], sowie eine ganze Reihe weiterer – kaum bekannter – medizinischer Experimente durch japanische Ärzte an vielen anderen Orten[11]. Ein in letzter Zeit auch in der westlichen Öffentlichkeit stärker beachtetes düsteres Kapitel der japanischen Militärgeschichte schrieb die Zwangsrekrutierung von 50000 bis 200000 „Trostfrauen", meist junge Mädchen vor allem aus Korea, China und anderen eroberten südostasiatischen Ländern, die sich japanischen Soldaten prostituieren mußten, unter menschenunwürdigen Verhältnissen in Militärbordellen hausten und am Kriegsende oft genug kaltblütig umgebracht wurden[12]. Besonders zu erwähnen sind zudem die 500000 Koreaner und Taiwan-Chinesen, die als zwangsrekrutierte Soldaten der japanischen Armee fielen, sowie die 40000 koreanischen Zwangsarbeiter, die bei den Atombombenabwürfen über Hiroshima und Nagasaki ums Leben kamen. Die Gesamtzahl der zur Schwerstarbeit gezwungenen Koreaner belief sich bis Kriegsende auf etwa 2 Millionen, wovon Tausende durch Unfälle, Mord oder Selbstmord starben.

---

[5] Vgl. vor allem auch Honda, The Nanjing Massacre. Honda geht allerdings von „nur" etwas über 100000 Opfern aus. Ebd., S. XIII; eine knappe Zusammenfassung der Ereignisse und ihrer Rezeption in der japanischen Öffentlichkeit bietet Ishida, Das Massaker von Nanking.
[6] Cohen, Öffentliche Erinnerung, S. 62.
[7] Vgl. Ishida, Der „totale Krieg", S. 443.
[8] Dies zu suggerieren, wirft David Cohen Iris Chang vor. Cohen, Öffentliche Erinnerung, S. 62.
[9] Ebd., S. 63. Zu den Ereignissen in Singapur Thürk, Singapore, vor allem S. 151 ff., und Warren, Singapore 1942. Zur japanischen Politik auf den Philippinen Herde, Großostasiatische Wohlstandssphäre.
[10] Williams/Wallace, Unit 731.
[11] Cohen, Öffentliche Erinnerung, S. 57.
[12] Hierzu das Standardwerk von Yoshimi, Comfort Women.

II. Zweierlei Vergangenheiten

Aber auch die Todesrate unter den über 130000 alliierten Soldaten in japanischer Kriegsgefangenschaft war mit 27,1% (35756 Menschen) extrem hoch; sie übertraf die Quote der in deutschen und italienischen Kriegsgefangenenlagern umgekommenen westalliierten Soldaten (4%) um das Siebenfache[13] und erinnert sehr an die Grausamkeit, mit der die sowjetischen Kriegsgefangenen vom Dritten Reich behandelt wurden. Allein beim Bau der berüchtigten Burma-Bahn, den Mitte der 1950er Jahre der Hollywood-Film „Die Brücke am Kwai" in Erinnerung rief, sind vermutlich weit mehr als 10000 von 60000 eingesetzten alliierten Kriegsgefangenen umgekommen. Sie teilten das Schicksal mit an die 270000 Zwangsarbeitern aus China, Malaysia, Birma oder Java, von denen etwa 50000 elend im Dschungel zugrunde gingen[14].

Ist es vor dem Hintergrund derartiger Verbrechen angemessen zu sagen, die Brutalität, mit der japanische Truppen häufig Kriegsgefangene wie Zivilbevölkerung behandelten, sei „weit entfernt von der Unmenschlichkeit" gewesen, „mit der das Dritte Reich seine Völkermorde plante und verübte"[15]? Darf man sich ein „moralisches" Urteil darüber erlauben, ob die Qualen der von japanischer Soldateska massenhaft vergewaltigten und schließlich mit in die Vagina gestoßenen Bambusrohren zurückgelassenen chinesischen Frauen oder vieler anderer ähnlich grausam zu Tode gekommener Opfer des Krieges im fernen Osten „weit entfernt" waren von dem jedes menschliche Fassungsvermögen übersteigenden Leiden der europäischen Juden und anderer Verfolgter im Herrschaftsbereich des Nationalsozialismus? Fragen gegen eine derartige Form des Aufrechnens stellen sich, auch wenn die Bilanzen der NS-Verbrechensstatistik die des japanischen Ultranationalismus übersteigen.

Nicht nur fielen dem von Hitler entfesselten Krieg auf den europäischen und nordafrikanischen Schlachtfeldern, vor allem aber in Rußland, noch mehr Soldaten und Zivilisten zum Opfer als dem ostasiatisch-pazifischen Orlog[16]. Auch der systematische Massenmord erreichte im Dritten Reich eine noch größere Dimension. Hat Werner Gruhl die Zahl der „deaths from genocide, barbarity, forced labor, and caught in combat" für das militaristische Japan auf ca. 7 Millionen berechnet[17], so wird die Zahl der unter dem Nationalsozialismus Ermordeten nach derzeitigem Kenntnisstand auf zwischen 12 und 14 Millionen geschätzt: allein 5,6 bis 5,7 Millionen Menschen jüdischer Herkunft, mindestens 100000 Sinti und Roma, knapp drei Millio-

---

[13] Tanaka, Hidden Horrors, S. 2f.
[14] Ebd., S. 120; vertiefend McCormack/Nelson, The Burma-Thailand Railway, sowie das jüngst erschienene Buch von Kratoska, Thailand-Burma railways.
[15] Haasch, Japan, S. 44.
[16] Die schwankenden Zahlenangaben sind schwer kommensurabel zu machen. Vgl. aber die sorgfältigen statistischen Berechnungen von Gruhl, The Great Asian-Pacific Crescent of Pain, S. 256.
[17] Ebd.

nen in Kriegsgefangenschaft geratene Staatsbürger der Sowjetunion und jeweils weit über eine Million Zivilisten in Polen und in den besetzten Gebieten der UdSSR sowie mehrere Hunderttausend in Jugoslawien, davon eine große Zahl Opfer von Massenerschießungen, selektiver Hungerpolitik und sogenannter „Bandenkampfaktionen" gegen Partisanen[18]. Hinzu kamen Morde an Behinderten und Kranken, Verbrechen bei der Bekämpfung des Widerstandes im eigenen Land, aber auch das lange kaum erforschte Kapitel der Zwangsprostitution zehntausender Frauen in den KZ-Bordellen der SS und in Wehrmachtsbordellen, von denen viele an Geschlechtskrankheiten starben oder umgebracht wurden[19]. Wer sich Art und Umfang dieser Massenverbrechen vergegenwärtigt, an denen zu einem nicht unerheblichen Teil auch Angehörige der Wehrmacht beteiligt waren[20], wird schwerlich Robert Leckies – auf das Massaker von Nanking bezogene – Ansicht teilen, wonach keine der Greueltaten, „die die Nazis unter Hitler auf dem Weg zu ihren Siegen begingen, ... sich mit denen der japanischen Soldaten unter General Matsui Iwane messen" konnte [21].

Gehörte zur gemeinsamen Motivstruktur der nationalsozialistischen Täter das Denken in rassistischen Kategorien, so spielten auch bei den japanischen Verbrechen rassistische Affekte eine wichtige Rolle. Die Rassenlehre des Professors Okawa Shumei von der Assimilierung der fünf asiatischen Rassen und dem irdischen Paradies, das die rassisch überlegenen Japaner zu errichten hätten, hat schon in den 1930er Jahren die politischen Aktionen der Militärs stark beeinflußt[22]. Auch in der übrigen Gesellschaft war die selbst von Schlagersängern popularisierte Vorstellung weit verbreitet, einem direkt von den Göttern abstammenden Herrenvolk anzugehören, dessen Aufgabe es sei, die asiatischen Völker und überhaupt alle farbigen Rassen von der Schmach der Fremdherrschaft zu befreien. Die traditionelle Gegnerschaft gegen den europäischen Kolonialismus wuchs sich dabei zum Haß gegen die weiße Rasse und vor allem gegen die Anglo-Amerikaner („teuflische Bestien") aus. Aber auch die Verachtung gegenüber anderen, als minderwertig erachteten asiatischen Völkern, besonders Koreaner und Chinesen, nahm zu[23]. So wie weiße Kriegsgefangene wurden auch die Chinesen – wie ein japanischer Veteran in einem Fernsehinterview später einräumte –

---

[18] Vgl. D. Pohl, Verfolgung und Massenmord, S. 153f.
[19] Paul, Zwangsprostitution, S. 135.
[20] Christian Hartmann hat in einem vielbeachteten Aufsatz jüngst eine vorläufige Bilanz des Forschungsstandes gezogen und deutlich gemacht, daß, falls die geschätzte „Täterquote" von fünf Prozent zuträfe, eine halbe Million deutscher Soldaten „gegen Recht und Sitte verstoßen hätten". Christian Hartmann, Verbrecherischer Krieg – verbrecherische Wehrmacht?, S. 71.
[21] Leckie, Delivered from Evil, S. 303.
[22] Vgl. hierzu Shigemitsu, Die Schicksalsjahre Japans, S. 33, 67, 95.
[23] Nakai, Die Entmilitarisierung, S. 8f.

II. Zweierlei Vergangenheiten

gar nicht als Menschen betrachtet; und sie konnten deshalb ohne Bedenken ermordet werden[24].

Die japanische Offiziersschule hatte schon 1933 ein Lehrbuch herausgegeben, das die Tötung chinesischer Gefangener im Hinblick darauf rechtfertigte, daß sich darunter eine Unmenge standesamtlich nicht Registrierter und Obdachloser befinde. In den von der japanischen Besatzungsmacht in der Mandschurei zusammengestellten „Grundideen" hieß es 1936 programmatisch, es gehe im Sinne einer weltweiten Tennô-Herrschaft darum, „die Mangelhaften anderer Völker zu ergänzen, die Faulen zu peitschen und die Ungehorsamen gehorchen zu lassen"[25]. Den japanischen Kommandeuren in China wurde am 5. August 1937 vom Tokioter Heeresministerium ausdrücklich der Befehl erteilt, bei der Behandlung der Kriegsgefangenen jede völkerrechtliche Bestimmung außer acht zu lassen. Ohnehin sahen viele japanische Soldaten in der Ermordung von Chinesen gleichsam ein religiöses Verdienst im Rahmen eines „heiligen", vom Tennô geführten Krieges: „Sie waren überzeugt davon, daß keiner der Feinde des Kaisers im Recht sein konnte, je brutaler sie also ihre Gefangenen mißhandelten, desto deutlicher zeigten sie ihre Kaisertreue."[26] Hinzu kam indes, daß die japanischen Soldaten von ihren Vorgesetzten oft aufs brutalste schikaniert wurden und das sich dabei aufstauende riesige Gewaltpotential sozusagen an ihren chinesischen Opfern abbauten[27].

Der im Militär verwurzelte Rassismus war bereits im Erziehungssystem Japans angelegt[28]. Als Antwort auf die erzwungene Öffnung des Landes durch die schwarzen Schiffe des amerikanischen Commodore Matthew C. Perry 1853 wurden im Zuge der Meiji-Reform Ende des 19. Jahrhunderts Orientierungsmuster für das Bildungswesen entwickelt, die in einem bis 1945 geltenden kaiserlichen Erziehungsedikt von 1890 kulminierten. Das in allen Schulen täglich vor Unterrichtsbeginn den – sich ehrfürchtig Richtung Kaiserpalast verneigenden – Schülern verlesene quasireligiöse Dokument stellte in seiner Mischung nationalshintôistischer und konfuzianischer Elemente gleichsam „die Inkarnation und Materialisation der geistigen Essenz Japans" dar[29]. Ideologische Richtschnur wurde fortan das sogenannte *kokutai*-Denken, die Überzeugung vom unverwechselbaren und besonderen Charakter der japanischen Nation, einer göttlichen Familie mit dem Tennô als Oberhaupt, den die Untertanen – einer strengen Hierarchie gehorchend – wie einen Vater in Loyalität und Kindesliebe verehrten.

---

[24] Buruma, Erbschaft der Schuld, S. 221.
[25] Ishida, Der „totale Krieg", S. 440 (Zitat), 443.
[26] So berichtet ein amerikanischer Priester, der im Sugamo-Gefängnis inhaftierte ehemalige japanische Lagerkommandanten danach fragte, warum sie Kriegsgefangene so mißhandelt hätten. Buruma, Erbschaft der Schuld, S. 221.
[27] So die Argumentation von Tanaka, Hidden Horrors.
[28] Zum folgenden vgl. Rosenzweig, Erziehung, S. 50–63.
[29] Antoni, Kokutai – Das „Nationalwesen", S. 45.

Auf der Basis dieser jahrzehntelang vermittelten Nationalmoral ging die Erziehungspolitik während der japanischen Expansion dann auf eindeutig nationalistisch-militaristischen Kurs. Sie stellte den Wert der nationalen Tradition gegenüber dem westlichen Individualismus heraus und machte aus den Grundschulen „Nationale Schulen", die neben Leibesübungen und Mathematik vor allem „nationale Studien" betrieben. Den Schülern und Studenten, so hieß es in Unterrichtsdirektiven vom März 1943, „soll der kaiserliche Auftrag in Fernost und auf der ganzen Welt und die Lebensnotwendigkeit der nationalen Verteidigung bewußt gemacht werden".[30] Glaubhaft wirken vor diesem Hintergrund auch Episoden, wie sie der Historiker Ienaga Saburô schildert; daß etwa ein japanischer Lehrer in den 1930er Jahren einem Schüler, der sich scheute, einen Frosch zu sezieren, eine Kopfnuß gegeben und gesagt habe: „Warum weinst Du über einen mickrigen Frosch, wenn du groß bist, wirst du ein- oder zweihundert Gelbe umlegen müssen"[31]. In Anbetracht der Entwicklungen im Erziehungswesen und im Militär wird jedenfalls nachvollziehbar, weshalb Buruma die Ideologie, die der Barbarei der japanischen Truppen zugrunde lag, als „genauso rassistisch"[32] bewertet hat wie Hitlers Nationalsozialismus mit seiner Vergötterung des arischen Herrenmenschen und seiner Verachtung für jüdische und slawische „Untermenschen". Auch wem dieses Urteil zu apodiktisch scheint[33], kommt doch nicht umhin, zumindest frappierende ideologische Parallelen zu konstatieren.

Eine andere Frage ist, wie systematisch sich die rassistische Weltanschauung in kriminelles Handeln umsetzte. Arnold Brackmann, der als junger Journalist dem Internationalen Militärtribunal für den Fernen Osten beiwohnte, kommt zu dem Schluß, daß vor allem das Massaker von Nanking „kein isoliertes Ereignis war, wie es in allen Kriegen vorkommt", sondern von der Führung in Tokio ganz bewußt inszeniert wurde[34]. Auch Iris Chang berichtet vom Tagebuch eines japanischen Obersten, in dem es heißt: „Ich habe Order von meinem Vorgesetzten, alle Menschen hier umzubringen"[35]. Der an der Chuo-Universität Tokio lehrende vergleichende Genozidforscher Uwe Makino hat die Vergewaltigung von Nanking demnach in die Geschichte der Terrorgenozide eingeordnet, die nicht nur eroberungs-

---

[30] Zit. nach Rosenzweig, Erziehung, S. 62.
[31] Buruma, Erbschaft der Schuld, S. 220. Zum japanischen Rassismus, der sich stärker noch als aus der Herabsetzung der anderen Völker aus der Überhöhung der eigenen Rasse speiste, vgl. Dower, War without Mercy, S. 203 ff. Zum Rassismus als wechselseitiges Problem der japanisch-amerikanischen Beziehungen: Koshiro, Trans-Pacific Racisms.
[32] Buruma, Erbschaft der Schuld, S. 220.
[33] Der nationalsozialistische Antisemitismus erschöpfte sich schließlich nicht in Rassismus, sondern erfuhr seine Radikalität durch die Verknüpfung von biologistischen Vorstellungen und antisemitischer Mythologie.
[34] Brackmann, zit. nach Chang, Die Vergewaltigung von Nanking, S. 184.
[35] Chang, Die Vergewaltigung von Nanking, S. 223.

II. Zweierlei Vergangenheiten

strategische Ziele verfolgten, sondern von herrschenden Minderheiten auch als „Verwaltungstechnik" zur Abschreckung echter oder potentieller Gegner eingesetzt wurden: „[...] der Terror hatte Funktion mit Blick auf die weiteren Ziele in China und Südostasien"[36]. Allerdings hat Ishida Yuji mit gutem Grund eingewandt, daß Nanking gerade nicht Teil der „Dreistrahlen-Taktik" Japans, sondern „eher durch eine durch den Kriegsverlauf bedingte ,Spontaneität' gekennzeichnet" war. Dieses bekannteste Massaker lasse sich nicht „durch einen Befehl des Generalstabs oder den Willen des Staates" begründen, sondern „durch die Initiative der Kommandanten vor Ort und das Verhalten gewöhnlicher Japaner". Ansonsten aber unterstreicht auch Ishida die Planmäßigkeit der „genozidalen Übergriffe gegen die einheimische Bevölkerung" in Nordchina.[37] In ähnlicher Weise hat Gavan McCormack die japanische Kriegführung als genozidal im Sinne der UN-Konvention von 1948 bezeichnet: „acts committed with intent to destroy, in whole or in part, a national, ethnical, racial, or religious group"[38]. Klaus Marxen und Gerhard Werle, Rechtsprofessoren der Berliner Humboldt-Universität, gelangen ebenfalls zu der Einschätzung, die von Japan und Deutschland verübten schweren Menschenrechtsverletzungen im Zweiten Weltkrieg seien zwar „unterschiedlich nach Art und Umfang" gewesen, aber doch „gleichermaßen systematisch"[39].

Auch wenn man demnach die These vertreten könnte, der nationalsozialistische Weltanschauungskrieg gegen die Sowjetunion erinnere „in seiner Maßlosigkeit an die Verbrechen der Japaner in China"[40], so bleibt in der Gesamtbeurteilung beider Schreckensherrschaften doch ein wesentlicher – rezeptionsgeschichtlich wirkmächtiger – Unterschied: Die übergroße Masse der Schandtaten des japanischen Ultranationalismus ging in Planung und Ausführung auf das Konto des Militärs und konnte – zutreffend oder nicht – jedenfalls relativ leicht als gleichsam herkömmliche, in allen Kriegen vorkommende Exzesse verharmlost werden, wie das im übrigen auch mit den Verbrechen der Wehrmacht in Deutschland nach 1945 teilweise geschah[41], obwohl die Armee eben nicht nur Kriegsverbrechen im Sinne von Verstößen gegen das Kriegsvölkerrecht zu verantworten hatte, sondern darüber

---

[36] Makino, Terror als Eroberungs- und Herrschaftstechnik, S. 349. Vgl. auch den eindrucksvollen Bericht eines deutschen Zeitzeugen: Wickert (Hg.), John Rabe: Der gute Deutsche von Nanking.
[37] Ishida, Das Massaker von Nanking, S. 235.
[38] McCormack, Reflections on Modern Japanese History, S. 266 f., 273 f.
[39] Vgl. die Einführung der beiden Strafrechtler in dem von ihnen mitherausgegebenen Sammelband: Marxen u. a., Der Umgang mit Kriegs- und Besatzungsunrecht, S. 13,
[40] Makino, Terror als Eroberungs- und Herrschaftstechnik, S. 352.
[41] So mußte sich z. B. Hochkommissar John McCloy in bezug auf die Landsberger Häftlinge gegen Versuche wenden, „die jeweiligen Verbrechen als notwendige Kriegshandlungen abzutun", und darauf verweisen, daß die Inhaftierten wegen der Teilnahme am NS-Rassenprogramm einsäßen. Brochhagen, Nach Nürnberg, S. 42 f. Vgl. auch Frei, Vergangenheitspolitik, S. 174 f., 188 f.

hinaus an spezifischen NS-Gewaltverbrechen beteiligt war, die mit den Kriegshandlungen im eigentlichen nichts zu tun hatten. In diesen Kontext gehört etwa auch der grausame, oft genug tödlich endende Mißbrauch von KZ-Häftlingen durch skrupellose Militärärzte für die Forschung zu wehrwissenschaftlichen Zwecken[42], in der man eine Analogie zu den Menschenversuchen der japanischen Einheit 731 sehen kann. Die Verbrechen der Wehrmacht machten aber – trotz ihrer erheblichen Größenordnung[43] – einen deutlich kleineren Anteil an den kriminellen Taten des Regimes insgesamt aus als dies für die Verbrechen des japanischen Militärs galt. Denn schließlich und vor allem war die nationalsozialistische Opferbilanz durch einen dieser Art noch nie vorgekommenen und teilweise industriell betriebenen Massenmord gekennzeichnet, der auf einem staatlichen Programm basierte, die europäischen Juden „allein wegen ihrer Herkunft restlos und in kürzester Zeit zu ermorden"[44], ohne daß sich an dieser Entscheidung auch nur nennenswerte interne Debatten im NS-Herrschaftsapparat entzündet hätten.

All dies mußte ebenso Folgen für den Charakter der späteren „Vergangenheitsbewältigung" in Deutschland und Japan zeitigen wie der Umstand, daß sich die (politische) Verantwortung für das Unrechtsgeschehen in der Diktatur Hitlers zumindest viel klarer zuordnen ließ als im Staats- und Gesellschaftssystem des Tennô-Reiches. Dort hatte auf dem Höhepunkt der Weltwirtschaftskrise eben keine totalitäre Führer-Bewegung die Macht ergriffen und sich den Staat untertan gemacht, sondern hatte die Militärführung – mit Verständigungspolitik und Abrüstungsbereitschaft der Taishô-Demokratie[45] von jeher unzufrieden – den gescheiterten Putschversuch radikaler junger Offiziere vom 26. Februar 1936 dazu ausgenutzt, eine „legale, indirekte Herrschaft"[46] des Militärs zu etablieren. Sie stützte sich zum einen auf das hohe Prestige der Truppe seit den siegreichen Kriegen gegen China (1894) und Rußland (1904/05), die zur Annexion Taiwans und Koreas geführt hatten[47], zum anderen auf die verfassungsrechtlich normierte, von der Taishô-Demokratie angeblich untergrabene oberste Kommandogewalt des Tennô. Faktisch gewannen vor allem Stabsoffiziere des Heeres (im Range des Majors, Oberstleutnants oder Obersts) maßgeblichen politischen Einfluß; und zwar dadurch, daß sie die von einem nicht genehmen Premier vorgeschlagenen Armeeminister ablehnten, was regelmäßig zum Rücktritt des

---

[42] Vgl. hierzu Mitscherlich/Mielke (Hg.), Medizin ohne Menschlichkeit.
[43] Zwar hatten, mit Christian Hartmann zu reden, viele Soldaten wenig, aber doch eben auch „wenige [...] viel zu verantworten". C. Hartmann, Verbrecherischer Krieg, S. 71.
[44] D. Pohl, Verfolgung und Massenmord, S. 109.
[45] Taishô bezeichnet die Jahre zwischen 1912 bis 1926, als unter dem 123. Tennô die demokratische Erneuerung des autoritären Kaiserregimes begann.
[46] Kurozawa, Das System von 1940 und das Problem der politischen Führung in Japan, S. 144.
[47] Vgl. Ishida, Die japanischen Kriegsverbrechen, S. 328.

II. Zweierlei Vergangenheiten

Regierungschefs selbst führte, dessen Rücktrittsersuchen gegenüber dem Tennô dann als „Opferung des Skeletts" bezeichnet wurde[48].

Den die Kabinette dominierenden Soldaten gelang es freilich nicht, die anderen Staatsorgane ganz unter ihre Kontrolle zu bringen. Vielmehr erwies sich das jetzt entstehende „System politischer Zusammenarbeit" verschiedener Machtzentren in Militär und Staatsbürokratie im Verlaufe des Krieges als derart ineffizient, daß im Oktober 1940 mit der Gründung des Bundes zur Förderung der kaiserlichen Herrschaft der – abermals nicht richtig gelingende – Versuch unternommen wurde, eine neue politische Integrationsinstanz zu schaffen und die Führungskraft des Kabinetts zu stärken. Zur charismatischen Herrschaft eines Offiziers konnte es schon deshalb kaum kommen, weil nach der bis 1945 in Kraft bleibenden Meiji-Verfassung von 1889 der „heilige und unverletzliche" Tennô das „Kaiserreich Groß-Japan beherrscht und regiert" (Artikel I und III) und auch als Oberbefehlshaber des Heeres und der Kriegsmarine fungiert hat[49].

Trotz dieser theoretisch absoluten Autorität blieb der Kaiser aber „a transcendental and passive sovereign"[50] im Rahmen einer eigentümlichen Art von konstitutioneller Monarchie, die den rechtlichen Status des Kabinetts einfach offen ließ. So erfolgte die Ernennung zum Premierminister dergestalt, daß durch das „Organ" des *Naidaijin*, d. h. des den Tennô beratenden „Persönlichen Palastministers", ein Kandidat vorgeschlagen und dann per „Kaiserlichem Großbefehl" ernannt wurde. Nur entbehrte die anerkannte Institution des *Naidaijin*, traditionell aus den Reihen der *Jûshin*, der hohen Staatsbeamten, rekrutiert, einer rechtlichen Grundlage, sondern diente dazu, den Tennô im Falle etwaiger Kritik von jeder Verantwortung für die Ernennung abzuschirmen. Für das Kabinett als eigentlichem Zentrum der Exekutivgewalt gab es keinerlei verfassungsrechtliche oder auch nur gesetzliche Regelungen außer der Feststellung, daß es die konstitutionell normierte „Verwaltungsallmacht" des Tennô in dessen Vertretung und in alleiniger Verantwortung vor ihm ausübe. Das Kabinett war also „weder ein formelles Staatsorgan noch überhaupt eine Rechtsinstitution"[51]. Dennoch kann auf verfassungspraktischer Ebene argumentiert werden, die wirkliche Macht in Japan sei von im Namen des Tennô regierenden Ministern ausgeübt worden, die nach der Konstitution die Regierungsverantwortung trugen[52]. Und diese „nach westlichem Denken zwiespältige Stellung" habe zur Folge gehabt, daß der Kaiser nicht umhin gekommen sei, die „Entscheidungen der Regierungen vorbehaltlos gut(zu)heißen"[53].

---

[48] Miyazawa, Rechtsprobleme der Kriegsverbrecherprozesse, S. 37.
[49] Kurozawa, Das System von 1940, S. 147.
[50] Hall, A Monarch for Modern Japan, S. 47.
[51] Miyazawa, Rechtsprobleme der Kriegsverbrecherprozesse, S. 37.
[52] Vgl. Wetzler, Kaiser Hirohito, S. 617.
[53] Nakai, Die „Entmilitarisierung", S. 19.

Was die mangelnde juristische Normierung staatlicher Entscheidungsprozesse, ihr bloßes Gründen auf Herkommen, Überlieferung und Gewohnheit für die rechtliche und insbesondere strafrechtliche Verantwortung für Krieg und Kriegsverbrechen in Japan bedeutete, mag aus dem bemerkenswerten Streit darüber erhellen, ob der Kaiser selbst den Angriff auf Pearl Harbor befohlen habe oder ob er möglicherweise gar nichts davon wußte, weil seine Berater „ihm zu seinem Schutz diese Informationen absichtlich vorenthalten haben"[54]. Ähnlich charakteristisch sind die Aussagen führender Persönlichkeiten nach 1945 zur Kriegsschuld einer „Militärclique", die laut Ex-Premier Shidehara Kijûro aus „jüngeren Armeeoffizieren" bestand, deren Namen er aber nicht genau kenne, zumal das Kabinett ohnehin keine direkte Kontrolle über die Armee gehabt und kein Gesetz genau festgelegt habe, wer für die Aktionen des Militärs die Verantwortung trage. Auf die Frage, wo denn der Kopf der Armee gesessen habe, antwortete ein ehemaliger japanischer Wirtschaftsführer: „Nobody knows. It was like a current flowing through a large number of young officers in the Army"[55].

Daß schließlich selbst ein Armeeminister sich darauf berufen konnte, unter dem Druck seiner Untergebenen eine bestimmte Politik verfolgt zu haben oder gar „a manipulated robot"[56] gewesen zu sein, verweist auf das in tradierten japanischen Gesellschaftsstrukturen wurzelnde, auch nach 1936 funktionierende „System der Unverantwortlichkeiten", wie es der Politikwissenschaftler Maruyama Masao beschrieben hat. Danach ist zwischen drei politischen Typen – dem tragbaren Schrein, den Beamten und den Gesetzlosen – zu unterscheiden. Der ranghöchste Schrein, das oberste Symbol der Autorität, wird von den Beamten wie ein Schrein an Feiertagen auf den Schultern getragen, bleibt aber gleichsam Ikone, während die tatsächliche Macht von den Beamten – Ministern, Verwaltungseliten, Generälen – ausgeübt wird. Auch diese wiederum werden indes von den niederen Rängen aus manipuliert, „von den Gesetzlosen, von Einzelgängern unter den Militärs, hitzköpfigen Offizieren draußen an der Front, von rasenden Nationalisten und anderen Agenten der Gewalt"[57]. Geschichte wird in diesem „System der Unverantwortlichkeiten" zu einer endlosen Kette vollendeter Tatsachen, die wie Naturgewalten mysteriösen Ursprungs über die Menschen kommen. Gerät das System außer Kontrolle, wie dies in den 1930er Jahren der Fall war, „diktieren die gewalttätigen Gesetzlosen die Ereignisse, nervöse Beamte reagieren nur mehr darauf, und die Heiligkeit des (kaiserlichen, M.K.) Schreins rechtfertigt alles."[58] Was dies konkret hieß, war z.B. bei der

---

[54] So Wetzler, Kaiser Hirohito, S. 628, unter Bezug auf Butow, Tojo and the coming of the War, S. 370f.
[55] Zit. nach Baerwald, The Purge of the Japanese Leaders, S. 15.
[56] Ebd.
[57] Buruma, Erbschaft, S. 218.
[58] Ebd.

Eroberung Nankings zu sehen, die General Matsui – unter Mißachtung von Befehlen der Regierung in Tokio und des Generalstabs – eigenmächtig begann. Erst als sich ein Erfolg der Operation abzeichnete, erteilte auch der Generalstab den Befehl zum Angriff auf die symbolträchtige Hauptstadt der chinesischen Republik[59].

Die für den westlichen Beobachter einigermaßen rätselhaften Hierarchien im politischen und militärischen System Japans unterscheiden sich aber selbst dann noch fundamental von den Zuständen im Dritten Reich, wenn man dieses eher als polykratische Diktatur begreift. Neben der grundlegenden Differenz in der Ausprägung des Primats des Politischen war vor allem auch die Beziehung zwischen Regime und Volk in beiden Fällen offensichtlich ganz anders gelagert. Die nationalsozialistische Massenbewegung erschien später auch den amerikanischen Nachkriegsplanungsstäben mit dem – nicht in einer politischen Partei zu identifizierenden und unter keiner einheitlichen diktatorischen Führung stehenden – elitären japanischen Militarismus nicht vergleichbar[60]. Während dementsprechend die Potsdamer Beschlüsse der alliierten Siegermächte 1945 faktisch von einer kollektiven Verantwortung des deutschen Volkes für den Krieg ausgingen[61], war in bezug auf das fernöstliche Inselreich von der „Macht und dem Einfluß jener" die Rede, die „mit Täuschung und Irreführung das japanische Volk zum Wahn der Welteroberung verleitet" hätten und „ein für allemal ausgeschaltet werden" müßten[62].

Ob diese Einschätzung der gesellschaftlichen Fundierung auch des japanischen Militarismus und Ultranationalismus tatsächlich ganz gerecht wurde, darf zumindest mit einem Fragezeichen versehen werden. Jedenfalls erzeugten die an Familie und Dorfgemeinschaft orientierten sozialen Verhaltensweisen in Japan eine viel größere gesellschaftliche Homogenität, als sie das Dritte Reich selbst durch Verführung und Gewalt jemals herzustellen vermochte. Ein mit der deutschen Opposition gegen Hitler vergleichbarer, bis zum Staatsstreich führender Widerstand gegen das Regime hat sich in Japan auch deshalb nicht entwickelt[63]. Zwar wurden dort zwischen 1928 und 1941 etwa 66000 Menschen wegen ihrer linken politischen Überzeugungen verhaftet, jedoch nur einmal (1944) aus politischen Gründen die

---

[59] Ishida, Der „totale Krieg", S. 441.
[60] Rosenzweig, Erziehung, S. 108.
[61] Daß die Rede von der Kollektivschuld „nicht allein ein Rezeptionsphänomen der Deutschen" war, zeigt auch ein näherer Blick auf die angelsächsische Diskussion während des Krieges, in deren Verlauf „durchaus eine Anklage der gesamten deutschen Nation formuliert" wurde. Friedrich/Später, Britische und deutsche Kollektivschuld-Debatte, S. 89.
[62] Ursachen und Folgen, Band 23, S. 493.
[63] Zwar war die japanische Geschichte voll von bäuerlichen und soldatischen Aufständen, doch der Fehlschlag bewaffneter Revolten am Ende der Bürgerrechtsbewegung 1884 „wrote finis to armed struggle in Japan". Ienaga, The Pacific War, S. 223; vgl. auch die weiterführenden Bemerkungen zum Thema „dissent and resistance" in ebd., S. 203–223.

Todesstrafe verhängt. Zudem hatten die Gefangenen die Möglichkeit, ihrer „falschen" Einstellung abzuschwören (*tenko*), um aus der Haft entlassen zu werden[64]. Diese Widerrufe wurden zwar nicht direkt – mittels der im Dritten Reich üblichen Terrormaßnahmen – erpreßt, können aber doch als eine „subtile Form der Gewaltanwendung" auf dem Wege spezifisch japanischer Sanktionsmechanismen der Gesellschaft verstanden werden[65].

Gerade die traditionell homogene und gruppenorientierte Ordnung des japanischen Volkes war es aber auch, die von den Planern im amerikanischen Außenministerium als vorteilhaft für den angestrebten politischen Transformationsprozeß nach dem Krieg angesehen wurde. Gelänge es, die militaristisch-ultranationalistischen Eliten durch liberale Führungskräfte zu ersetzen, würde – so hoffte man – in der vertikal strukturierten japanischen Gesellschaft relativ leicht ein demokratischer Konsens von oben nach unten wachsen[66]. Der Aufbau einer Demokratie schien den Japan-Experten im State Department allerdings nur unter der Schirmherrschaft des Tennô „als wichtigstem gesellschaftlichem Integrativ" möglich, während sie für den Fall einer Beseitigung des traditionellen Kaisertums gewaltsame Proteste und Widerstand gegen die amerikanische Besatzungsmacht, bis hin zu einem Guerillakrieg, befürchteten[67].

---

[64] Mitchell, Thought Control in Prewar Japan, S. 191 ff.
[65] Schieder, Kriegsregime des 20. Jahrhunderts, S. 35.
[66] Rosenzweig, Erziehung, S. 108.
[67] Ebd., S. 99

III. Hirohito: Vom Hauptkriegsverbrecher zum Symbol der Unschuld?

Als nach der Kapitulation Japans die Frage zu entscheiden war, wer in einem Militärtribunal für den Fernen Osten von den Siegermächten als Hauptschuldiger zur Rechenschaft gezogen werden sollte, forderten nicht nur Briten und Sowjetrussen eine Anklage gegen den Kaiser. Auch eine klare Mehrheit der Amerikaner befürwortete in Umfragen einen solchen Prozeß gegen den Kaiser der „Japs" bzw. „Nips", die von der US-Kriegspropaganda als „Menschen-Affen", Bestien oder roboterhafte Sadisten herabgewürdigt worden waren. In einer Resolution des Senats vom 18. September 1945 fand diese Forderung ihren Niederschlag[1]. Dem ebenso eigensinnigen wie populären General Douglas MacArthur, einem Genie der Selbstinszenierung, den die US-Regierung zum *Supreme Commander for the Allied Powers* (SCAP) in Japan ernannt hatte, widerstrebte freilich ein derartiger Schritt. Der cäsaristisch veranlagte 65jährige Ostasienkenner – mit goldgerahmter Sonnenbrille, Maiskolbenpfeife und Seidenmütze – war davon überzeugt, weit über eine Million Soldaten zur Besatzung des Landes zu benötigen, falls der Tennô angeklagt und vielleicht sogar gehängt werden würde[2]. Mit Hilfe des Kaisers und dessen Regierungsapparat dagegen, so hatte er am 18. September ohne Abstimmung mit Washington auch öffentlich erklärt, würde er statt der geplanten 500 000 sogar mit nur 200 000 Mann auskommen. Eine Mitte Oktober erhaltene Weisung, unverzüglich mit der Sammlung aller verfügbaren Zeugnisse über Hirohitos Verantwortung für Völkerrechtsverletzungen während des Krieges zu beginnen, wußte MacArthur zu unterlaufen. Und selbst einen vom US-Präsidenten Harry S. Truman entsandten Aufpasser, Unterstaatssekretär John McCloy, der auf den störrischen General einwirken sollte, nahm dieser durch seine charismatische Art rasch für sich ein[3].

Ein wichtiges Argument in der zum Schutz des Kaisers aufgebauten Verteidigungslinie war die Tiefe der Gefühle des japanischen Volkes für den Tennô. Schließlich waren viele Japaner davon überzeugt, daß sie ihre Rettung nach den Atombombenabwürfen von Hiroshima und Nagasaki dem Kaiser verdankten, der eine Entscheidungsschlacht auf Honshû nach den

---

[1] Scharlau, Der General und der Kaiser, S. 8f., 46.
[2] MacArthur, Reminiscences, S. 287f.
[3] Scharlau, Der General und der Kaiser, S. 44f.

Vorstellungen der Armee („100 Millionen gehen furchtlos in den Tod") durch seine Kompromißbereitschaft gegenüber den Alliierten verhindert habe[4]. Tatsächlich spricht aber manches dafür, daß die von Krieg und Hunger gezeichneten demoralisierten Massen zumindest in den ersten Monaten nach der Kapitulation das Abdanken des Kaisers ohne größere emotionale Aufwallungen akzeptiert hätten[5]. Um so mehr also schien es geboten, den Willen Hirohitos zur Kooperation mit der Besatzungsmacht nach außen hin – auch für die Kritiker in den USA – sichtbar zu dokumentieren. So wurde für den 27. September 1945 das historische Treffen des Kaisers mit dem Oberkommandierenden in der von MacArthur bewohnten früheren Residenz des amerikanischen Botschafters eingefädelt. Nie zuvor hatte ein Tennô Besuch bei einem „Bürgerlichen" gemacht. Nervös und mit zitternden Händen soll der Kaiser – nach den Erinnerungen MacArthurs – gesagt haben: „Ich komme zu Ihnen, General MacArthur, um mich dem Urteil jener Mächte zu unterwerfen, die Sie repräsentieren, als der eine, der die ausschließliche Verantwortung für alle politischen und militärischen Entscheidungen und Aktionen trägt, die mein Volk im Laufe des Krieges getroffen hat."[6] Da der Tennô zu diesem Zeitpunkt noch nicht wußte, daß MacArthur ihn zu verschonen gedachte, zeigte sich der General „bis ins Mark" getroffen von dem Mut des japanischen Kaisers, eine Verantwortung zu übernehmen, die er nach dem Kenntnisstand des Amerikaners doch gar nicht trug und die den Tod für ihn bedeuten konnte. Allerdings sind Zweifel an der von MacArthur verbreiteten Version des Gespräches angebracht, da ein echtes Schuldeingeständnis der Persönlichkeit Hirohitos kaum entsprochen und zudem die Verteidigungsstrategie des kaiserlichen Hofes durchkreuzt hätte. Vermutlich hatte der General das gehört, was er gerne hören wollte: Ein Unschuldiger, der dennoch Verantwortung übernahm, hatte zweifelsohne die moralische Autorität, um die ihm zugedachte Funktion als Instrument des friedlichen Wandels – in den möglichst wenig sichtbaren Händen der Amerikaner – zu erfüllen[7].

---

[4] Als im japanischen Thronrat über die Annahme der Kapitulationsbedingungen befunden wurde, hatte das Militär Garantien für die Erhaltung des Kaisertums gefordert, was indes durch eine „kaiserliche Entscheidung" verhindert wurde, so daß Japan ohne weitere Verzögerung die Potsdamer Erklärung akzeptierte. Vgl. Hata, Japan unter amerikanischer Besatzung, S. 196, sowie Butow, Japan's Decision to Surrender, S. 228f. Von Igarashi Yoshikuni ist diese „nationale Meistererzählung" aber jüngst als Gründungsmythos des modernen Japan entlarvt worden. Hirohito ging es offensichtlich weniger um die Frage von Krieg und Frieden, als vielmehr darum, die Kontinuität der kaiserlichen Linie zu wahren und den geistigen Kern der Nation zu erhalten. Vgl. Schwentker, Die Grenzen der Entzauberung, S. 125f.
[5] Eine spätere Kampagne der Kommunisten gegen das „Tennô-System" scheiterte dagegen am Widerstand der übrigen Parteien einschließlich der Sozialisten. Inoue, Geschichte Japans, S. 594.
[6] MacArthur, Reminiscences, S. 330
[7] Scharlau, Der General und der Kaiser, S. 48f.

III. Hirohito

Nachdem sich trotz der spektakulären Begegnung des Kaisers mit dem amerikanischen Prokonsul die Vereinigten Stabschefs der USA in der ersten grundlegenden Direktive zur Besatzung Japans (JCS 1380/15) vom November 1945 die letzte Entscheidung über das Schicksal des Kaisers noch immer vorbehielten, entwickelte das US-Hauptquartier die Idee, den Tennô zum Verzicht auf seine „Göttlichkeit" zu bewegen und dadurch die öffentliche Meinung in den USA zu beeinflussen[8]. Der japanische Hof ging auf den Vorschlag ein, weil er sich zutraute, den amerikanischen Textentwurf zumindest in der japanischen Version so umzugestalten, daß „die Substanz der Meiji-Tradition erhalten blieb und das Ausland dennoch beeindruckt würde"[9]. Und tatsächlich hieß es nach der „Erklärung der Menschlichkeit" des Tennô vom Neujahrstag 1946 in der *New York Times*, diese Bekundung habe der „Dschungel-Religion" des Shintô einen entscheidenden Schlag versetzt, der Kaiser habe sich „damit selber zu einem großen Reformer der japanischen Geschichte gemacht".[10] Wichtiger noch als der Verzicht auf den göttlichen Anspruch sollten aber die Bestimmungen der neuen japanischen Verfassung werden, die im Laufe des Jahres 1946 mit der Preisgabe der konstitutionellen – zu Gunsten einer parlamentarischen – Monarchie einen realen Machtverlust des Kaisers festschrieben.

Mit der förmlichen Entlastung des Tennô durch die Anklagebehörde des Militärtribunals hatte sich MacArthur bereits Mitte 1946 so gut wie auf der ganzen Linie gegen die Truman-Administration durchgesetzt. Durch die Verschonung des Tennô – im Gestus eines traditionellen *Daimyô*[11] – nutzte er das Symbol des Kaisers zur Stärkung des eigenen Ansehens in der japanischen Bevölkerung[12] und wurde künftig wie ein neuer *Shôgun*[13] akzeptiert. Symbolträchtig hatte der amerikanische „Shôgun mit blauen Augen" gegenüber dem Kaiserpalast in Tokio im Gebäude einer Versicherungsgesellschaft sein Hauptquartier aufgeschlagen und konnte dort vom sechsten Stock aus auf den Sitz des Kaisers herunterblicken. Statt eine eigene Militärregierung aufzubauen, hatte der US-Oberbefehlshaber tatsächlich nur eine kleine Besatzungsbürokratie etabliert, deren Befehle von der weiter existierenden japanischen Regierung und ihren fast unverändert fortbestehenden Behörden mit teils beträchtlichem Handlungsspielraum mehr oder weniger gut umgesetzt wurden[14].

---

[8] Vgl. Dower, Embracing Defeat, S. 308 f.
[9] Scharlau, Der General und der Kaiser, S. 54.
[10] Ebd., S. 53.
[11] „Großer Name". Bezeichnung für Territorialherrscher seit dem 15. Jahrhundert.
[12] Buruma, Erbschaft, S. 222.
[13] Die Institution des „Shôgun", d. h. militärischen Oberfehlshabers, hatte in der japanischen Geschichte zwischen 1603 und 1868 besondere Bedeutung erlangt, als derartige Soldatenführer den Kaiser entmachtet und das Land regiert hatten.
[14] Vgl. Minear, Victor's Justice, S. 113 f., sowie Halliday, Japan unter amerikanischer Besatzung, S. 110.

Um den Tennô auf dem Thron halten zu können, mußte aber nicht nur eine Anklage gegen ihn als Kriegsverbrecher vermieden, sondern durfte auch sonst kein allzu düsteres Licht auf seine Vergangenheit gelenkt werden; ja nicht einmal als Zeuge vor das Militärtribunal für den Fernen Osten ließ man den Allerhöchsten Schrein laden. MacArthurs Exkulpationsstrategie zugunsten des Kaisers schien im Verlauf des langen Prozesses nur einmal gefährdet, als der Hauptankläger den japanischen Kriegspremier General Tôjô Hideki ins Kreuzverhör nahm und dieser – zutreffenderweise[15] – einräumte, der Kaiser habe dem Krieg, wenn auch nur widerwillig, zugestimmt. „Keiner von uns", so Tôjô, „hätte es gewagt, gegen den Willen des Kaisers zu handeln". Erschrocken wegen der möglichen Wirkungen dieser Aussage wirkte der US-Chefankläger auf einen Vertrauten des Kaisers ein, General Tôjô zum Widerruf zu bewegen, der eine Woche später dann erfolgte. Der Kaiser, so ließ sich der treue Untertan Tôjô jetzt vernehmen, sei stets gegen den Krieg und von Friedensliebe erfüllt gewesen[16]. Da eine hochnotpeinliche Untersuchung des kaiserlichen Verhaltens während des Krieges also weder im Interesse der amerikanischen Besatzungsmacht noch der monarchistischen Eliten Japans war, unterblieb der entscheidende erste Schritt zu einer vollständigen Aufdeckung des „Systems der Nichtverantwortlichkeiten" – mit allen Konsequenzen für den weiteren Prozeß der „Vergangenheitsbewältigung".

Auch wenn das Verhalten des Tennô, der eher eine Art Priesterkönig oder Papst des Shintôismus, denn ein europäischer Kaiser war, während des militaristischen Kriegsregimes mit der Rolle Hitlers im NS-Staat keinesfalls gleichgesetzt werden kann, so ist eines doch unverkennbar: Der Unterschied in der Grundanlage japanischer und deutscher „Vergangenheitsbewältigung" resultierte funktional daraus, daß die – ob nun symbolische oder faktische – Spitze des überwundenen Unrechtssystems im einen Fall unangetastet blieb, während sie sich im anderen Fall durch Selbstmord der verdienten Strafe entzog. Denn dies konnte in Deutschland fälschlicherweise so wahrgenommen werden, als habe der „Führer" damit in radikaler Form seine Verantwortung für das schreckliche Geschehen zwischen 1933 und 1945 eingestanden[17]. Mit gutem Grund hat jedenfalls Buruma darauf hingewiesen, daß der stille, eher passiv und sanftmütig wirkende Hirohito von der Persönlichkeitsstruktur her zwar „kein Hitler" war, aber für die Japaner doch eine ähnliche psychologische Rolle spielte, wie sie Alexander und Margarete Mitscherlich dem „Führer" zugeschrieben haben: „Er war ein

---

[15] Vgl. das dritte Kapitel der großen Hirohito-Biographie („His Majesty's Wars, 1931–1945") von Bix, Hirohito and the Making of Modern Japan.
[16] Buruma, Erbschaft, S. 224. Vertiefend Minear, Victor's Justice, S. 113 ff.
[17] Obwohl Hitler ausweislich seiner „Nero-Befehle" letztlich nicht sich, sondern das deutsche Volk, das sich als nicht stark genug erwiesen habe, für die militärische Niederlage verantwortlich machte.

Objekt, an das man sich anlehnte, dem man die Verantwortung übertrug, und ein inneres Objekt. Als solches repräsentierte und belebte er aufs Neue die Allmachtsvorstellungen, die wir aus der frühen Kindheit über uns hegen ..."[18].

Auf „dem Erlebnis der relativen Nähe zur höchsten Autorität des Tennô" und der damit einhergehenden Überzeugung, mit der staatlichen Macht unverbrüchlich verbunden zu sein, nicht aber auf einem starken Selbstbewußtsein beruhte nach Auffassung von Maruyama besonders auch die psychische Einstellung des Militärs zur Macht. Nehme man den Soldaten die Stütze durch diese Autorität und reduziere sie „auf ihre Person selbst", so verwandelten sie sich „in schwächliche, geradezu mitleiderregende Kreaturen". Deshalb seien beim Tokioter Prozeß Angeklagte kreidebleich geworden oder hätten gar geweint, während Hermann Göring in Nürnberg lauthals über seine Ankläger gelacht habe[19]. Insofern hätte Hitler also zumindest für Göring nicht die Rolle gespielt, die er nach Mitscherlich für die Masse der Deutschen innehatte.

Die Reichweite derartiger kollektiv-psychologischer historischer Erklärungsansätze ist zwar immer nur begrenzt, weil es auch bei „den" Japanern und „den" Deutschen natürlich eine ganze Reihe von abweichenden Verhaltensweisen in die eine oder andere Richtung gab. Zumindest aber entsprach das Verhalten der entmachteten japanischen Hauptschuldigen, die von den alliierten Siegermächten in Tokio zur Anklage gebracht wurden, doch unverkennbar dem konfuzianischen Bild vom Bambus, der sich im Taifun biegt: „Das Wesen des Herrschers ist wie der Wind, das Wesen des Volkes wie Gras. Wenn der Wind weht, muß das Gras sich beugen."[20]

Ein in langer Tradition gewachsener japanischer Ehrenkodex, das persönliche Opfer bis zur letzten Konsequenz, lag auch der während des Tokioter Prozesses offenbar werdenden Aufopferung der Untertanen für den Tennô zugrunde. Im Blick auf das – angebliche – Verhalten des Kaisers im Gespräch mit MacArthur ist sogar argumentiert worden, der Tennô habe sich damit der Verantwortung für den Krieg „aufrechter und totaler als irgendein Deutscher für die nationalsozialistische Blutorgie in Europa"[21] gestellt. Tatsächlich haben die Hauptschuldigen des Dritten Reiches alles auf den toten Führer, auf den Eid oder auf den Befehlsnotstand abgewälzt. Dennoch kommt man nicht an der Einsicht vorbei, daß das persönliche Verhalten des Kaisers, wie immer es wirklich ausgesehen haben mag, gegenüber der symbolischen Wirkung seiner strafrechtlichen Verschonung von untergeordneter erinnerungskultureller Bedeutung blieb.

---

[18] Mitscherlich, Die Unfähigkeit, S. 23.
[19] Maruyama, Logik und Psyche des Ultranationalismus, S. 48
[20] Vahlefeld, Japan, S. 135.
[21] Ebd., S. 123.

Zudem sind auch die mit dem fortgesetzten Tennô-System unmittelbar zusammenhängenden, späteren Erschwernisse der japanischen „Vergangenheitsbewältigung" unübersehbar. Ausgedehnte „public-relations"-Touren durch das Land, von Besatzungsbehörde und Hofamt angeregt, hatten den Tennô zwischen 1946 und 1954 in fast jede Präfektur geführt und mit Tausenden Bürgern in Kontakt gebracht. War der von seinem Habitus her nicht gerade majestätisch wirkende Hirohito bis 1945 höchstens bei Paraden aus der Ferne auf einem weißen Schimmel zu sehen gewesen, so legte die auf seinen Reisen demonstrierte Volksnähe den Grundstein für eine außerordentliche Popularität der kaiserlichen Familie. Welch perversen Charakter die Sympathien für den Tennô allerdings annehmen konnten, zeigte sich z. B. im Dezember 1960, als radikale Nationalisten dem Verleger eines historischen Sachbuches nicht nur vorwarfen, die Würde des Kaiserhauses verletzt zu haben[22], sondern ihm sogar nach dem Leben trachteten. Auch wenn der Vorfall justitiell geahndet wurde, verstärkte er doch wieder das alte Tabu, über den Tennô offen und kritisch zu reden.

Dies war um so problematischer, als der Kaiser selbst eine bisweilen „erschreckende Ignoranz gegenüber der japanischen Politik in den Kriegsjahren" an den Tag legte[23]. Ein frühes und ein spätes Beispiel mögen ad illustrandi causa genügen: Bereits am 7. Dezember 1947 war Hirohito – sehr zur Verärgerung der Amerikaner – ausgerechnet zum sechsten Jahrestag von Pearl Harbor nach Hiroshima gereist[24], so als ob die japanische Entscheidung zum Überfall auf die USA durch deren spätere Militärstrategie irgendwie nachträglich gerechtfertigt werden könnte. Und noch Jahrzehnte später, als ein Reporter den Tennô anläßlich eines USA-Besuchs 1975 fragte, wie er den politischen und sozialen Wandel in Japan vor und nach 1945 einschätze, versetzte Hirohito: Er glaube nicht, „daß es in dieser Zeit einen Wandel gegeben habe. Fragen zur Kriegsschuld Japans könne er nicht beantworten, da er in dieser Sache kein Spezialist sei und die Literatur zu diesem Thema noch nicht hinreichend studiert habe."[25]

---

[22] In dem Buch war von der historischen Tatsache revolutionärer Vorgänge in Japan die Rede gewesen, in deren Verlauf Mitglieder der kaiserlichen Familie enthauptet worden waren.
[23] Schwentker, Die Grenzen der Entzauberung, S. 129, 132f. (Zitat).
[24] Bix, Hirohito, S. 631; Scharlau, Der General und der Kaiser, S. 100.
[25] Schwentker, Die Grenzen der Entzauberung, S. 133.

IV. Innere und äußere Rahmenbedingungen der „Vergangenheitsbewältigung"

Über den zentralen, auch wirkungsgeschichtlichen Unterschied zwischen Hirohito und Hitler hinaus differierten weitere Ausgangsbedingungen des japanischen Umgangs mit der Vergangenheit fundamental von den deutschen. Am Ende des Krieges standen die alliierten Soldaten, nachdem sie die Wehrmacht aus den besetzten Gebieten zurückgeworfen und monatelang Quadratmeter um Quadratmeter deutschen Bodens erobert hatten, gemeinsam mitten im Reich. Die Niederlage des NS-Staates war total, die Kapitulation am 8. Mai 1945 bedingungslos, jede staatliche Autorität zusammengebrochen, ein Viertel des angestammten deutschen Siedlungsgebiets östlich von Oder und Neiße verloren. Zum Zeitpunkt der Verkündung der Kapitulationsbereitschaft Japans am 15. August 1945 befand sich dagegen kein einziger fremder Soldat auf dessen Mutterboden; Wochen verstrichen, bis es dahin kam, und daß während der besatzungslosen Tage politische Absprachen getroffen wurden, die der Haltung des Landes gegenüber der Siegermacht ein gewisses Maß an Kohärenz sicherten[1], ist unübersehbar[2]. Obwohl die Niederlage für die meisten Japaner völlig unerwartet gekommen war und der 15. August 1945 von der auf Dorfplätzen und Schulhöfen, Fabriken und Kasernen versammelten Bevölkerung auch insoweit als historische Zäsur erlebt wurde, als alle zum ersten Mal die Stimme des Tennô Hirohito mit eigenen Ohren vernahmen[3], konnte von einem „Nullpunkt" und von völligem Neubeginn tatsächlich nicht die Rede sein. Japan wurde zwar erstmals seit dem Altertum wieder von einer fremden Macht beherrscht, doch der Staat selbst blieb erhalten – und auch eine funktionsfähige Regierung als Juniorpartner der Besatzungsmacht. In der gewundenen Proklamation des Kaisers über die Beendigung des Krieges findet sich das Wort „Kapitulation" denn auch an keiner Stelle. Hinzu kommt, daß Japan nicht wie Deutschland in vier Besatzungszonen aufgeteilt wurde, sondern allein die Amerikaner das Reich des Tennô okkupierten. Die von den Sowjets angestrebte Mitbesetzung der Nordinsel Hokkaidô scheiterte am Widerstand der USA, die bereits erste Erfahrungen mit der schwierigen Vier-Mächte-

---

[1] Vgl. Ball, Japan, S. 47.
[2] Zu den Schwierigkeiten, konkrete Beweise dafür zu finden, vgl. Gasteyger, Das außenpolitische Erbe, S. 173.
[3] Buchholz, Demokratisierung der Erinnerung, S. 48.

Verwaltung in Deutschland gesammelt hatten. Vom beträchtlichen Kolonialbesitz abgesehen gingen nur die winzigen Südkurilen-Inseln an Rußland verloren[4], die Ryukyu-Inseln im Süden (mit Okinawa) kamen unter amerikanische Militärverwaltung.

Länger als auf Japan, über ein Jahrzehnt hinweg, behielten die vier Siegermächte auf das besetzte Deutschland – noch dazu weiterreichenden – Durchgriff. Jenen Grad an eingeschränkter staatlicher Eigenständigkeit, der für Japan zwischen 1945 und 1952 charakteristisch gewesen war, erreichte Westdeutschland erst mit der Gründung der Bundesrepublik und der Einführung des Besatzungsstatuts 1949. Und diese Phase reduzierter Souveränität hielt – wenn auch mit zunehmenden Modifizierungen[5] – bis 1955 an, während sie Japan 1952 mit dem Abschluß des Friedensvertrages zumindest ein Stück weiter hinter sich ließ[6]. Selbst nach dem 5. Mai 1955 blieb die Bundesregierung obendrein zumindest in ihrer deutschlandpolitischen Handlungsfreiheit dauerhaft eingeschränkt, weil die vier Siegermächte bis zu einem unabsehbaren Friedensvertrag Mitspracherechte in bezug auf Deutschland als Ganzes behielten.

Der für Japan nach dem Zweiten Weltkrieg eingerichtete Alliierte Rat mit Sitz in Tokio, der aus Vertretern der USA, der Sowjetunion, Chinas und Englands bestand, hatte dagegen ebenso wie die aus elf Ländern beschickte Fernost-Kommission nur beratende Funktion. Als beide Gremien im Frühjahr 1946 ihre Arbeit aufnahmen, waren die grundlegenden Verfügungen zur Demokratisierung Japans vom *General Headquarter* des SCAP bereits ausgearbeitet. Und MacArthur dachte ohnehin nicht daran, sich von den anderen Siegermächten in einem Aktionsradius beschneiden zu lassen, der schon deshalb enorm war, weil sich das ihm von Präsident Truman am 29. August 1945 übermittelte Konzept „U.S. Initial Post-Surrender Policy toward Japan" (mit den Prinzipien der „Demokratisierung" und „Entmilitarisierung") als ausgesprochen dehnbar erwies[7] – zumal in der Zeit, als in Washington die sicherheitspolitisch denkende China-Lobby im Verteidigungsministerium mit der Japan-Lobby im Außenministerium stritt.

Die Abberufung des konservativen Japan-Verehrers und früheren Botschafters in Tokio, Joseph Grew, von seinem Amt als Unterstaatssekretär für Asien im Außenministerium am 11. August 1945 verschob in der US-Administration eine Zeit lang die Gewichte zu Gunsten der China-Lobby.

---

[4] Allerdings auch das 1905 eroberte Südsachalin.
[5] Den „Hürdenlauf zur westdeutschen Souveränität" in den Jahren 1952–1955 analysiert instruktiv Vogt, Wächter der Bonner Republik, S. 215ff.
[6] Auch das Vertragswerk von San Francisco begründete indes, wie John W. Dower herausgestellt hat, keine wirkliche Souveränität für Japan, sondern verurteilte das Land militärisch und diplomatisch zur Zweitklassigkeit. Dower, Yoshida in the scales of history, S. 208–241. Erst 1972 wurde zudem die – 1969 vereinbarte – Rückkehr Okinawas unter japanische Souveränität Wirklichkeit.
[7] Vgl. Hata, Japan, S. 197.

IV. Rahmenbedingungen der „Vergangenheitsbewältigung" 33

Unterstützt von Grews liberalem Nachfolger Dean Acheson setzte man auf ein unter der Kuomintang geeintes Reich der Mitte als stabilisierende antibolschewistische Macht Nachkriegsasiens. Den Japanern dagegen war nach diesem Szenario – vielleicht auch durch die Abschaffung des Tennô-Systems – der Militarismus möglichst gründlich auszutreiben. Die selbst am *General Headquarter* des SCAP nicht ganz spurlos vorübergehende Verhärtung der amerikanischen Japanpolitik sollte indes nicht von langer Dauer sein. Schon im Frühjahr 1946 war das Scheitern der Vermittlungsmission des nach China gesandten US-Präsidialbotschafters General George C. Marshall offensichtlich, als erbitterte Kämpfe zwischen Kuomintang und Kommunisten ausbrachen[8]. Die Ausweitung des chinesischen Bürgerkriegs und schließlich der Sieg Mao Zedongs über Jiang Kaishek (1949) zwangen die USA zu einer grundlegenden Neubewertung – und das hieß: einer Aufwertung – der künftigen außenpolitischen Rolle Japans, was sich mehr und mehr auch auf den Umgang der USA mit der ultranationalistischen Vergangenheit auswirkte.

Der Inselstaat, der sich bis zum Ende des Krieges der Sowjetunion gegenüber neutral verhalten, ja zum Schluß sogar auf deren diplomatische Vermittlungsdienste gesetzt hatte, schien aufgrund der jüngsten Geschichte weniger gegen die kommunistische Gefahr immunisiert als der freie Teil Deutschlands, wo nicht nur die antibolschewistische Propaganda der Nationalsozialisten, sondern auch die Erfahrung mit den Exzessen der Roten Armee stärker nachwirkte – von dem anhaltenden kommunistischen Anschauungsunterricht in der geknebelten SBZ einmal ganz abgesehen. Die wachsende Notwendigkeit, Japan zu einem Bollwerk gegen den Kommunismus auszubauen, der sich an der pazifischen Gegenküste der USA – mit dem sowjetischen und chinesischen Koloß im Rücken – bald nach Korea und Vietnam auszubreiten anschickte, bedeutete das Überdenken jener politischen Richtlinien, die MacArthur Ende August 1945 auf dem Flug nach Japan Generalmajor Courtney Whitney diktiert hatte.

Diese erste Konzeption hatte von der Zerstörung des Militärpotentials, der Befreiung der Bauern und Entlassung der politischen Gefangenen über die Schaffung freier Gewerkschaften, die Beseitigung polizeilicher Unterdrückung und die Förderung einer freien Wirtschaft bis hin zur Entwicklung einer freien und verantwortungsbewußten Presse, Liberalisierung des Erziehungswesens, Einführung des Frauenwahlrechts und politischer Dezentralisierung gereicht[9]. Nur drei Jahre später, im entscheidenden Wendejahr 1948, billigte Präsident Truman (im Oktober) drastisch veränderte, vom Nationalen Sicherheitsrat beschlossene Maximen für die amerikanische Japanpolitik. In der sog. Direktive NSC 13/2 kam die Auffassung der dezi-

---

[8] Kuhn, Der Zweite Weltkrieg in China, S. 336f.
[9] Whitney, MacArthur, S. 213.

diert antikommunistischen Containment-Politiker zum Ausdruck, wonach China-Lobby und „rote" New Dealer – auch im *General Headquarter* – Japan mit ihren Reformen massiv geschwächt, eine Arbeitslosigkeit von 20 Prozent und eine Inflationsrate von 50 Prozent mit zu verantworten und damit die Gefahr einer Revolution heraufbeschworen hätten. Die Besatzung müsse folglich so lange aufrechterhalten werden, bis das Land wirtschaftlich wieder auf eigenen Füßen stehe. Dem Chef-Planer im US-Außenministerium, George F. Kennan, war es im Vier-Augen-Gespräch mit MacArthur in Tokio gelungen, den General von der Notwendigkeit eines Kurswechsels zu überzeugen, nachdem dieser sich auch selbst schon veranlaßt gesehen hatte, einen kommunistisch inspirierten Generalstreik zu verbieten[10]. Ganz im Mittelpunkt der US-Besatzungspolitik stand künftig die ökonomische Stabilisierung Japans: Das *General Headquarter* sollte die Reformgesetzgebung so schnell wie möglich den Japanern überlassen, die Polizei umorganisiert und verstärkt und die laufende politische Säuberung abgemildert werden, da infolge dieser Maßnahmen vor allem im Erziehungswesen die Kommunisten zu stark geworden seien (im Kennan-Bericht war ursprünglich sogar von einer Einstellung der Säuberungen die Rede)[11].

Der neue Kurs der amerikanischen Japan-Politik wurde auch dadurch begünstigt, daß Nippon für die USA in gewisser Weise fast noch höhere strategische Bedeutung gewann als Westdeutschland. Jedenfalls gab es in Europa mit England und Frankreich auch noch andere große Bündnispartner, die indes schwere Opfer im Kampf gegen den Nationalsozialismus gebracht hatten und nun ihrerseits ein scharfes Auge auf den deutschen Umgang mit der braunen Erblast warfen, man denke nur daran, wie 1950 ein britischer Außenminister im Unterhaus über Parallelen zwischen Nationalsozialismus und deutschem Wesen philosophierte oder die französische Nationalversammlung über die Pflege der Gräber von Dachauer KZ-Opfern beriet[12]. In Ostasien dagegen kam spätestens nach dem kommunistischen Sieg in China eigentlich nur noch Japan als Hauptbastion der freien Welt in Frage. Und nicht nur das Interesse der USA an japanischer „Vergangenheitsbewältigung" war aufgrund dieser Konstellation gedämpft; hinzu kam, daß sich nach 1949 sowohl Rot- als auch Nationalchina mit Forderungen an Japan zurückhielten, weil für beide rivalisierende Regierungen das Bemühen um Handelsbeziehungen und politische Anerkennung durch Tokio im Vordergrund stand. Für das kleine Volk der Koreaner, das fürchterlich unter dem japanischen Imperialismus gelitten hatte, galt ähnliches. Andere im Krieg schwer geschädigte Länder des ostasiatischen Raumes waren ebenfalls lange sehr stark mit sich, d.h. vor allem mit dem Prozeß der Dekolonisie-

---

[10] Scharlau, Der General und der Kaiser, S. 108.
[11] Hata, Japan, S. 209 ff.
[12] Kittel, Die Legende, S. 374.

IV. Rahmenbedingungen der „Vergangenheitsbewältigung"   35

rung und der Entwicklung eigener, neuer Identitäten beschäftigt[13]. So brachten die Opfer der japanischen Aggression insgesamt offensichtlich ungleich weniger „bewältigungspolitisches" Gewicht auf die Waage als Engländer, Franzosen, Israelis oder jüdische Organisationen in den USA.

Zudem waren freundschaftliche Beziehungen zwischen der Bundesrepublik und den westlichen Nachbarn, die nur auf der Basis einer glaubwürdigen Bewältigung der NS-Vergangenheit möglich werden konnten, auch im Hinblick auf den nur gemeinsam zu bewerkstelligenden wirtschaftlichen Wiederaufbau der vom Krieg schwer gezeichneten Länder unerläßlich. Die ökonomische Konsolidierung Japans dagegen erfolgte nicht durch den Zusammenschluß mit asiatischen Nachbarländern, nicht qua Montanunion und supranationaler Wirtschaftsgemeinschaft, sondern vor allem in bilateraler Verbindung mit den USA.

Nicht nur größere Rücksicht auf stärkere westeuropäische Verbündete richtete den amerikanischen Fokus mit mehr Schärfe auf die deutsche „Vergangenheitsbewältigung" als auf die japanische, sondern auch eine in mehrfacher Hinsicht viel engere Beziehung zur größten Opfergruppe der NS-Diktatur. Zum einen spielte der 1948 gegründete Staat Israel, dessen Entstehung unmittelbar zur Wirkungsgeschichte des Holocaust gehört, im geostrategisch wichtigen Nahen Osten schon bald eine herausgehobene Rolle als Verbündeter der freien Welt. Aber auch vorher war „das jüdische Element als bedeutsamer innenpolitischer Faktor"[14] in den USA – nach Curt Gasteyger – gerade bei der Formulierung und Durchführung der amerikanischen Deutschlandpolitik bereits zu berücksichtigen. Historisch unangemessen wäre es allerdings, diesen Faktor absolut zu setzen, weil seine Wirkungen auf die US-Außenpolitik ebenso wie auf die bundesdeutsche „Bewältigungspolitik" sich nur in einem höchst komplexen Bedingungsgeflecht entfalten konnten.

Zunächst ist zu sehen, daß der Holocaust in den ersten zwei Jahrzehnten nach 1945 in der us-amerikanischen Erinnerungskultur alles andere als eine zentrale Rolle spielte. Schon 1947 kritisierte der Vertreter des American Jewish Committee[15] in Washington die politische Klasse des Landes, weil sie sich für Deutschland „nur als Bollwerk gegen den Bolschewismus" interessiere und der nationalsozialistischen Vergangenheit „völlig gleichgültig gegenüber" stehe[16]. Als symptomatisch kann gelten, daß ein 1947 in New York geplantes Holocaust-Denkmal im Manhattaner Riverside Park nach einer über zehn Jahre dauernden Diskussion mit Rücksicht auf „die anderen

---

[13] Vgl. Acharya, The Quest for Identity; Frey, Drei Wege zur Unabhängigkeit.
[14] Gasteyger, Das außenpolitische Erbe, S. 170.
[15] Der Verband war 1906 „von deutschstämmigen Juden der oberen amerikanischen Mittelschicht" gegründet worden und blieb für viele Jahre „die Gruppe mit dem größten Einfluß auf die US-Regierung". Shafir, Die Rolle der Amerikanisch-Jüdischen Organisationen, S. 55.
[16] Novick, Nach dem Holocaust, S. 124.

gesellschaftlichen Randgruppen"[17] niemals gebaut wurde. Den Protesten der – noch dazu ausgesprochen heterogenen – amerikanisch-jüdischen Organisationen gegen Defizite bundesdeutscher „Vergangenheitsbewältigung" haftete in den ersten Dekaden nach 1945 laut Peter Novick etwas „Rituelles und Pflichtmäßiges"[18] an, waren sie doch vor allem darum bemüht, sich auf den Leitwert eines optimistischen amerikanischen Patriotismus hin auszurichten und sich ängstlich einer Gesellschaft anzupassen, in der die noch immer verbreitete Assoziation, Jude sei gleich Kommunist, im Klima des Kalten Krieges besondere Gefahren barg[19]. Wegen der verdächtigen Dauerthematisierung der Shoah durch die extreme jüdische Linke habe es bei den Gemäßigten geradezu als tabu gegolten, in mit Deutschland zusammenhängenden Fragen den Holocaust zu erwähnen, „außer hinter verschlossenen Türen oder im privaten Kreise"[20].

Die kaum zu übersehenden Verdrängungstendenzen dürfen aber nicht gar zu einseitig interpretiert werden. Gerade das auch von Novick erwähnte Beispiel der Debatte um eine westdeutsche Industriemesse in New York 1949[21] ist nämlich nicht nur ein Beleg für das Dilemma der jüdischen Organisationen, einen Kompromiß zwischen ihren Bedenken gegen eine allzu rasche Rehabilitierung Deutschlands und den sogenannten „gesamtamerikanischen" Wirtschafts- und Sicherheitsinteressen zu finden, sondern auch für die dann doch nicht völlig ausbleibenden Wirkungen, die aus der besonderen deutschlandpolitischen Sensibilität dieser Gruppe der amerikanischen Bevölkerung resultierten. Die für den April 1949 von der US-Militärregierung anberaumte Industriemesse zur Förderung von deutschen Exporten in die USA wurde von den jüdischen Organisationen in seltener Einmütigkeit als Provokation angesehen; nicht nur weil sich im April der Aufstand im Warschauer Ghetto jährte, sondern vor allem auch wegen des Besuchs von Industriellen, die man für mitschuldig an der Machtergreifung Hitlers hielt. Auf das vorsichtig vorgetragene Anliegen des American Jewish Committee, die Messe unbefristet aufzuschieben, reagierte General Clay zwar sehr unwirsch und verwies auf sein Einvernehmen mit „höchsten Beamten in Washington"[22], versprach aber doch, die Biographien der etwa 240 Wirtschaftsführer sichten zu lassen, die nach New York fahren sollten. Die mit stiller Amtshilfe des US-Justizministeriums vorgenommene Überprüfung führte schließlich dazu, daß fast der Hälfte der Industriellen die Einladung zur Messe wegen ihrer Vergangenheit im Dritten Reich wieder entzogen wurde[23].

---

[17] So die Begründung der Beauftragten der New Yorker Kulturbehörde, zit. nach Tempel, Legenden von der Allmacht, S. 162.
[18] Novick, Nach dem Holocaust, S. 124.
[19] Ebd., S. 126 ff.
[20] Ebd., S. 131.
[21] Ebd., S. 132 f.
[22] Tempel, Legenden von der Allmacht, S. 19.
[23] Ebd., S. 19, 22.

IV. Rahmenbedingungen der „Vergangenheitsbewältigung" 37

In Westdeutschland wurden die Wirkungen derartiger jüdischer Protestaktionen offensichtlich intensiver wahrgenommen als die beträchtlichen Schwierigkeiten, unter denen sie im gesellschaftlichen Klima der USA während des Kalten Krieges zustande kamen. Kaum einer dürfte damals reflektiert haben, was in vergleichender Analyse der „Vergangenheitsbewältigung" so offensichtlich scheint: Daß in Amerika nicht nur mehr einflußreiche Bürger jüdischer als chinesischer Herkunft lebten, sondern auch ungleich mehr deutsch- als japanischstämmige. Die ethnische Identität der ohnehin äußerst integrationsorientierten Deutsch-Amerikaner hatte sich zwar bereits unter den antigermanischen Schlägen infolge des Ersten Weltkriegs[24] so weit aufgelöst, daß sie im Zweiten Weltkrieg nicht einmal mehr zu jenen Bevölkerungsgruppen rechneten, die in puncto staatlicher Loyalität besondere Probleme aufwarfen. Dennoch aber war das deutsch-amerikanische Verhältnis traditionell sehr viel enger als das japanisch-amerikanische. Noch dazu unterlagen die ca. 300000 Amerikaner japanischer Herkunft[25] schon vor dem Zweiten Weltkrieg vielfältigen Diskriminierungen, die sich nach Pearl Harbor zu ihrer Zwangsevakuierung von der Westküste und folgender Internierung steigerten, weil an ihrer Loyalität gegenüber den USA Zweifel bestanden[26]. Die mindestens sechs Millionen Deutsch-Amerikaner[27] bildeten dagegen zumindest ein stilles Gegengewicht gegen eine allzu drakonische US-Besatzungspolitik in Mitteleuropa. Das spiegelte sich auch in der in den USA verbreiteten Hoffnung wider, durch geeignete „chirurgische Feinarbeit" die kulturellen Schätze Deutschlands wiederbeleben zu können. Nach einer Umfrage vom Dezember 1945 meinten immerhin bereits 36% der Amerikaner, die Deutschen hätten ihre Lektion gelernt, während die Japaner nur von 20% für lernfähig gehalten wurden[28].

Trotz all dieser Faktoren, die den potentiellen deutschlandpolitischen Einfluß der jüdischen Amerikaner begrenzten, bestimmten in der Bundesrepublik noch lange alte Stereotypen die Wahrnehmung. Selbst Konrad Adenauer, „wahrhaftig nicht vom Bazillus des Antisemitismus befallen"[29],

---

[24] Vor allem die *American Protective League* erzeugte seit 1917 ein Klima der Verdächtigungen, das bis zur Verbannung deutscher Musik, zur Entdeutschung von Personen- oder Städtenamen und zur öffentlichen Verbrennung deutscher Bücher führte. Obendrein hatten bis zum Sommer 1918 etwa die Hälfte der Staaten den deutschsprachigen Schulunterricht eingeschränkt oder abgeschafft. Harvard Encyclopedia, S. 423. Vgl. auch Rippley, The German-Americans.
[25] Die Hälfte davon lebte auf Hawaii.
[26] Harvard Encyclopedia, S. 565 ff. Zur Geschichte der Internierung Weglyn, Years of Infamy. Zur Entwicklung der japanischen Bevölkerungsgruppe in den USA allgemein Daniels, The Politics of Prejudice, und Hosokawa, Nisei: The Quiet Americans.
[27] Zur Frage der Zahlen, die etwa in der zweiten Generation nur in Amerika Geborene „with German-born fathers" umfassen, siehe Harvard Encyclopedia, S. 406.
[28] Hentschke, Demokratisierung als Ziel, S. 54.
[29] Wolffsohn, Ewige Schuld?, S. 108.

war fest davon überzeugt: „Det Judentum is eine jroße Macht"[30]. Bei Bedarf belehrte der Bundeskanzler auch sein Kabinett über „die große wirtschaftliche Macht des Judentums in der Welt"[31]. Erst recht durch die Presse der Bundesrepublik geisterte „eine milde Form der alten Legende der Weisen von Zion"[32], wie sie von den Nationalsozialisten im Rahmen ihrer jüdischen Weltverschwörungstheorie lange genug kultiviert worden war. Auch wenn dies ein Klischee darstellte, so war es doch wirkungsmächtig.

Bei allen nötigen Differenzierungen unterliegt es jedenfalls keinem Zweifel, daß der Einfluß der 200 000 Amerikaner deutsch-jüdischer Herkunft, die in den 1930er Jahren vor dem NS-Regime in die USA geflüchtet, dem Holocaust selbst also nur knapp entronnen waren, zumindest ungleich höher zu veranschlagen war als das Japan-kritische Potential der chinesischen oder koreanischen Einwanderer. Die 150 000 jüdischen Einwanderer, die bereits Mitte des 19. Jahrhunderts aus deutschsprachigen Ländern gekommen waren, hatten obendrein die meisten bedeutenden Institutionen des amerikanisch-jüdischen Lebens gegründet[33]. Während der „middle-class character"[34] des oft zum Besitz- und Bildungsbürgertum gehörenden, insgesamt viereinhalb Millionen Menschen umfassenden amerikanischen Judentums offensichtlich war, handelte es sich bei den Chinesen um eine nicht nach Millionen zählende, sondern am Ende des Zweiten Weltkriegs gerade einmal 100 000 Personen umfassende, vielfach zur Unterschicht rechnende und lange rassisch diskriminierte Minderheit. Die nicht einmal 10 000 Koreaner im Land fielen natürlich noch weniger ins Gewicht.

Nachdem im Goldrausch Mitte des 19. Jahrhunderts die ersten Chinesen nach Kalifornien gekommen waren und dort für niedrigste Löhne körperliche Arbeit verrichtet hatten, wurden sie 1882 – nach Vorwürfen wegen Lohndumpings – Gegenstand des *Exclusion Acts*, der ihre Migration für 10 Jahre zunächst ganz stoppte[35]. Die dann folgende restriktive Einwanderungspolitik dauerte bis in die 1960er Jahre, auch wenn Präsident Roosevelt im Zweiten Weltkrieg das *Chinese Exclusion Law* als historischen Fehler bezeichnete und betonte, die Chinesen seien wegen ihres Beitrags zur alliierten Kriegführung allen anderen Asiaten vorzuziehen. Selbst in dieser Konstellation konnte sich der Kongreß aber nur zu einer jährlichen Immigrationsquote von 105 Personen durchringen, war doch die Furcht verbreitet, chinesische Einwanderer würden die amerikanische Zivilisation in ähn-

---

[30] Tempel, Legenden von der Allmacht, S. 3.
[31] Wolffsohn, Ewige Schuld?, S. 108.
[32] Tempel, Legenden von der Allmacht, S. 3.
[33] Sie hatten auch etwa nach dem Urteil von Arthur Hertzberg „einen bedeutsamen Einfluß auf die amerikanische Kultur und Wissenschaft". Hertzberg, Shalom, America!, S. 10.
[34] Harvard Encyclopedia, S. 589.
[35] Vgl. Chan, Entry Denied.

IV. Rahmenbedingungen der „Vergangenheitsbewältigung" 39

licher Weise beschädigen, wie das „billige asiatische Volk" einst den Untergang Roms herbeigeführt habe[36].

Vor diesem Hintergrund wird nachvollziehbar, weshalb in bezug auf die japanischen Verbrechen während des Weltkriegs langfristig in den USA keine Entwicklung Platz greifen konnte, wie sie in den 1970er Jahren – unter grundlegend veränderten innen- und außenpolitischen Rahmenbedingungen auch infolge der Nahostkriege 1967 und 1973 – als „Amerikanisierung des Holocaust"[37] einsetzte. Chinesische Intellektuelle wie die Eltern von Iris Chang, die den Zweiten Weltkrieg in ihrer Heimat miterlebt hatten, schließlich in die USA geflohen waren und es nach einem Harvard-Studium zum Professor brachten[38], gab es einfach zu wenige[39], um die öffentliche Aufmerksamkeit stärker auf die von Chang untersuchten japanischen Massaker in Nanking und andernorts zu richten. Auch die Funktion Rotchinas innerhalb der außenpolitischen Strategie der Vereinigten Staaten blieb – trotz der Entspannungspolitik zwischen Washington und Peking in den 1970er Jahren – offensichtlich eine grundlegend andere als die Israels. Ein besonderes Interesse an einer „Amerikanisierung von Nanking" konnte daraus jedenfalls nicht erwachsen.

Versucht man, den Faktor des erinnerungskulturellen Einflusses jüdischer und chinesisch-stämmiger Amerikaner in eine Hierarchie von Kräften einzuordnen, die den unterschiedlichen „Außendruck" im Prozeß der japanischen und deutschen „Vergangenheitsbewältigung" erzeugt haben, so wird ihm bei aller Bedeutung doch keineswegs die Schlüsselrolle zuzumessen sein. Er verstärkte in beiden Fällen nur noch eine Entwicklung, die vor allen Dingen in der unterschiedlichen Wirkung der Kräfte des Kalten Krieges auf Japan und Westdeutschland begründet lag und die entscheidend damit zu tun hatte, daß die Insel im fernen Osten, anders als das Land in der Mitte Europas, ungeteilt aus dem Zweiten Weltkrieg herauskam. Die wiedervereinigungspolitischen Rücksichtnahmen auf Lasten der Vergangenheit, die für die Bundesrepublik daraus immer wieder erwuchsen, am offensichtlichsten vielleicht während der Zweiten Berlinkrise infolge der Hakenkreuzschmierereien an der Kölner Synagoge 1959, standen in einem denkbar krassen Gegensatz zur nationalpolitischen Position Japans.

Nicht nur daß Japan selbst nach 1945 ungeteilt und staatlich intakt geblieben war – obendrein erfuhren ausgerechnet zwei der Hauptopfer der ultranationalistischen Aggression, China und Korea, verbunden mit weiteren kriegerischen Auseinandersetzungen 1949 bzw. 1945/48 das Schicksal staat-

---

36 Fuchs, The American Kaleidoscope, S. 230f.
37 Vgl. hierzu die Anmerkungen im Kapitel XI.
38 Vgl. Chang, Die Vergewaltigung von Nanking, S. 13.
39 Auch wenn der ökonomische und soziale Aufstieg der chinesischen Bevölkerungsgruppe in den USA seit dem Wendepunkt 1943 rasch Fortschritte machte. Vgl. Lyman, Chinese Americans.

licher Trennung und damit auch außenpolitischer Schwächung. Zu den Hauptopfern der nationalsozialistischen Diktatur zählende Länder wie die Sowjetunion und Polen kannten ähnliche Probleme nicht. Sie bildeten national selbstbewußte Staaten, denen von Hitler-Deutschland die schwersten, noch lange brennenden Wunden in ihrer Geschichte zugefügt worden waren. Zwar hatten sie aus verschiedenen Gründen oft selbst keinerlei Interesse daran, eigenen Opfergruppen wie Juden, Kriegsgefangenen oder Zwangsarbeitern einen besonderen Platz in der nationalen Erinnerung einzuräumen oder ihnen gar im Verhältnis zur Bundesrepublik als Nachfolgestaat des Deutschen Reiches größeres Gewicht beizumessen[40]. Aber immerhin wurden im Rahmen eines Auslieferungsprogramms bis 1950 vor allem aus den Westzonen über 1800 NS-Täter, darunter Rudolf Höß und Erich Koch, nach Polen gebracht, um sie der Bestrafung zuzuführen[41]. Auch später waren die Staaten des Ostblocks, vor allem, aber nicht nur die DDR, schon aus Gründen kommunistischer Ideologie und antifaschistischer Systemlegitimation nach Kräften bemüht, die wirtschaftlich gefährlich erfolgreiche Bundesrepublik bei passender Gelegenheit auch und gerade mit öffentlichen Vorwürfen wegen einer „unbewältigten Vergangenheit" politisch so weit wie möglich zu destabilisieren. Das reichte von der Warnung der Vertreter von 15 kommunistischen Parteien auf einem Ostberliner Treffen im Sommer 1958 gegen Atomwaffen in Händen „von Hitlergenerälen und SS-Offizieren"[42] bis hin zu abenteuerlichen Kampagnen der „Iswestija" etwa gegen Bundeskanzler Adenauer, der angeblich im Gästebuch der Washingtoner Nationalgalerie neben seiner Unterschrift Hakenkreuzzeichen angebracht haben sollte[43]. Solch wiederkehrende Attacken aus dem Osten verstärkten nur noch das Angewiesensein der Bundesrepublik auf die westlichen Partnerstaaten wie etwa während jener denkwürdigen UN-Vollversammlung 1960, als die Außenminister Griechenlands, Belgiens und der Niederlande die Bundesrepublik gegen Anwürfe des polnischen KP-Sekretärs und des tschechoslowakischen Außenministers in Schutz nahmen, wobei der Belgier ausdrücklich auf die Kronzeugenschaft seines von deutschen Truppen zweimal besetzten Landes verwies und sich überzeugt zeigte, daß ein neues Deutschland entstanden sei[44].

Zu den unterschiedlichen innen- und außenpolitischen Rahmenbedingungen der „Vergangenheitsbewältigung" in Deutschland und Japan zählt schließlich ein weiterer wichtiger Punkt, auch wenn er weniger im Bereich der harten Fakten angesiedelt, sondern im engeren Sinne erinnerungskultu-

---

[40] Vgl. etwa Bonwetsch, Sowjetische Zwangsarbeiter vor und nach 1945.
[41] Musial, NS-Kriegsverbrecher vor polnischen Gerichten, S. 39f.
[42] Brochhagen, Nach Nürnberg, S. 228.
[43] Vgl. hierzu die Replik im Bulletin der Bundesregierung v. 5. April 1961, S. 621, und v. 6. April, S. 635.
[44] Bulletin der Bundesregierung, 8. Oktober 1960, S. 1835.

IV. Rahmenbedingungen der „Vergangenheitsbewältigung"

reller Art ist: Vom Zweiten Weltkrieg werden – mit dem niederländischen Richter beim Tokioter Militärtribunal, Bernhard V. A. Röling, zu reden – vor allem zwei Dinge erinnert: „Die deutschen Gaskammern und die amerikanischen Atombomben"[45]. Industrialisierter Massenmord an den Juden und der militärische Einsatz von Kernwaffen mit einer bis dahin unvorstellbaren Vernichtungskraft waren die eigentlich neuen Schreckensphänomene des Zweiten Weltkriegs[46]. Im einen Fall fungierten überwiegend Deutsche als Täter, im anderen wurden zumeist Japaner zu Opfern. Gewiß waren auch Deutsche gerade am Ende des Krieges im Zuge der Vertreibung und des Bombenkrieges zu Opfern geworden; doch die schrecklichen Massenverbrechen an Deutschen schienen an Grausamkeit nicht zu übertreffen, was man in der Menschheitsgeschichte an Bestialitäten von dem assyrischen Schlächter Assurnassirpal II. über den Völkermord an den Armeniern bis zur Bombardierung Coventrys bereits leidvoll kannte. Ihr Neuigkeitswert war – journalistisch gesprochen – geringer als der von Hiroshima, das mit den wieder und wieder gezeigten Bildern des Atompilzes zu einem dauernden Memento gegen den Krieg wurde.

Tatsächlich bedeutete die Vernichtung von Zivilbevölkerung durch eine Atombombe von exorbitanter Sprengkraft und Hitzeentwicklung, deren radioaktive Strahlung noch dazu lebensgefährliche Spätfolgen zeitigte, eine neue Dimension der Massenvernichtung. Diese hat zumindest in ihrer apokalyptischen Anmutung mit der industriell betriebenen Vergasung in Auschwitz und andernorts manches gemeinsam, auch wenn dabei nicht vergessen werden darf, daß die politische bzw. militärische Motivation für beide Taten höchst unterschiedlich war; daß es in einem Fall also immerhin um die Beendigung eines Krieges, wenn auch mit höchst fragwürdigen Mitteln ging[47], im anderen um den Albtraum einer Rassenideologie, die mit bis dahin ungekannter krimineller Energie ihre unschuldigen Opfer noch in den entlegensten Winkeln des Herrschaftsbereichs aufspürte und die ihrer massenmörderischen Obsession nötigenfalls sogar existentielle kriegsstrategische Interessen unterordnete. Dieses Unsägliche von „Auschwitz" rückte die Rolle der Deutschen als Täter ganz in den Vordergrund der kollektiven

---

[45] Röling, zit. nach Minear, Victor's Justice, S. 101.
[46] Für die öffentliche Wahrnehmung gilt dies im Grunde bis heute, auch wenn die Forschung in den letzten Jahren verstärkt darauf aufmerksam gemacht hat, daß industrialisiertes Töten zuerst an psychisch Kranken „erprobt" wurde und der Holocaust nicht mit Auschwitz gleichgesetzt werden kann, weil eben nicht nur Millionen Menschen auf industrielle Weise ermordet, sondern Millionen andere vor allem im Osten auch auf dem „konventionelleren" Weg der Massenerschießung u.ä. getötet wurden.
[47] In einem von Opfern der Atomwaffen 1957 angestrengten Prozeß machte die japanische Regierung übrigens selbst geltend, der Abwurf der Bomben sei von internationalem Recht gedeckt gewesen. Der US-Senat hat im Verlauf einer jüngeren amerikanischen Kontroverse 1994 bekräftigt: „The role of the Enola Gay during the World War II was momentous in helping to bring World War II to a merciful end, which resulted in saving lives of Americans and Japanese". Igarashi, Bodies of Memory, S. 219, Zitat S. 42.

Erinnerung der Welt – und die große Vertreibung oder das Inferno von Hamburg, Dresden und Swinemünde nach hinten. Die japanischen Kriegsverbrechen dagegen konnten lange weitgehend hinter dem Atompilz von Hiroshima verschwinden.

In diese Richtung deuten nicht zuletzt Aussagen amerikanischer, japanischer, aber auch israelischer Provenienz, die atomaren und nationalsozialistischen Holocaust auf ein- und derselben Ebene ansiedeln[48]. Hier ist zunächst an Dwight Macdonalds Artikel in *Politics* vom August 1945 zu erinnern, wo es hieß, die grausame Aktion der Atombombenabwürfe stelle „,uns', die Verteidiger der Zivilisation, auf eine moralische Stufe mit ,ihnen', den Bestien von Maidanek."[49] Der bekannte japanische Historiker Ienaga sprach 1968 von Auschwitz und Hiroshima als „klassischem Beispiel rationaler Greueltaten"[50]. Auch der Auschwitz-Überlebende Primo Levi hat in einem seiner Gedichte („Das Mädchen von Pompei") einem Opfer des Vesuv-Ausbruchs und mit ihm Anne Frank sowie einer Schülerin von Hiroshima ein literarisches Denkmal gesetzt, d. h. vulkanischen, nationalsozialistischen und atomaren Holocaust in einen Zusammenhang gebracht. Im Mai 1994 schließlich sprach der israelische Außenminister Shimon Peres – ohne großen Widerspruch zu ernten – bei einer Feier im UN-Hauptquartier in New York von „two holocausts: the Jewish holocaust and the Japanese holocaust. Because nuclear bombs are like flying holocausts."[51] Kein Zweifel also, so abwegig die Parallelisierung von Auschwitz und Hiroshima inhaltlich auch war, so viele Spuren hat sie in der globalen Erinnerungskultur doch hinterlassen. Und diese Folgen gehören nicht zuletzt zu dem komplexen Spannungsfeld, in dem sich die nationale „Vergangenheitsbewältigung" in Japan und Deutschland vollzog.

---

[48] Vgl. Minear, Atomic Holocaust, Nazi Holocaust, v.a. S. 354ff.
[49] Politics, August 1945, S. 225.
[50] Ienaga, The Pacific War, S. 187f.
[51] Minear, Atomic Holocaust, Nazi holocaust, S. 356. Die Friedensglocke, an der Peres seine Rede gehalten hatte, war 1954 mit Steinen aus Israel und Holz aus Japan gebaut worden.

V. Alliierte Prozesse gegen die Hauptkriegsverbrecher: Tokio, Nürnberg und die Schulddebatte

Noch bevor der Kalte Krieg ab 1948 die amerikanische Besatzungspolitik in Japan – etwas später als jene in Deutschland – immer stärker zu prägen begann, hatten die USA eine Reihe von Schritten zur Bestrafung von Kriegsverbrechern und zur politischen Säuberung eingeleitet. Den Auftakt bildete das Internationale Militärtribunal für den Fernen Osten (auch Tokioter Prozeß genannt) vom Mai 1946 bis April 1948, dem bereits Erfahrungen mit dem – deutlich kürzeren – Nürnberger Kriegsverbrecherprozeß gegen führende Funktionsträger des Dritten Reiches (November 1945 bis Oktober 1946) zugrunde lagen. Wurde in Tokio den Hauptkriegsverbrechern (der sogenannten Kategorie A) der Prozeß gemacht, die der Verschwörung zum Angriffskrieg, der Verbrechen gegen den Frieden und die Menschlichkeit angeklagt waren, so beschäftigten die übrigen einzelnen Kriegsverbrechen (der Kategorie B und C), die meist vom einfachen Soldaten bis zum Befehlshaber von Kampfeinheiten in der Schlacht oder während der Besatzungszeit in den eroberten Länder verübt worden waren, den (amerikanischen) Militär-Gerichtshof in Yokohama, aber auch, was weniger bekannt ist, chinesische, britische, holländische, australische, philippinische und französische Gerichte. Dabei wurden bis 1951 insgesamt 4400 Japaner, Koreaner und Taiwanesen verurteilt und 920 Todesurteile vollstreckt[1]. Die alliierten Gerichte in den Westzonen Deutschlands haben – zum Vergleich – 5000 Personen verurteilt, davon ca. 800 zum Tode. Etwa 500 Todesurteile wurden auch vollstreckt[2]. Hinzu kommen die Zahlen für den sowjetischen Machtbereich, die weit höher geschätzt werden[3].

---

[1] Cohen, Öffentliche Erinnerung, S. 53; Seraphim, Kriegsverbrecherprozesse in Asien, S. 82.
[2] Steinbach, Nationalsozialistische Gewaltverbrechen, S. 29.
[3] Gegen die an Polen ausgelieferten NS-Kriegsverbrecher wurde in 193 Fällen die Todesstrafe ausgesprochen. Zudem geht Richard J. Evans von einer Gesamtzahl von 300 Todesurteilen sowjetischer Militärtribunale gegen Kriegsverbrecher in der SBZ aus. Hinter der offiziellen Zurückhaltung bei der gesetzlichen Anwendung der Todesstrafe verbarg sich jedoch eine ganz andere Situation in den von der sowjetischen politischen Polizei eingerichteten Speziallagern für wirkliche oder angebliche Nazis. Dort wurden auf Befehl der Lagerleitung ohne jedes Gerichtsurteil mindestens 876 Häftlinge erschossen. Andere Quellen sprechen von 78 000 bis 96 000 Toten. Evans, Rituale der Vergeltung, S. 959f. Vgl. auch Meyer-Seitz, Die Verfolgung von NS-Straftaten. Zur Schwierigkeit, genaue Zahlen zu ermitteln, siehe Wentker, Die juristische Ahndung von NS-Verbrechen, S. 62.

Beim Tokioter Prozeß waren zu Beginn 28 Personen angeklagt, darunter vier ehemalige Premierminister, der prominenteste unter ihnen Tôjô Hideki, sowie elf Minister, zwei Ex-Botschafter und acht hochrangige Generäle; im Verlauf des Verfahrens starben allerdings zwei der mutmaßlichen Hauptkriegsverbrecher, während ein weiterer wegen einer eingetretenen Geisteskrankheit aus dem Verfahren genommen werden mußte. Die Todesstrafe wurde schließlich gegen sieben der Angeklagten verhängt und am 23. Dezember 1948 durch den Strang vollzogen. 18 der zivilen und militärischen Führer hatten Gefängnisstrafen zu verbüßen, 16 davon potentiell lebenslänglich; allerdings starben nur sechs Mitglieder dieser Gruppe im Gefängnis, die anderen zwölf kamen nach Verbüßung lediglich eines Teils ihrer Strafen auf freien Fuß[4].

Von der Größe und der Symbolträchtigkeit des Ortes her war der Tokioter Prozeß, der im Auditorium Maximum der früheren Kaiserlichen Militärakademie stattfand, wo etliche der jetzt Angeklagten dereinst Festreden gehalten hatten, mit dem Hauptkriegsverbrecherprozeß in Nürnberg, der Stadt der NSDAP-Reichsparteitage, in gewisser Weise vergleichbar[5]. Dies galt auch für Bedenken, die wegen des Rückwirkungsverbots des Strafrechts, aber auch aufgrund der prinzipiellen Unteilbarkeit des Völkerrechts in Japan wie in Deutschland dagegen aufkamen, daß hier nur über die Verbrechen der Besiegten, nicht aber über Katyn oder Nagasaki ein Urteil gefällt wurde[6]. Dem entsprach auch die Auswahl der Richter und Staatsanwälte, die beim Tokioter Militärtribunal hauptsächlich von den vier Siegermächten mit asiatischem Kolonialbesitz gestellt wurden, wohingegen asiatische Juristen aus Burma, Indonesien, Malaysia, Singapur und Vietnam, in denen japanische Truppen zahlreiche Verbrechen begangen hatten, kaum und neutrale Staaten gar nicht vertreten waren[7]. Als Strafverteidiger fungierten sowohl amerikanische wie einheimische Rechtsanwälte, wobei letztere aufgrund der Orientierung des japanischen Strafprozeßrechts am deutschen Vorbild ähnliche Schwierigkeiten mit dem nach anglo-amerikanischen Muster durchgeführten Verfahren hatten wie ihre Kollegen in Nürnberg. Darüber hinaus erwiesen sich beim Tokioter Prozeß nicht nur die Sprach- und Übersetzungsprobleme als ungleich gravierender, auch beim Niveau des juristischen Personals gab es beträchtliche Unterschiede. Robert

---

[4] Vgl. Minear, Victor's justice, S. 172.
[5] In Nürnberg erfolgten zwölf Todesurteile, drei lebenslängliche und vier befristete Freiheitsstrafen sowie drei Freisprüche. Einen guten Überblick über die Nürnberger Prozesse bietet neben Wieland, Der Jahrhundertprozeß, jetzt auch Kastner, Von den Siegern. Zum Vergleich beider Prozesse vgl. auch Dower, Embracing Defeat, S. 454–461, sowie Röling/Cassese, The Tokyo Trial and Beyond, S. 2f., 89ff.
[6] Vgl. Awaya, The Tokyo Trials and the BC Class Trials, S. 45, sowie Osten, Die japanische Strafrechtswissenschaft und der Tokioter Prozeß, S. 100f.
[7] Die beteiligten Juristen kamen aus elf Ländern: USA, Großbritannien, China, UdSSR, Niederlande, Frankreich, Australien, Neuseeland, Kanada, Indien, Philippinen.

V. Alliierte Prozesse gegen die Hauptkriegsverbrecher 45

Jackson, US-Chefankläger in Nürnberg, galt als brillanter und sendungsbewußter Jurist, im Vergleich dazu war sein Tokioter Pendant Joseph B. Keenan, der den Job, wie es hieß, vor allem zur Profilierung für einen Sitz im US-Senat nutzen wollte, mediokrer, ja der niederländische Richter hielt ihn ebenso wie den australischen Gerichtspräsidenten für „eindeutig unqualifiziert"[8].

Während in Nürnberg der Hauptpunkt der Anklage gegen 24 Spitzenfunktionäre der NS-Diktatur auf „Verschwörung zur Planung, Vorbereitung und Durchführung eines Angriffskrieges" lautete, ging es in Tokio lediglich um die „Verschwörung zum Angriffskrieg". Der Straftatbestand des Verbrechens gegen den Frieden mit seiner Individualhaftung für den Angriffskrieg stand im Mittelpunkt. Anders als in Nürnberg wurde in Tokio aber kein einziger Angeklagter wegen Verbrechen gegen die Menschlichkeit verurteilt[9]. Den Nürnberger Richtern fiel angesichts der offensichtlichen Planmäßigkeit der nationalsozialistischen Aggression das Verdikt von einem ungerechten Krieg nicht schwer, wohingegen die Unterscheidung zwischen einem *bellum iustum* bzw. *iniustum* auf dem Tokioter Tribunal zu erheblichen Kontroversen führte – bis hin schließlich zum Sondervotum des auf Freispruch für alle Angeklagten plädierenden Richters aus Indien, wo man die 1947 erreichte Befreiung von britischer Kolonialherrschaft nicht zuletzt auf den von Japan begonnenen Krieg im Fernen Osten zurückführte[10].

Zu den Spezifika des Tokioter Tribunals zählte nicht nur das starke Interesse der japanischen Rechtsanwälte und ihrer Mandanten daran, die Vereinbarkeit der japanischen Kriegführung mit dem Völkerrecht sowie die Unvermeidbarkeit des Krieges für die japanische Seite nachzuweisen, sondern vor allem auch ihre Neigung, jede Verantwortung des Tennô in Abrede zu stellen. Wie nur wenige der Nürnberger Angeklagten zeigten sich die japanischen Politiker und Militärs vor den Tokioter Richtern auch bereit, strafrechtliche Verantwortung auf sich zu nehmen, um der japanischen Verteidigungsstrategie zu Gunsten des Tennô zum Erfolg zu verhelfen. So bezichtigten sie sich vor dem Tribunal selbst, die Kriege allein geplant zu haben, während der stets auf Frieden bedachte Kaiser bei den entsprechenden Sitzungen nur aus protokollarischen Gründen als Ehrengast präsent gewesen sei. Mit Verweis auf politische Handlungen der alliierten Mächte, die ebenfalls den Krieg begünstigt hätten, meinten die Angeklagten aber lediglich gegenüber dem Kaiser schuldig geworden zu sein: „Eine andere Schuld erkannten sie nicht an. Ihre Absicht war, sich aus Treue für ihren Kaiser hin-

---

[8] So der niederländische Richter am Tokioter Militärtribunal: Röling, Introduction, S. 16 f.
[9] Osten, Die japanische Strafrechtswissenschaft, S. 94 f.; bis auf zwei Angeklagte, die „nur" wegen Kriegsverbrechen verurteilt wurden, befanden die Richter alle für schuldig, sich zur Führung eines Angriffskriegs verschworen zu haben.
[10] Vgl. Martin, Japan und der Krieg, S. 193, 195 f.

zuopfern."[11] Vorschläge von amerikanischer Seite, sich um den Nachweis individueller Unschuld ihrer Mandanten zu bemühen, lehnten die japanischen Verteidiger demgegenüber einstimmig ab.

Daß Hirohito der Anklage entging, war sicher das größte und entscheidende Manko des Tokioter Tribunals. Denn ob die Aufnahme seines engsten Beraters, ja politischen Alter egos Graf Kido Kôichi in den Kreis der Angeklagten tatsächlich auf eine subtile, aber vom japanischen Volk verstandene Art und Weise für die indirekte Präsenz des Tennô im Prozeß sorgte, ist fraglich[12]. Weitere schwerwiegende Fehler kamen hinzu. So konnte der japanischen Öffentlichkeit schlechterdings nicht entgehen, wie sehr sich das Militärtribunal trotz seines hohen moralischen Anspruchs auf japanische Verbrechen gegen westliche Opfer konzentrierte, obwohl diese weniger als ein Zehntel der Gesamtopfer der japanischen Aggression ausmachten[13]. Zudem wurden weder die wichtigsten Führer der *kempeitai* – d.h. der japanischen Version von Geheimer Staatspolizei – noch die der ultranationalistischen Geheimgesellschaften und der *zaibatsu*, also der großen, in die Kriegsrüstung verstrickten Wirtschaftskonzerne, in Tokio zur Anklage gebracht[14]. Auch das „Comfort-Woman-System" wurde nicht in die Anklagepunkte des Prozesses aufgenommen, nachdem die japanische Militärbürokratie die entsprechenden belastenden Dokumente noch vor Eintreffen der amerikanischen Besatzungsarmee fast vollständig vernichtet hatte[15].

Eine besondere Beeinträchtigung aber erfuhr das Prestige des Prozesses zweifelsohne durch das Bekanntwerden des japanischen Laboratoriums für bakteriologische Waffen in der Mandschurei, in dem Tausende Gefangene ihr Leben verloren hatten[16]. Da zentral ausgegebene Befehle, wie sie der Nürnberger Anklage zur Verfügung standen, in Tokio selten zu finden waren, kam diesem Fall systematisch organisierter japanischer Kriegskriminalität potentiell eine Schlüsselrolle zu. Doch die US-Militärbehörden wollten sich um jeden Preis der Ergebnisse der mandschurischen Forschung bemächtigen und sie nicht in die Hände der Sowjets fallen lassen. Im Gegenzug für die Lieferung ihres Wissens über die Experimente wurde den in die Verbrechen involvierten Japanern Immunität versprochen[17]. Die Sowjets revanchierten sich, indem sie Ende 1949 in Chabarowsk einen Prozeß gegen zwölf ehemalige Angehörige der japanischen Armee „wegen Vorbereitung

---

[11] Miyazawa, Rechtsprobleme, S. 31.
[12] Brackman, The other Nuremberg, S. 86.
[13] Halliday, Japan unter amerikanischer Besatzung, S. 121.
[14] Vgl. Brackmann, The other Nuremberg, S. 85.
[15] In der Folge wurde die bloße Existenz der 50 000 bis 200 000 Frauen bis Anfang der 1990er Jahre von der japanischen Regierung geleugnet. Vgl. Osten, Die japanische Strafrechtswissenschaft, S. 95.
[16] Vgl. hierzu Harris, Factories of Death.
[17] Vgl. Röling, Introduction, S. 18 f.

V. Alliierte Prozesse gegen die Hauptkriegsverbrecher

und Anwendung der Bakterienwaffe" durchführten, in dessen Verlauf nicht nur die Rolle des Kriegsministers, sondern auch die des Kaisers ins Visier geriet[18] – zumal als im Dezember 1950 auch Mao forderte, Hirohito und die leitenden Forscher wegen bakteriologischer Kriegsführung vor Gericht zu bringen[19].

Das japanische Volk, das mit Extrablättern in den amerikanisch kontrollierten und entsprechend orientierten Zeitungen sowie in dem von der Besatzungsmacht produzierten Rundfunkprogramm („Die Büchse der Wahrheit") über die entscheidenden Stationen des Tokioter Prozesses unterrichtet wurde, akzeptierte ihn japanischer Tradition entsprechend wie eine unvermeidliche Naturkatastrophe[20]. Es zeigte in seiner Mehrheit jedenfalls keine heftige Empörung gegen die ausgesprochenen Todesurteile – sieht man einmal von dem auf Unverständnis stoßenden uneinheitlichen Richterspruch gegen Hirota Kôki ab, den starken Mann der japanischen Politik in den 1930er Jahren und Außenminister zur Zeit des Massakers von Nanking, für den eine Petition mit 300000 Unterschriften vergeblich um Gnade bat. Manche Japaner hielten das ganze Gerichtsverfahren von vornherein für überflüssig, weil die Angeklagten am Tag der Kapitulation besser hätten *seppuku (harakiri)* begehen sollen[21]. Wäre der Tokioter Prozeß in japanischer Regie durchgeführt worden, hätte aber wohl nicht die Frage der Verantwortung der Führung für den Kriegsbeginn im Mittelpunkt gestanden, sondern deren Schuld an der Niederlage und der danach ausgebrochenen Hungersnot, die in besonders betroffenen Landesteilen damals das Hauptproblem einer ums nackte Überleben kämpfenden Bevölkerung war[22]. Immerhin meinten etliche Zeitungen in der Provinz nach dem Urteilsspruch, der Kaiser könne seine Verantwortung für Kriegsverbrechen nun nicht länger verleugnen und solle abdanken, um das japanische Volk durch diesen Schritt in Schutz zu nehmen[23]. Vor allem Intellektuelle wie der junge Prozeßbeobachter Miyazawa Kôichi gelangten zu der Einsicht, „daß die Angeklagten einer zwingenden und gerechten Bestrafung zugeführt wurden"[24].

Die Rezeption des Prozesses in der Öffentlichkeit war zum einen durch die Politik MacArthurs beeinflußt, der prinzipielle Aversionen dagegen hatte, die politischen Führer einer besiegten Nation im kriminellen Sinne

---

[18] Vgl. Prozeßmaterialien in der Strafsache gegen ehemalige Angehörige der japanischen Armee wegen Vorbereitung und Anwendung der Bakterienwaffe.
[19] Seraphim, Kriegsverbrecherprozesse in Asien, S. 83.
[20] Tsurumi, A Cultural History of Postwar Japan, S. 19f.; Ishida, Das Massaker von Nanking, S. 236.
[21] So hatte auch Tôjô Hidekis Reputation erheblich gelitten, weil er in der Stunde der Niederlage nicht rituell *seppuku* begangen, sondern versucht hatte, sich mit der Pistole das Leben zu nehmen. Scharlau, Der General und der Kaiser, S. 89.
[22] So Tsurumi, What the War Trials left to the Japanese People, S. 137.
[23] Vgl. Brackman, The other Nuremberg, S. 395.
[24] Miyazawa, Rechtsprobleme, S. 34.

schuldig zu sprechen. Da die Alliierten und die amerikanische Öffentlichkeit aber, wie er klagte, unbedingt Blut sehen wollten, konnte sich der General mit seiner Position in diesem Fall einmal nicht durchsetzen. Überzeugt, es beim Militärtribunal „mit der schlimmsten Hypokrasie der bekannten Geschichte" zu tun zu haben, setzte MacArthur zumindest alles daran, die Gefühle der Japaner weitestgehend zu schonen und ließ – entgegen einer Weisung aus Washington – Photographen bei der Hinrichtung nicht zu[25]. Zur Rezeptionsgeschichte des Prozesses gehört es ferner, daß das Volk sich zum damaligen Zeitpunkt noch kein Gesamtbild des Krieges machen konnte. Berichte über die Atombombenabwürfe wurden von SCAP per Zensur unterbunden[26]. Hätten die Japaner damals schon die Zweifel an der militärischen Notwendigkeit des A-Waffen-Einsatzes in Hiroshima und vor allem Nagasaki gekannt, wäre die Reaktion auf den Prozeß sicher anders, kritischer ausgefallen.

Als sie die Tatsachen dann mit Verspätung kurz nach Beendigung der amerikanischen Besatzung 1952 kennenlernten, hatte dies eine um so problematischere Wirkung auf ihr Kriegsschuldbewußtsein. Denn die daraus resultierende, wenn auch erst allmählich sich voll ausprägende Opferperspektive[27] ließ den Tokioter Prozeß in der Retrospektive mehr und mehr als einen Akt des Machtmißbrauchs von Siegermächten erscheinen und machte den von den USA intendierten moralischen Einfluß, in welchem Umfang auch immer er vom Kriegsverbrechertribunal ausgegangen war, wieder weitgehend zunichte. So konnten Bücher wie das über den 1948 als Kriegsverbrecher hingerichteten Hirota[28] später zu Bestsellern avancieren[29]. Bei einer Meinungsumfrage zum Tokioter Prozeß äußerten 1955 rund 60 % die Ansicht, daß das Gericht der Alliierten nicht zu billigen gewesen sei[30], ganz anders als noch zu Beginn des Verfahrens, als die meisten Japaner einverstanden damit gewesen waren, daß ihrer politischen Führung der Prozeß gemacht wurde[31].

Die Parallelen dieser Entwicklung zur Aufnahme des Nürnberger Prozesses in Deutschland sind mit den Händen zu greifen. Wurde die Anklage gegen die Hauptkriegsverbrecher hier anfangs von einer klaren Mehrheit als fair und notwendig angesehen und die Strafen als angemessen, so dachte vier

---

[25] Scharlau, Der General und der Kaiser, S. 84, 91 (Zitat).
[26] Vgl. Braw, The Atomic Bomb Suppressed.
[27] Vgl. grundlegend den vom Committee for the Compilation of Materials on Damage Caused by the Atomic Bombs herausgegebenen Band: Hiroshima and Nagasaki, sowie Dower, The Bombed: Hiroshima and Nagasaki in Japanese Memory.
[28] Shiroyama, War Criminal. The life and Death of Hirota Kôki (so der Titel der 1977 erschienenen englischen Übersetzung).
[29] Tsurumi, What the War Trials left to the Japanese People, S. 139.
[30] Ida, Strafverfolgung und Schuldauffassung der Japaner, S. 110.
[31] Vgl. hierzu die Einschätzung des Nippon-Times-Herausgebers Kawai Kazuo; zit. bei Benz, Amerikanische Besatzungsherrschaft in Japan, S. 275.

V. Alliierte Prozesse gegen die Hauptkriegsverbrecher 49

Jahre später nur mehr ein Drittel so[32]. In beiden Ländern war dies nicht zuletzt darauf zurückzuführen, daß man sich von der Anklage gegen die Hauptkriegsverbrecher zunächst nicht persönlich betroffen fühlen mußte, sondern vielmehr in der Vorstellung leben konnte, von einigen offensichtlich verbrecherischen Führern arglos getäuscht und mißbraucht worden zu sein. Doch wer glaubte, sich dergestalt der eigenen Mitverantwortung dauerhaft entziehen zu können, wurde schon bald eines besseren belehrt, als die politische Säuberung durch die Besatzungsbehörden Hunderttausende auch weniger stark Belastete und selbst Mitläufer erfaßte. Zudem boten die prozeduralen Defizite im Rahmen von Entnazifizierung bzw. Entmilitarisierung reichlich Anlaß, das ganze Verfahren in Zweifel zu ziehen.

Die Parallelen zwischen Nürnberger und Tokioter Tribunal vermögen aber einen entscheidenden Unterschied nicht zu verwischen: Während der Jahrhundertprozeß von Nürnberg[33] die deutsche Schuld klar und deutlich dokumentiert und ins kollektive Gedächtnis der Nation wie der Menschheit eingemeißelt hat, konnte der Vergebungsakt MacArthurs für den Kaiser in Japan wie in der Weltöffentlichkeit auch als pauschale Entlastung des japanischen Volkes mißverstanden werden[34]. Wenn der Tennô, „obwohl er die formelle Verantwortung für alles, was geschehen war, getragen hatte, dafür nicht zur Rechenschaft gezogen wurde, konnte auch alle anderen keine Schuld treffen"[35]. Vor diesem Hintergrund ist Burumas Vorwurf, mit der Verschonung des Tennô habe sich MacArthur „der Geschichtsfälschung schuldig"[36] gemacht, kaum ganz von der Hand zu weisen. Sogar der Film „Die japanische Tragödie" (1946), in dem der linksgerichtete Regisseur Kamei Fumio die Rolle des Kaisers während des Krieges scharf kritisierte, ließ er als subversiv verbieten, nachdem Ministerpräsident Yoshida Shigeru bei der US-Besatzungsbehörde Protest eingelegt hatte[37].

Hinzu kam, daß sich auch in der Folgezeit das amerikanische Interesse an der Publizität des Tokioter Prozesses in engen Grenzen hielt. So erachtete es Washington – anders als nach Abschluß des Nürnberger Verfahrens – nicht für tunlich, Tokioter Prozeßakten „in einer großangelegten Dokumentation den Japanern als Sündenregister vorzuhalten"[38]. Die in wenigen amerikanischen Bibliotheken vorhandenen Prozeßmaterialien wurden erst 1957 durch einen Indexband erschlossen und erst 1977, fast 30 Jahre nach Urteilsverkündung, publizierten zwei niederländische Juristen den vollen Wortlaut

---

[32] Reichel, Vergangenheitsbewältigung, S. 69.
[33] Wieland, Der Jahrhundertprozeß von Nürnberg.
[34] Vgl. hierzu auch die Auffassung von Sato Tadao, zit. nach Awaya, The Tokyo Trials, S. 45.
[35] Buruma, Erbschaft, S. 225.
[36] Ebd., S. 222.
[37] Ebd., S. 225.
[38] Martin, Japan und der Krieg, S. 193.

des Gesamturteils[39]. Daß der Nürnberger Prozeß ungleich besser erforscht wurde als sein Tokioter Pendant, kann mithin kaum verwundern[40].

Die erwähnten Parallelen in der nationalen Rezeption des Nürnberger und Tokioter Prozesses dürfen schließlich nicht darüber hinwegtäuschen, daß sich die Diskussion über die Schuld an Krieg und Verbrechen in Deutschland und Japan von Anfang an sehr unterschiedlich entwickelte. Dazu beigetragen hatten sicherlich die großen Meinungsverschiedenheiten zwischen den – nicht nur vier, wie in Nürnberg, sondern elf – Tokioter Richtern, die es für die Japaner „sozusagen legitim" werden ließen, „die Urteile ihrerseits politisch auszuwerten"[41]. Obendrein ist zu bedenken, daß der Tennô bereits in seinem „Kaiserlichen Edikt zum Kriegsende" am 15. August 1945 die japanischen Opfer, d. h. die Vernichtung „vieler unschuldiger Menschenleben" durch den „neuen grausamen Bombentyp", herausgestellt hatte. Der Verteidigungskrieg, so bekräftigte der Kaiser, sei im Interesse der Existenz der Nation geführt worden. Von Schuld sprach er nicht, sondern bedauerte lediglich die asiatischen Verbündeten Japans, die mit davon betroffen seien, daß sich der Krieg „nicht zu Japans Gunsten entwickelt" habe[42].

Zum ersten Mal brachte Higashikuni Naruhiko, der in der Übergangszeit vom Krieg zur Besatzung als Premierminister amtierte, in einem Interview am 28. August die Frage der Verantwortung für den Krieg öffentlich zur Sprache. Er appellierte an die alte Militärführung, die Ministerialbürokratie und das ganze Volk, über die Geschehnisse der jüngsten Vergangenheit nachzudenken und diese zu bereuen[43]. Nach shintôistischem Verständnis wird durch göttliche Gnade gereinigt, wer seine Vergangenheit bereut, wobei die Vergebung allerdings nicht wie im christlichen Denken auch innere Wandlung voraussetzt[44]. Insofern blieb der Begriff der „Gemeinsamen Reue von 100 Millionen", zu der auch die Medien das Volk aufforderten, ein wenig nebulös und führte eher zur Verwischung von Verantwortlichkeiten[45]. In Leserbriefen an die Zeitungen wiesen vor allem auch einfache Arbeiter auf ihre geringen politischen Einflußmöglichkeiten unter dem alten System hin, wobei sie unterstützt wurden von Intellektuellen, die Militär, Hofadel und hohe Bürokratie für den Angriffskrieg verantwortlich mach-

---

[39] Röling/Rüter (Hg.), The Tokyo Judgement.
[40] So enthält etwa John R. Lewis' einschlägige Bibliographie der Kriegsverbrecherprozesse 1290 Titel zu Nürnberg und nur 231 zu Tokio. Lewis, Uncertain Judgement.
[41] Seraphim, Kriegsverbrecherprozesse in Asien, S. 84.
[42] Die in altertümlichem Hofjapanisch abgegebene Erklärung wurde zwar nur von den wenigsten Zuhörern verstanden, aber von einem Rundfunksprecher in die Alltagssprache übertragen. Eine deutsche Übersetzung der Ansprache hat Gerhard Krebs in: Periplus 5 (1995), S. 50f., vorgelegt.
[43] Iritani, Group Psychology of the Japanese, S. 215ff.
[44] Ebd., S. 295.
[45] Vgl. Miyazawa, Rechtsprobleme, S. 35, sowie Coulmas, Das Land der rituellen Harmonie, S. 65.

ten⁴⁶. Dem hielt Premierminister Shidehara Kijûro im Dezember 1945 vor dem Oberhaus entgegen, daß die für den Krieg Verantwortlichen keine schlechten Absichten gehabt hätten⁴⁷. Bald wurde immer deutlicher, daß eine übergroße Mehrheit des Volkes – im Gegensatz zu den ins Abseits geratenden marxistischen Kräften – enorme Schwierigkeiten hatte, zu Lebzeiten des verehrten Tennô überhaupt noch von Kriegsschuld und Kriegsverbrechen zu reden.

Im Westen Deutschlands ist die Frage der Schuld aufs Ganze gesehen gründlicher und teils auch selbstkritischer diskutiert worden. Zwar kam die amerikanische *Information Control Division* zu dem Schluß, daß die zahlreichen Kinobesucher, die sich etwa um die Jahreswende 1945/46 den KZ-Film „Die Todesmühlen" angesehen hatten, in ihrer Mehrheit keine Mitverantwortung für die Greuel anerkannten, doch im britischen *Foreign Office* war man zuversichtlich, daß die Langzeitwirkung derartiger Filme davon abhänge, wie jene Gruppe von Deutschen reagierte, die in Zukunft „die öffentliche Meinung prägen werde"⁴⁸. Tatsächlich bewegte die Frage, „Wer war schuld an Hitler?" während der ersten Nachkriegsjahre zahllose Autoren in den neuen kulturell-politisch-literarischen Zeitschriften, die oft noch 1945 zu Hunderten aus dem Boden gesprossen waren⁴⁹. Besondere Beachtung fand eine Vorlesungsreihe des Heidelberger Philosophen Karl Jaspers im Wintersemester 1945/46, die nicht zuletzt auf die Frage einging, „in welchem Sinn sich jeder von uns mitverantwortlich fühlen muß". Jaspers kam im Blick auf die „viele[n] von uns, die in ihrem innersten Wesen Gegner all dieses Bösen waren und durch keine Tat ... in sich eine moralische Mitschuld anzuerkennen brauchen", zu dem Schluß: Kollektivschuld gebe es „zwar notwendig als politische Haftung der Staatsangehörigen, nicht aber darum im gleichen Sinne als moralische und metaphysische und nicht als kriminelle Schuld"⁵⁰. Im Zusammenhang mit der von ihm betonten kollektiven politischen Haftung sprach Jaspers von der Notwendigkeit tiefgreifender innerer Reinigung und Buße. Im September 1945 bekannte sich auch der Rat der Evangelischen Kirche in Deutschland zur „Solidarität der Schuld", in der „wir uns mit unserem Volk ... wissen" und klagte sich „mit großem Schmerz" an: „Durch uns ist unendliches Leid über viele Völker und Länder gebracht worden"⁵¹.

---

⁴⁶ Schwentker, Täter oder Opfer?, S. 151.
⁴⁷ Iritani, Group Psychology of the Japanese, S. 226.
⁴⁸ Chamberlin, Todesmühlen, S. 435 f.
⁴⁹ Vgl. Eberan, Wer war schuld an Hitler?, sowie Wolgast, Die Wahrnehmung des Dritten Reiches, der Debatten im Bereich von Parteien, Kirchen und Universitäten nachzeichnet.
⁵⁰ Jaspers, Die Schuldfrage, S. 56.
⁵¹ Weber, Auf dem Wege zur Republik, S. 112 f.

Neben erschütternden Häftlingsberichten wie Wolfgang Langhoffs „Die Moorsoldaten"[52] oder Walther Pollers „Arztschreiber in Buchenwald" erschien schon ein Jahr nach Kriegsende die bis heute lesenswerte Analyse Eugen Kogons über den „SS-Staat". Zeitgleich entstanden Dramen wie Günther Weisenborns „Die Illegalen", das den kommunistischen Widerstand gegen Hitler noch 1945 zum Thema machte und an über 350 Bühnen aufgeführt wurde. Thomas Manns metaphysische Deutung des Phänomens Nationalsozialismus in seinem 1947 erschienenen Roman „Doktor Faustus" war also nur das prominenteste Beispiel für eine frühe und intensive Auseinandersetzung mit dem Dritten Reich, die von den ehemaligen Verfolgten besonders engagiert vorangetrieben und darüber hinaus vor allem von jenen Schichten des Volkes geführt wurde, die auch sonst Bücher und Kulturzeitschriften lasen oder ins Theater gingen. Daß die Schulddiskussion vor allem im intellektuellen Milieu geführt wurde, während die breite Masse des Volkes persönliche Verantwortung für das Geschehen eher zurückwies, war in Japan tendenziell ähnlich. Allerdings kreiste die öffentliche Debatte hier eher um die Schuld an der Niederlage als um die Schuld an den Verbrechen, die während des Krieges verübt worden waren.

Der bedeutsamste Unterschied zwischen deutscher und japanischer Entwicklung betraf die Haltung der politischen Führungsschicht. Von der Spitze des neuen bundesdeutschen Staates her klangen die Bewertungen der Vergangenheit jedenfalls deutlich weniger exkulpierend als bei den ersten japanischen Premierministern, auch wenn es zum Signum dieser frühen „Reden nach Hitler" zählte, „grundsätzlich Schuld zu bekennen, ohne sie individuell zuzurechnen"[53]. Die Zuschauerrolle der deutschen Bevölkerung „im Hinblick auf eine mögliche Verfehlung durch Unterlassen" wurde also in der Regel ebenso wenig problematisiert wie Ausmaß und Intensität der Schuldverstrickung[54]. Statt dessen gab es in allen Parteien Tendenzen zu einem schuldentlastenden Opferbewußtsein, so als ob „im Grunde das ganze deutsche Volk" zu den Opfern des Nationalsozialismus und „seiner dämonischen Zwecke" zu zählen sei[55]. Freilich ist damit nur die eine Seite des ambivalenten westdeutschen Schulddiskurses umschrieben, es gab auch eine andere.

Bundespräsident Theodor Heuss wies etwa im Dezember 1949 in einer Rede vor der Gesellschaft für Christlich-Jüdische Zusammenarbeit die hinter dem Wort „Kollektivschuld" steckende „simple Vereinfachung" zurück,

---

[52] Das bereits 1935 in Zürich erschienene Buch wurde 1946 erstmals legal in Deutschland von einem Münchner Verlag herausgebracht.
[53] Baumgärtner, Reden nach Hitler, S. 342. Zu den Ähnlichkeiten der Position von Heuss mit der Konrad Adenauers und Kurt Schumachers vgl. ebd., S. 119–132.
[54] Ebd.
[55] So äußerten sich in den ersten Nachkriegsjahren der Ministerpräsident Schleswig-Holsteins, Theodor Steltzer (CDU), bzw. der Hamburger Bürgermeister Max Brauer (SPD). Reichel, Vergangenheitsbewältigung, S. 68.

betonte aber gleichzeitig, daß aus der Hitler-Zeit „eine Kollektivscham ... gewachsen und geblieben" sei[56]. Damit trug Heuss einerseits „der damaligen mentalen Situation in Deutschland Rechnung", unternahm aber auch den Versuch, das Postulat der Erinnerung an die NS-Diktatur im „normative[n] kollektive[n] Gedächtnis" der Bevölkerung zu verankern[57]. Im November 1952 bei der Einweihung der Gedenkstätte Bergen-Belsen sprach der Bundespräsident von der „volle[n] Grausamkeit der Verbrechen, die hier von Deutschen begangen wurden" und zählte „auch Auschwitz" bereits zu einem „Katalog des Schreckens und der Scham"[58]. Dem untergegangenen Regime „keine schlechten Absichten" zuzubilligen, wie dies Shidehara in bezug auf die ultranationalistische Regierung getan und wie dies auch der Tennô zu erkennen gegeben hatte, war eine Aussage, deren Verbreitung sich in Westdeutschland eher auf die Stammtische konzentriert haben dürfte. Denn auch hier hielt 1948 noch die Hälfte der Bevölkerung den Nationalsozialismus für eine „gute Idee", die nur „schlecht ausgeführt" worden sei[59].

---

[56] Zum vollständigen Text der Rede vgl. Theodor Heuss, Die großen Reden, Tübingen 1965, S. 99–107.
[57] Baumgärtner, Reden nach Hitler, S. 342, 340.
[58] Zit. nach: Konzentrationslager Bergen-Belsen, S. 253.
[59] Fröhlich/Kohlstruck (Hg.), Engagierte Demokraten, S. 11.

VI. Politische Säuberung

Neben den Prozessen gegen die Hauptschuldigen bildeten die breiter angelegte Entnazifizierung bzw. Entmilitarisierung der (west-)deutschen und der japanischen Bevölkerung ein Kernstück der amerikanischen Besatzungspolitik. Dabei stand in beiden Fällen die Überzeugung Pate, daß nur eine tiefgreifende Transformation der gesellschaftlichen Strukturen einschließlich einer Ausschaltung der sie bislang tragenden Schichten eine zukünftige Bedrohung des Weltfriedens durch die Aggressorstaaten des Zweiten Weltkrieges verhindern, die besiegten Länder langfristig pazifizieren, innerlich stabilisieren und ihnen einen demokratischen Weg nach amerikanischem Verständnis ermöglichen könnte. Dem deutschen wie dem japanischen Volk begegnete die führende westliche Siegermacht also mit einem durch den Kriegsausgang noch gestärkten Vertrauen in die Überlegenheit des eigenen politischen Systems, das an Woodrow Wilsons Credo „make the world safe for democracy" anknüpfte[1]. Während man allerdings dem kulturell eng verwandten Deutschland, gestützt auf die Weimarer Erfahrungen und kontrolliert durch die Macht einer direkten Militärverwaltung, den Aufbau einer dezentralen Demokratie zutraute, war in bezug auf Japan die Einschätzung verbreitet, „es zu vermasseln", wenn man versuchen würde, die deutschlandpolitischen Besatzungsrezepte eins zu eins auf den Inselstaat zu übertragen: „Die Japaner sind ein orientalisches Volk mit orientalischer Gesinnung und Religion."[2] Aus dem Urteil über Konsenszwang und feudale Gefolgschaftstreue als tragende Elemente der nationalen politischen Kultur resultierten Vorstellungen von der Entwicklung einer „Demokratie auf japanisch", die wesentlich unspezifischer blieben als für Deutschland und die vor allem auch Folgen für den politischen Säuberungsprozeß zeitigen sollten[3].

In dieser Hinsicht schien die Aufgabe der USA in Japan insofern leichter, weil sie dort nicht mit drei weiteren Besatzungsmächten zu kooperieren hatten und zudem eine funktionierende Bürokratie zur Identifizierung und Auffindung der zu Säubernden heranziehen konnten. Zudem mußte die vor allem als „Entmilitarisierung" verstandene Aktion vermutlich ein geringeres Ausmaß annehmen; hatten doch die grausamen Bilder bei der Befreiung der

---

[1] Gasteyger, Das außenpolitische Erbe, S. 169.
[2] So der US-Verteidigungsminister Henry L. Stimson, zit. bei Buckley, Japan Today, S. 8.
[3] Rosenzweig, Erziehung, S. 108.

nationalsozialistischen Konzentrationslager zumindest kurzzeitig dazu geführt, „that the Japanese were regarded as bad, but the Germans as downright evil"[4]. Erschwerend wirkte sich demgegenüber aus, daß von großen Teilen der japanischen Verwaltungselite paradoxerweise erwartet wurde, „zugleich das Land und sich selbst zu demokratisieren und zu säubern"[5]. Zudem hatte es in Japan – anders als im Dritten Reich mit der nationalsozialistischen Massenbewegung samt ihren Unterorganisationen – nicht eine einzige, säuberungspolitisch leicht faßbare Staatspartei gegeben, sondern neben dem Bund zur Förderung der kaiserlichen Herrschaft und unterschiedlich stark „faschistoid" eingefärbten Parteien eine ganze Reihe von „ultranationalistischen, terroristischen und militaristischen Gruppen". Im Vollzug der Direktive des SCAP vom 4. Januar 1946 waren so bis zum Ende der Besatzungszeit über 200 derartige Organisationen aufzulösen[6].

Die als „Direktive vom 4. Januar" bekannt gewordene SCAP-Anweisung (Nr. 550) implementierte eine Anordnung der Joint Chiefs of Staff, wonach sicherzustellen war, daß „aktive Vertreter des militanten Nationalismus" und des Angriffskriegs oder solche, die den Zielen der Besatzungspolitik feindlich gegenüberstünden, aus dem öffentlichen Dienst oder anderen verantwortungsvollen und einflußreichen Positionen – einschließlich des besonders erwähnten Wirtschafts- und Finanzsektors – zu entfernen und auszuschließen seien. Bis zum Beweis des Gegenteils sollte generell davon ausgegangen werden, daß Personen, die in den Jahren seit 1937 Schlüsselpositionen innehatten, zum Kreis der Schuldigen zählten. Dabei unterschied SCAP zwischen sieben Kategorien bzw. Gruppen (A bis G): Kriegsverbrecher (A), Berufsoffiziere einschließlich höheren Personals im Kriegsministerium oder in Militärpolizei und Geheimdiensten (B), führende Mitglieder radikaler nationalistischer Organisationen (C), einflußreiche Personen des Bundes zur Förderung der Kaiserlichen Herrschaft und des Politischen Vereins Großjapans (Dai Nippon Seiji-Kai) (D), Verwaltungsratsmitglieder von Finanz- und Wirtschaftsgesellschaften, die als Manager in den besetzten Gebieten „in die japanische Expansion involviert" waren (E), Zivil- und Militärgouverneure im japanischen „Kolonialreich der Kriegszeit" (F) sowie „sonstige Militaristen und Ultranationalisten" (G), das hieß Denunzianten, die zur Verhaftung oder Mißhandlung japanischer Oppositioneller beigetragen hatten, aber auch sämtliche Personen, die auf der nationalen Regierungsebene am japanischen Expansionsprogramm beteiligt waren und sich

---

[4] Anthon, Reeducation for Democracy, S. 261. Schon bald aber erreichte das Japan-Feindbild in den USA, das auch während des Krieges deutlich stärker „von Haß-Propaganda geprägt" gewesen war, wieder seine – aus rassistisch-kulturchauvinistischen Motiven heraus – traditionell schärfere Ausprägung. Bereits im Juni 1945 meinten 82% der an einer Gallup-Umfrage beteiligten Amerikaner, das japanische Volk sei im Vergleich zum deutschen „more cruel at heart". Eckert, Feindbilder im Wandel, S. 157, 161.
[5] Livingston/Moore/Oldfather (Hg.), The Japan Reader 2: Postwar Japan, S. 4.
[6] Seifert, Nationalismus im Nachkriegs-Japan, S. 113.

VI. Politische Säuberung

in Reden, Schriften oder Taten als „aktive Verfechter des militanten Nationalismus und Angriffskriegs" erwiesen hatten[7].

Die Wirkung dieser ersten Säuberungsdirektive, deren Kategorien von der japanischen Regierung in einigen Punkten noch präzisiert wurden, ließ nicht lange auf sich warten. 20000 Personen suchten von sich aus rasch um Entlassung nach, um nicht als zu Säubernde designiert zu werden. Auch das amtierende Kabinett Shidehara mußte neun Tage nach Veröffentlichung der Direktive vom 4. Januar 1946 umgebildet werden, weil drei Minister und eine Reihe weiterer hochrangiger Regierungsbeamter ihr Amt niederlegten. Als am 10. März Ausführungsbestimmungen zu der „catchall"-Kategorie G angekündigt wurden, verließen weitere fünf Minister das Kabinett, zahlreiche Mitglieder des Oberhauses folgten ihnen, Parteiführungen wechselten, alte Loyalitäten zerbrachen, die „Progressive Partei" sah sich nahezu ausgelöscht, kurz: die politische Landschaft wurde umgepflügt. Auch von den 3384 nominierten Kandidaten für die bevorstehenden Parlamentswahlen im April 1946 fielen 252 unter die Bestimmungen der Säuberungsdirektive, die knappe Hälfte davon, weil sie bei den Kriegswahlen 1942 von Premierminister Tôjô empfohlen worden war. Die gewählten Abgeordneten wurden dann einer erneuten Prüfung unterzogen, in deren Folge die japanische Regierung neun Politikern das Mandat wieder entzog. Darüber hinaus fiel der prominente Vorsitzende der Liberalen Partei, Hatoyama Ichiro, dem Eingreifen der SCAP zum Opfer. Zahlenmäßig am stärksten von dieser ersten, bis August 1946 dauernden Säuberungswelle waren aber nicht Politiker betroffen, sondern Personen der Kategorie B (Berufsoffiziere etc.), von denen 183000 aus dem Öffentlichen Dienst ausgeschlossen wurden[8]. In den anderen Gruppen waren zusammengenommen 5520 Fälle überprüft worden, wovon aber nur 814 Verfahren negativ endeten.

Die niedrige Zahl an Entlassungen war den amerikanischen Behörden im Laufe des Jahres 1946 mehr und mehr ein Dorn im Auge. In der Niigata-Präfektur hatte man etwa von 13000 überprüften Lehrern nur einen einzigen ausgeschlossen. Und zur Arbeit des Untersuchungskomitees in der Provinz Gumma bemerkte das zuständige *Military Government Team*: „The committee is screening ‚little fish with a big net'"[9]. Nun waren die Lehrer im japanischen Erziehungssystem tatsächlich einer strikten hierarchischen Kontrolle unterworfen gewesen und hatten nur selten Eigeninitiative bei der Propagierung ultranationalistischer Ziele entfalten können bzw. zu brauchen, aber auch auf Universitätsebene verlief die Säuberung durch die japanischen Behörden derart zurückhaltend, daß Studenten oder kritische Bürger sich immer wieder veranlaßt sahen, gegen Fehlentscheidungen

---

[7] Dokument Nr. 1, in: Benz, Amerikanische Besatzungsherrschaft, S. 299f.
[8] Ebd., S. 282f., 301f., sowie Baerwald, The Purge, S. 20ff.
[9] Rosenzweig, Erziehung, S. 124.

vorzugehen. Der Kontrolle durch amerikanische Stellen waren nicht zuletzt durch die Sprachbarriere Grenzen gesetzt, da eine Übersetzung der ausgefüllten Fragebögen ins Englische aus Zeitnot und Personalmangel häufig gar nicht möglich war. Um so gravierender mußte sich dies auswirken, weil bei der Auswahl der japanischen Säuberungskomitee-Mitglieder keineswegs immer sorgfältig genug verfahren worden war[10].

Die wachsende amerikanische Kritik an einer allzu weichen und einfühlsamen Säuberungspraxis schlug sich im August 1946 in der Forderung des SCAP an die japanische Regierung nieder, einen Plan für die Erweiterung des *purge* in den Bereich der Lokalpolitik, der Medien und der Wirtschaft hinein vorzulegen. Die durch Kaiserliche Erlasse am 4. Januar 1947, also am Jahrestag der ersten Säuberungsdirektive, beginnende zweite Welle der Entmilitarisierung brachte vor allem für die Betroffenengruppe der „sonstigen Militaristen und Ultranationalisten" (G) eine Reihe von Präzisierungen und Verschärfungen, die indes auch die Grundparadoxie der Säuberungspolitik noch schärfer ins Auge fallen ließen: die Ambivalenz zwischen einem in erster Linie vergangenheitsorientierten punitiven und einem auf die Zukunft der japanischen Demokratie gerichteten präventiven Ansatz[11]. Einflußreiche Personen aus dem öffentlichen Leben auszuschalten, weil sie den Krieg mit zu verantworten hatten, war eine Sache, es zu tun, weil sie eine potentielle Gefahr für die neue Demokratie darstellten, bedeutete eine schwer in den Griff zu bekommende Ausweitung der Säuberungspraxis. So gab es gerade in der Beamtenschaft Personen, die Gegner des aggressiven Expansionskurses gewesen waren, die aber jetzt weiterhin erzkonservativ am Primat des Staates über das Individuum festhielten, während an sich unverdächtige Parlamentarier aus der Zeit vor 1937 die ultranationalistische Politik später oft genug unterstützt hatten.

Ein Weg aus dem Säuberungsdilemma wäre es gerade auf der lokalen Politikebene gewesen, klar zu legen, daß das alte Führungspersonal nicht in erster Linie wegen seiner Kriegsschuld entfernt wurde, sondern einzig und allein, um Platz für neue Eliten zu schaffen. Statt dessen aber galt es den schwierigen Nachweis zu führen, daß Tausende Bürgermeister, Landräte oder örtliche Funktionäre des Bundes zur Förderung der Kaiserlichen Herrschaft eine führende Rolle „bei der Täuschung und Irreführung des japanischen Volkes" gespielt hatten[12]. Der Widerstand der regierenden Konservativen gegen die Erweiterung der Säuberung in die Fläche mußte um so heftiger ausfallen, als ihre Parteien infolge der ersten Welle bereits einige wichtige nationale Persönlichkeiten verloren und sich dann auf ihre ländlichen Bastionen gestützt hatten, um die Lücken wieder zu schließen. Ohne

---

[10] Ebd., S. 122–127.
[11] Letzterer war vor allem MacArthur ein Anliegen gewesen. Vgl. Baerwald, The Purge, S. 9f., 25.
[12] Ebd., S. 26.

die Unterstützung der 1946 zahlreich in das Unterhaus eingezogenen Kommunalpolitiker wäre zudem die Verabschiedung eines neuen Wahlgesetzes fraglich geworden, das den konservativen Parteien schon bei den bevorstehenden neuerlichen Wahlen Vorteile verschaffen sollte.[13]

So war auch der zweiten Säuberungswelle aufgrund der dilatorischen Haltung der japanischen Administration nur ein relativer Erfolg beschieden. In den Wochen vor den *General elections* im April 1947 zu den beiden Häusern des Parlaments und den kommunalen Vertretungskörperschaften fielen dem *screening* von 3246 überprüften Unterhauskandidaten 137 Personen zum Opfer, von 1406 Oberhauskandidaten 31, von 451 präsumtiven Präfekten 20 und von den 43 Bürgermeisterkandidaten in fünf Großstädten nur ein Politiker. Nicht höher lagen die Säuberungsquoten auch bei den weiteren mehr als 100000 durchleuchteten Kommunalpolitikern in den kleineren Gemeinden[14]. Im Mai 1948 hatte der *purge* bereits seine „Hochwassermarke" erreicht, um sich in seiner letzen Phase (1948–1952) vom Sommer 1948 an zunehmend in eine „holding operation"[15] zu verwandeln, während gleichzeitig von den *Appeal boards* (schon ab März 1947) ganze Säuberungsgruppen rehabilitiert wurden und statt dessen im einsetzenden *Red Purge* der Jahre 1949 bis 1951 über 20000 Kommunisten bzw. Sympathisanten ihren Arbeitsplatz in Regierung, Massenmedien oder Privatwirtschaft verloren[16]. Die Zahl ist um so bemerkenswerter, wenn man sie mit der nicht sehr hohen Schlußbilanz der Entmilitarisierung selbst vergleicht, deren Gesamtzahl sich auf etwas über 210000 *purgees* belief, wovon freilich über drei Viertel Soldaten waren; knapp 35000 (16,5%) zählten zur politischen Elite und nur wenige Tausend zur administrativen, ultranationalistischen, wirtschaftlichen und massenmedialen Führungsschicht[17]. Hinzu kamen 6000 ehemalige Angehörige der Gedankenpolizei und einer weiteren Spezialpolizeieinheit, denen durch eine eigene *Civil-Liberties*-Direktive des SCAP vom Oktober 1945 zumindest der Zugang zu Tätigkeiten im Bereich von Justiz und innerer Sicherheit versperrt wurde. In der Lehrerschaft, wo 115000 Personen bereits den „präventiven Rückzug" gewählt hatten, sahen sich bis zum Abschluß der speziellen Überprüfungsmaßnahmen im Erziehungsbereich Ende April 1949 über dreitausend Pädagogen vom Dienst suspendiert[18]. Zwei weitere Zahlen illustrieren die beschränkte Reichweite der Säuberung und die rasche Rückkehr der Gesäuberten ins öffentliche Leben vielleicht am anschaulichsten: Bei den Wahlen zum Abgeordnetenhaus im

---

[13] Ebd., S. 29.
[14] Dokument 1, in: Benz, Amerikanische Besatzungsherrschaft, S. 306. Eine vertiefte Darstellung der zweiten Säuberungswelle bietet auch: Political Reorientation of Japan. September 1945 to September 1948, hg. vom General Headquarter, S. 37 ff.
[15] Baerwald, The Purge, S. 78.
[16] Zum *Red Purge* vgl. Nishi, Unconditional Democracy, S. 242 ff.
[17] Baerwald, The Purge, S. 80.
[18] Rosenzweig, Erziehung, S. 129.

Oktober 1952 eroberten ehemalige *purgees* 139 von 466 Sitzen; und zwei Jahre später gehörten dem Kabinett Hatoyama – ihn eingeschlossen – 12 Gesäuberte an[19].

In einer frühen Vergleichsstudie über die „künstlichen", d.h. qua Besatzungsmacht durchgeführten Revolutionen in Deutschland und Japan nach 1945, wo anders als etwa in Italien nicht von der Fiktion einer bereits stattgefundenen demokratischen Umwälzung ausgegangen werden konnte, sondern die politisch unerwünschte alte Führung von den Siegermächten durch eine neue Elite zu ersetzen war[20], hat Montgomery die mechanische Dimension der japanischen Entmilitarisierung zu erklären versucht: Diese sei – anders als die Entnazifizierung in Deutschland – nicht „under a shower of moralistic words and grandiose objectives" durchgeführt worden, sondern eher „in a realistic and matter-of-fact way"[21]. Doch unverkennbar nahm auch die Entnazifizierung in der US-Zone – gerade wegen ihrer im Kern moralischen und nicht pragmatischen Zielrichtung – letztlich mechanische Züge an.

Die Amerikaner inaugurierten in Deutschland bereits im April 1945 mit der Direktive JCS 1067 eine gründliche Säuberung des öffentlichen Lebens, der Wirtschaft und des Erziehungswesens, indem sie die mehr als nur nominell in der NSDAP tätigen Parteigenossen (etwa das Korps der Politischen Leiter, Angehörige von SS und Gestapo) sowie all jene, die Nazismus und Militarismus aktiv unterstützt hatten, aus staatlichen Stellen, aber auch aus wichtigen Positionen in halböffentlichen und privaten Unternehmungen entfernten und wegsperrten. Volle Internierungslager und leere Ämter waren die Folge. Keineswegs nur der höhere Dienst in den Reichs- und Landesbehörden wurde von den Entlassungen betroffen, sondern auch zahlreiche kleinere Beamte in regionalen und lokalen Dienststellen. Die Bürgermeister sahen sich in manchen Landkreisen samt und sonders ihres Amtes enthoben; und in der bayerischen Lehrerschaft verlor etwa jeder zweite seinen Arbeitsplatz. Als die allzu große Rigorosität und Pauschalität der Massenentlassungen und ihre absehbar desaströsen Folgen für den Wiederaufbau immer deutlicher hervortraten, wurde die erste, mehr oder weniger wilde Säuberungsphase abgebrochen und die delikate Prozedur der Entnazifizierung mit dem „Gesetz zur Befreiung von Nationalsozialismus und Militarismus" am 5. März 1946 in die Hände der neugebildeten deutschen Behörden gelegt. Auch dem neuen Verfahren eigneten wiederum gravierende Mängel, verfolgte es doch die Herkules-Aufgabe, die Vergangenheit sämtlicher erwachsener Deutscher nötigenfalls in Spruchkammerverfahren zu durchleuchten, woraus in den Westzonen über dreieinhalb Millionen zu verhandelnde Fälle resultierten[22].

---

[19] Harries, Sheathing the Sword, S. 197.
[20] Montgomery, Forced to be Free, S. 17.
[21] Ebd., S. 30.
[22] Aus der umfangreichen Literatur zur Entnazifizierung genannt sei als Überblick Vollnhals,

VI. Politische Säuberung

Auch wenn in Deutschland vor allem die personelle Erblast einer untergegangenen und verbotenen Massenpartei zu bewältigen war, während sich die Säuberung in Japan in allererster Linie gegen das Militär richtete und erst in zweiter Hinsicht die Mitglieder der weiterbestehenden Parteien ins Visier genommen wurden, waren in der Praxis von Entnazifizierung und Entmilitarisierung ähnliche Phänomene zu beobachten – nicht zuletzt Versuche, die Säuberung zur Bekämpfung aktueller politischer Gegner zu mißbrauchen. Man denke nur an die vom konservativen Kabinett veranlaßte Schwächung der oppositionellen *Minshutô* (Demokratische Partei) unmittelbar vor den Wahlen vom April 1947[23] oder die Erfassung des Vizepräsidenten des Oberhauses Matsumoto Jiichirô, eines bekannten *buraku*[24]-Politikers, auf einer Säuberungsliste mit Namen von „in den Kriegsverbrecherprozessen verantwortlich gemachten" Anführern der „japanischen Kriegsbemühungen"[25]. Tatsächlich hatte Matsumoto – nach Kriegsende – ein ganz anderes Sakrileg begangen: nämlich bei der Parlamentseröffnung 1948 dem Kaiser den traditionellen Kotau zu verweigern. In Westdeutschland erregten vor allem der gescheiterte Versuch, den CSU-Gründungsvorsitzenden Josef Müller per Spruchkammerverfahren mundtot zu machen[26], oder mehr noch die Affäre „Maier gegen Maier", öffentliche Aufmerksamkeit, als der Lizenzträger der Stuttgarter Zeitung und Kläger an der dortigen Spruchkammer, Franz Karl Maier, in dem Theodor Heuss einen „Robespierre von Ochsenhausen" erblickte, seine aktuellen publizistischen Attacken gegen den liberalen württembergischen Ministerpräsidenten Reinhold Maier mittels Entnazifizierung fortsetzte und ihn wegen seiner Zustimmung zum Ermächtigungsgesetz 1933 – letztlich ohne Erfolg – zur Anklage brachte[27].

Vergleichbare Säuberungsmängel in Japan und Deutschland dürfen über eines nicht hinwegtäuschen: Bei der Entmilitarisierung wurde konsequenterweise mit der Bestrafung der am schwersten Belasteten begonnen, während bei der Entnazifizierung infolge der Prozeßflut pragmatische Gründe dafür sprachen, die schweren Fälle zurückzustellen und die einfachen gleich zu Beginn abzuhandeln, schon um den Betroffenen eine möglichst rasche Rückkehr ins Berufsleben zu ermöglichen. Dies führte freilich dazu, daß wegen des abrupten Abwürgens des Säuberungsprozesses 1947/48 im eskalierenden Kalten Krieg viele der „wahren Schuldigen" in den Genuß einer

---

Entnazifizierung, sowie Regionalstudien älteren bzw. neueren Datums: Niethammer, Entnazifizierung in Bayern, Schuster, Die Entnazifizierung in Hessen.
23 Quigley/Turner, The New Japan, S. 108f.
24 Nachfahren der einst u.a. aus religiösen Gründen wegen ihres „schmutzigen" Berufs (Abdecker, Gerber etc.) aus der Gesellschaft Ausgestoßenen, die auch nach ihrer formal-juristischen Gleichstellung 1871 in ghettoähnlichen Siedlungen ein isoliertes Leben führten.
25 De Vos, Japan's Outcasts, S. 15.
26 Hettler, Josef Müller, S. 280ff.
27 Hierzu die umfassende Darstellung von Matz, Reinhold Maier, S. 276–304.

milderen Entnazifizierungspraxis kamen[28] und sich in der Bevölkerung der später vielzitierte Eindruck einstellte: „Die Kleinen hängt man, die Großen läßt man laufen". Zur immer größer werdenden Skepsis der Deutschen gegen die personelle „Vergangenheitsbewältigung" trug diese Entwicklung ebenso bei wie die „Geburtsfehler" des Befreiungsgesetzes, d.h. die von vornherein weite Überdehnung des abzuurteilenden Personenkreises und die „Verlagerung politischer Säuberungsvorgaben auf die entpolitisierte Ebene" eines gerichtsähnlichen Verfahrens[29]. Immerhin wurde dieses mit erheblichem organisatorischen Aufwand in 545 Spruchkammern von 22 000 meist Laienmitgliedern betrieben.

So hatte in der amerikanischen Zone Deutschlands jeder Prüfer statistisch gesehen nur 16,47 Personen zu durchleuchten, während es in Japan 769,6 waren. Zwischen dem 20. Februar und dem 10. März 1947 überprüfte das nationale *Screening board* täglich allein 900 Kandidaten für die kommunalen Parlamente. Waren auf der Insel im fernen Osten insgesamt 3,2% der Bevölkerung überprüft worden, so galt dies in der US-Zone für 21,7%, und auch amtsenthoben wurden in Westdeutschland prozentual etwa zehn mal mehr Personen[30]. Den gut 200 000 gesäuberten Japanern standen nach Berechnungen von Montgomery allein in der amerikanischen Besatzungszone Deutschlands 418 307 Entnazifizierte gegenüber. Tatsächlich verhängten die Spruchkammern in 600 000 Fällen Strafen, wobei 500 000 Betroffene mit einer Geldstrafe oder kleineren Sühneleistung davonkamen. Aus führenden Positionen im öffentlichen Leben ausgeschlossen wurden im Sinne des Befreiungsgesetzes vor allem die etwa 1600 Hauptschuldigen und 22 000 „Belasteten", während das Gros der 150 000 Minderbelasteten lediglich eine Bewährungszeit zu bestehen hatte. Eine statistische Erhebung im April 1950 bezifferte die Zahl der nach dem 8. Mai 1945 ausgeschiedenen „und bisher nicht oder nicht ihrer früheren Stellung entsprechend" verwendeten entnazifizierten Beamten in Westdeutschland insgesamt – vermutlich zu niedrig – auf 55 000; hinzu kamen mindestens 150 000 ehemalige Berufssoldaten und eine ähnlich große Zahl Heimatvertriebener und sonstiger Versorgungsberechtigter[31].

Der zentrale, langfristig folgenreiche Unterschied in der Eröffnungsphase der „Vergangenheitsbewältigung" resultierte im wesentlichen aus zwei gegensätzlichen Entwicklungen: Zum einen aus der ungleich größeren Schärfe der Maßnahmen im besetzten Deutschland mit der zeitweiligen Internierung von über 200 000 NS-Aktivisten allein in den Westzonen im Zuge des *automatic arrest*. Hierfür gab es in Japan überhaupt keine Entsprechung,

---

[28] So auch die Kritik des bayerischen SPD-Ministerpräsidenten Wilhelm Hoegner, zit. nach Kritzer, Wilhelm Hoegner, S. 245.
[29] Vollnhals, Entnazifizierung, S. 55.
[30] Montgomery, Forced to be Free, S. 26 ff.
[31] Reichel, Vergangenheitsbewältigung, S. 112. Vgl. auch Wengst, Beamtentum, S. 172.

VI. Politische Säuberung

weil die Besatzungsmacht das innere Gefahrenpotential wegen des Fehlens einer faschistischen Staatspartei mit Bewegungscharakter ganz anders einschätzte. Zum anderen hatten auch viele kleine NS-Pg's, die selbst keine Bekanntschaft mit Internierungslagern machten, nicht nur oft Jahre warten müssen, bis sie einen entlastenden Bescheid ausgestellt bekamen und wieder dem alten Beruf nachgehen konnten, sondern waren sie immerhin millionenfach zur Anklage gebracht worden und hatten buchstäblich einen Denkzettel erhalten. Dessen Mischung aus „fühlbarer Strafe und großzügiger Gnade" verhinderte, daß ein Heer von Entnazifizierungsgeschädigten entstand, das den Aufbau der Bundesrepublik übermäßig erschwert hätte, förderte aber wesentlich „das kritische Nachdenken über antidemokratische Experimente und Ideologien"[32].

Nun fiel dieser Effekt in Japan, anders als man aufgrund der vorliegenden Zahlen quantifizieren könnte, sicher nicht zehnmal geringer aus als in Deutschland. Das Bewußtsein von der eigenen Kompromittierung während des vergangenen politischen Systems und die Bereitschaft, sich auch öffentlich mit dessen Verbrechen auseinanderzusetzen, ist aber von der Entmilitarisierung offensichtlich doch weniger gefördert worden als von der Entnazifizierung.

Dies galt in besonderem Maße für die Beamtenschaft, die in Deutschland selbst in ihren einfachen Rängen zumindest in Form der Massenentlassungen von 1945 hunderttausendfach besagten „Denkzettel" erhielt, während in ganz Japan überhaupt nur 830 Verwaltungsbeamte infolge der Säuberung ihren Arbeitsplatz verloren. Die gesamtgesellschaftliche Bedeutung dieses Umstands dürfte kaum zu überschätzen sein, weil damit der Einfluß einer – als Diener des Tennô ohnehin sehr angesehenen – Bevölkerungsgruppe konserviert wurde, die – marxistisch gewendet – „eng mit dem militärisch-industriellen Komplex und dem japanischen Militarismus und Expansionismus verwoben" war und von der es infolgedessen schon wenige Jahre nach dem Krieg mit einigem Recht hieß, sie sei mehr als jede andere Gruppe „in der japanischen Vergangenheit vor der Kapitulation verwurzelt"[33].

Neuerdings in eine Schlüsselstellung rückten zunächst vor allem die höheren Beamten des Auswärtigen Dienstes ein, weil SCAP glaubte, für das „Zentrale Verbindungsbüro" auf die Dienste der sprachgewandten Männer nicht verzichten zu können[34]. Obendrein wurde die gesamte Beamtenschaft durch die vergleichsweise strengere Entmilitarisierung der politischen Parteien indirekt gestärkt, weil aus dem Kreis der Staatsdiener nun etliche, bald führende Abgeordnete hervorgingen, die von den in die Reihen der alten Berufspolitiker gerissenen Lücken profitierten. Auch wenn das Gros der

---

[32] Woller, Gesellschaft und Politik, S. 163.
[33] Halliday, Japan unter amerikanischer Besatzung, S. 119.
[34] Kawai, Japan's American Interlude, S. 198.

entnazifizierten deutschen Beamtenschaft nach seiner raschen Wiedereinstellung ebenfalls bald wieder mit beträchtlichem Erfolg auf den „wohlerworbenen" materiellen Rechten beharrte, zahlreich in die Parlamente einrückte und ähnlich wie in Japan eine grundlegende Reform des öffentlichen Dienstes verhinderte, schuf die Erfahrung des totalen Zusammenbruchs 1945 doch unverkennbar günstigere Voraussetzungen für eine Schwächung des Prestiges, des Korpsgeists und der überkommenen nationalistischen Blickverengungen einer Berufsgruppe, die wegen der staatlich-bürokratischen Regelungsdichte des Alltags Stil und Inhalt der neuen Demokratie nicht unwesentlich mitprägte[35].

Dies galt gerade auch für das neue Auswärtige Amt (AA). Dessen Beamte rückten Anfang der 1950er Jahre mit am stärksten in das Blickfeld einer vergangenheitskritischen Öffentlichkeit, die freilich nicht immer dem „Irrtum der Gleichsetzung von ehemaligen Parteigenossen und Nationalsozialisten"[36] entging. Da sich Bundeskanzler Adenauer in dem zentralen Feld der Außenpolitik besonders auf die Professionalität der traditionellen Funktionseliten angewiesen fühlte, handelte er nach einer Devise seiner Kölner Heimat: „Man schüttet kein dreckiges Wasser aus, wenn man kein reines hat"[37]. So kam es in einigen Fällen, etwa bei dem in die Judendeportation von Belgien nach Auschwitz verstrickt gewesenen und vom AA wieder eingestellten Werner von Bargen, zu skandalösen personellen Kontinuitäten. Die besonders scharf von den Kommunisten im Bundestag verfochtene These, „die Ribbentropler, die in der Nazizeit Hitlers Außenpolitik im Ausland ... durchgeführt"[38] hätten, würden im Zuge einer „Totalrestauration der Wilhelmstraße" jetzt das auf der Linie Hitlers liegende außenpolitische Konzept Adenauers umsetzen, war jedoch weit überzogen. Gerade Diplomaten aus dem engsten Umfelds Ribbentrops und solche mit früher Bindung an die SS wurden in der Regel nicht mehr übernommen. Darüber hinaus wurde auch die – Adenauer stets suspekte – traditionelle Dominanz von Beamten preußisch-protestantischer Herkunft zu Gunsten südwestdeutscher Katholiken zurückgedrängt[39].

Nicht einfach als mißlungen kann auch die personelle „Vergangenheitsbewältigung" im Bereich der Wirtschaft gelten. Zum einen waren die Unter-

---

[35] Vgl. hierzu auch Kocka, Kontinuitäten und Wandlungen, vor allem S. 30–34, der stärker die Kontinuitäten im „Restaurationsprozeß" nach 1945 betont hat, sowie grundlegend vor allem Wengst, Beamtentum.

[36] So Staatssekretär Walter Hallstein im Blick auf die voreiliger Generalisierung entspringende Empörung über den 65%-Anteil ehemaliger Pg's an den leitenden Beamten im neuen Auswärtigen Amt. Frankfurter Allgemeine Zeitung, 27. März 1952.

[37] Adenauer, Teegespräche 1950–1954, S. 245.

[38] Verhandlungen des Deutschen Bundestages, 22. Oktober 1952, S. 10740ff.

[39] Vgl. hierzu die Ergebnisse der Studie von Döscher, Verschworene Gesellschaft, S. 311 ff., deren Wert auch durch das ideologische Geleitwort von Manfred Steinkühler kaum gemindert wird.

VI. Politische Säuberung

nehmen von der Militärregierung 1945 verpflichtet worden, NSDAP-Mitglieder unverzüglich aus beaufsichtigenden oder leitenden Stellungen zu entfernen. Selbst kleinen Geschäftsleuten und Handwerksmeistern drohte die Einsetzung von Treuhändern. Unter Kontrolle befanden sich allein in Bayern 1947 noch mehr als 1000 Industriebetriebe und 4000 Handels- und Dienstleistungsfirmen, die erst ab Mitte 1948 wieder an die zwischenzeitlich entnazifizierten Eigentümer zurückgegeben wurden. Besonders „große Fische" wie etwa die 1948 in Nürnberg als Hauptkriegsverbrecher verurteilten Direktoren des Chemiekonzerns IG-Farben mußten mehrjährige Haftstrafen abbüßen. Zwar rückten sie später oft genug wieder in wichtige Positionen der deutschen Wirtschaft ein, doch blieb ihre zumindest zeitweilige Ausschaltung nicht folgenlos. Vielmehr wurde der Elite der deutschen Industrie während der Jahre der Internierung und Deklassierung überhaupt erst richtig bewußt, daß die Alliierten auch ihrer Berufsgruppe eine Mitschuld für das NS-Regime zumaßen. Dieses Bewußtsein mußte zwar wieder getrübt werden, wenn etwa einem früheren Direktor der Leunawerke, der sich der Versklavung von Fremdarbeitern schuldig gemacht hatte, für Leistungen in der Zeit des Wiederaufbaus das große Verdienstkreuz der Bundesrepublik verliehen wurde. Solche Fälle dürfen aber nicht darüber hinwegtäuschen, daß zumindest diejenigen Wirtschaftskapitäne, die „im Dienste der nationalsozialistischen Parteiwirtschaft Standeskomment und Belange der Privatindustrie verletzt" hatten, nach 1945 „als schwarze Schafe für immer aus der Gnade ihrer Gruppe fielen" und „zur Entlastung der manchmal nur geringfügig weniger Kompromittierten" ausgegrenzt blieben[40].

Die auch in Deutschland gegen Großbanken, Montan- und Chemieindustrie gerichtete Entflechtungspolitik der Amerikaner gewann in Japan wegen der Existenz der *zaibatsu* besondere Bedeutung. Bei diesen um die Wende zum 20. Jahrhundert bzw. beim Aufbau der Schwerindustrie in der Mandschurei entstandenen „Finanzcliquen" handelte es sich um teils gigantische Familientrusts, die Industrie-, Handels- und Bankkapital in Hunderten von Unternehmen mit teils über einer Million Mitarbeitern vereinigten. Da auf dem Bündnis der größten Familienkonzerne mit den leitenden Staatsbeamten und der Generalität die politische Macht Japans auch während des Kriegsregimes beruht hatte, war für die amerikanischen Besatzer die Zerschlagung der *zaibatsu* ein vordringliches Ziel im Rahmen der Entmilitarisierung. Während der Ende 1945 einsetzenden Auflösung der größten Konzerne Mitsui, Mitsubishi, Sumitomo und Yasuda sowie weiterer 18

---

[40] Henke, Die Trennung vom Nationalsozialismus, S. 59, 63. Vgl. auch Woller, Politik und Gesellschaft, S. 253.

zaibatsu mit 83 Holding- und um die 4000 Tochtergesellschaften mußten auch zahlreiche leitende Angestellte ihren Posten räumen[41].

Die während der ultranationalistischen Periode aufgestiegenen und als Kollaborateure des Militarismus gesäuberten Manager, die durch das Berufsverbot zwischen 1946 und 1951 von der unmittelbaren Geschäftsführung ausgeschlossen blieben, wurden allerdings ab 1952 wieder unverzüglich in leitende Positionen ihrer Unternehmen eingesetzt. Auf der Basis des noch während der Besatzungszeit infolge der großen Wende von 1948 wieder gelockerten Monopolverbotsgesetzes entstanden nun „in liberalkaschierter Form"[42] Großbanken mit angeschlossenen Großhandelshäusern, in denen es den vielfach verschwägerten oder anderweitig verbundenen Gliedern der alten *zaibatsu*-Familien niemand verwehren konnte, sich auch ohne formale Rechtskonstruktion informelle Kooperationsstrukturen (*keiretsu*) zu schaffen. Wohl in keinem anderen Bereich, so das Fazit von Meirion und Susie Harries, sei das Scheitern der Reformkräfte innerhalb der amerikanischen Besatzungsmacht offenkundiger gewesen „than in the sabotage of the deconcentration programme in favour of the economic ‚crankup'."[43] Allerdings stand die von den *keiretsu* fortgeführte *zaibatsu*-Tradition jetzt doch in vermehrter Konkurrenz zu einer liberalen Unternehmerrichtung, die in der Zeit nach dem Ersten Weltkrieg sozialisiert worden war und durch die Ausschaltung der Senioren aus den *zaibatsu*-Konzernen nach 1945 ihre Position hatte ausbauen können[44].

Trotz unübersehbarer Parallelen zwischen der Säuberung der japanischen und der deutschen Wirtschaft waren die Dimensionen des Vorgangs doch sehr unterschiedlich. Fielen in ganz Japan nur knapp 2000 Personen dem *purge*[45] zum Opfer, so schieden allein im amerikanisch besetzten Groß-Hessen infolge des Befreiungsgesetzes fast ebenso viele Betriebsleiter und leitende Angestellte aus ihrer Stellung aus[46]. Für die Zahl der in den Westzonen verhängten Berufsverbote gab es in Japan ebensowenig eine Entsprechung wie für die Schlüsselerfahrung von Verhaftung und Internierung. Dies gilt schließlich in besonderem Maße für die Tatsache, daß keiner der großen *zaibatsu*-Führer in Tokio spektakulär zur Anklage gebracht wurde, während sich 1947 bei einem der großen Nürnberger Nachfolgeprozesse zumindest 36 Direktoren und Firmenleiter des Flick-Konzerns, der IG-Farben und von Krupp gleichsam stellvertretend für die deutsche Wirtschaft vor ein internationales Gericht gestellt sahen. Damit dokumentierten

---

[41] R. Hartmann, Geschichte des modernen Japan, S. 217.
[42] Zahl, Die politische Elite, S. 191.
[43] Harries, Sheathing the sword, S. 204.
[44] Zahl, Die politische Elite, S. 189 ff.
[45] Zur Säuberungsstatistik beim „ökonomischen Personal" siehe Baerwald, The Purge, S. 91 f.
[46] Bericht des Statistischen Landesamtes über die Entnazifizierung der hessischen Wirtschaft bis zum 31. Mai 1946 (Auszug), in: Vollnhals, Entnazifizierung, S. 161.

die Amerikaner vor aller Welt, daß die deutschen Wirtschaftsführer nicht nur unter dem Zwang der Verhältnisse, sondern auch aus eigenem Expansions- und Profitinteresse selbständig Krieg und Verbrechen unterstützt hatten[47].

Die doch sehr unterschiedlichen Ergebnisse von Entmilitarisierung und Entnazifizierung wurzelten letztlich schon im differierenden Ansatz der amerikanischen Planungsstäbe für die Besetzung Deutschlands und Japans. Die meisten US-Deutschlandexperten waren deutschstämmige Amerikaner oder Emigranten, die „mit Deutschland hart ins Gericht" gingen und sich in geistes- und erziehungswissenschaftlichen sowie psychologischen Zirkeln fragten, ob diese Nation „vielleicht schon immer krank gewesen sei"[48]. Zwei Denkschulen sind dabei zu unterscheiden. Die „Maximalisten" deuteten den Nationalsozialismus als Folge einer pathologisch deformierten politischen Kollektivmentalität der Deutschen, hielten politische Säuberungen demzufolge für unzureichend und forderten die Auflösung „autoritärer" politischer, wirtschaftlicher und gesellschaftlicher Strukturen, damit Deutschland nie wieder als kapitalistische Großmacht in der Lage wäre, einen Krieg zu führen[49]. Kein geringerer als der unter Roosevelt ausgesprochen einflußreiche US-Finanzministers Henry Morgenthau zählte zu den prominentesten Anhängern dieser Richtung. Die „Minimalisten" dagegen – mit Schützenhilfe von Kriegsminister Henry Stimson und Justizminister Francis Biddle – plädierten dafür, die Entnazifizierung auf die oberste Führungsschicht der Nationalsozialisten zu beschränken und möglichst rasch das politische System der Weimarer Republik wiederherzustellen. So zerstritten die amerikanischen Deutschlandplaner in einzelnen Fragen auch waren, so sehr nahmen sie „das Schuldeingeständnis der Deutschen zunächst persönlich wichtig"[50].

Die US-Japanplaner dagegen ließen „den Aspekt der japanischen historischen und moralischen Schuld in all ihren Entwürfen unberücksichtigt."[51] Und zwar offensichtlich deshalb, weil es sich bei ihnen um Personen handelte, die über positive persönliche Bindungen an Japan verfügten. Sie waren darauf bedacht, ein günstiges Bild des Landes zu vermitteln, hatten indes „weder einen ausreichenden Abstand noch eine verwurzelte Nähe zu Japan"[52], um sich kritisch genug mit Fragen der Kriegsschuld zu befassen. Zudem hatte die Gruppe der – weißen angloamerikanischen – Japanexperten einen ausgesprochen homogenen Charakter, weil japanischstämmige Amerikaner sich entweder in Internierungslagern befanden oder zumindest

---

47 Vgl. Erker, Einleitung: Industrie-Eliten im 20. Jahrhundert, S. 9.
48 Hentschke, Demokratisierung als Ziel, S. 125.
49 Ebd., S. 69f.
50 Ebd., S. 125.
51 Ebd.
52 Ebd., S. 126.

aus Gründen rassischer Diskriminierung nicht herangezogen wurden. So war das Klientel derer, auf die seitens der US-Regierung für die Planungsaufgabe zurückgegriffen werden konnte, von vornherein sehr überschaubar und bot keine große Auswahl. Zwar mußten die Japanplaner zeitweilig erschreckt zur Kenntnis nehmen, daß Morgenthau ihre Konzepte einer indirekten Okkupation des Inselstaates durchkreuzen und eine ähnlich harte Politik wie für Deutschland durchsetzen wollte, doch gelang es ihnen, diese Strategie zu vereiteln. Zu Hilfe kam ihnen dabei schließlich auch das Ableben Roosevelts, unter dessen Nachfolger Truman Morgenthau nicht einmal mehr den Versuch unternahm, japanpolitisch zu intervenieren. Nach dem Tod von Roosevelt stand, so ist gesagt worden, „der Japan-Lobby nichts mehr im Weg"[53] – außer, so wäre hinzuzufügen, jenen, durch die politische Entwicklung in Ostasien indes bald widerlegten Kräften, die zunächst noch auf die (national-)chinesische Karte setzten.

Gegen allzu fundamentalistische Kritik an den Ergebnissen der Entmilitarisierung in Japan hat Hans H. Baerwald mit einigem Grund darauf hingewiesen, daß dem Erreichen demokratischer Ziele mit autoritären Methoden von vornherein Grenzen gesetzt seien[54]. Die deutlich weiter reichende Entnazifizierung in Deutschland liefert aber ein Gegenargument. Trotz unterschiedlicher Ausgangsbedingungen wäre auch in Japan mehr möglich gewesen, wenn die USA – und vor allem auch der Stab MacArthurs – nur den politischen Willen dazu gehabt hätten. Denn in keinem anderen Bereich der „Vergangenheitsbewältigung" kam es so wenig auf die erinnerungskulturellen Dispositionen des betroffenen Landes und so sehr auf die Direktiven der Besatzungsmacht an wie bei der personellen Säuberung.

[53] Ebd., S. 115.
[54] Baerwald, The Purge in Occupied Japan, S. 197.

VII. Umgang mit Kriegs- und Gewaltverbrechen nach dem Ende der Besatzungsherrschaft

Die aufgrund unterschiedlicher Rahmenbedingungen – und nicht zuletzt divergierender Wirkungen amerikanischer Politik – bereits während der Besatzungszeit sich öffnende Schere der „Vergangenheitsbewältigung" zwischen Japan und Westdeutschland ging nach 1949 bzw. 1952 immer mehr auseinander. Dies zeigte sich bei der weiteren, nun in nationaler Regie zu betreibenden justitiellen Ahndung von Kriegs- und Gewaltverbrechen, es zeigte sich ebenso in der Frage der Entschädigung der Opfer der Diktaturen und es zeigte sich schließlich im weiten Feld der politischen Kultur von den Formen der Erinnerung bis hin zu spezifischen Entwicklungen im (v. a. konservativen) Parteienspektrum. Der im folgenden näher zu explizierende Befund gilt unbeschadet dessen, daß sich die Konstellationen zunächst in einem anderen wichtigen Punkt sehr ähnelten: nämlich in dem fast schlagartig mit dem Ende der Besatzungszeit einsetzenden „Gnadenfieber" zu Gunsten der noch zu Tausenden inhaftierten, von alliierten Gerichten in Nürnberg, Tokio und bei den Nachfolgeprozessen verurteilten Kriegs- und Gewaltverbrecher. Allerdings war die Verlaufskurve in Deutschland doch nicht ganz so steil wie in Japan: „The Japanese people often viewed the convicted war criminals as martyrs while few in Germany did likewise"[1].

In Westdeutschland äußerte sich das „Gnadenfieber" in einem der ersten Gesetze, die der Bundestag überhaupt beschloß. Unter die zu Silvester 1949 verkündete „Bundesamnestie" für Vergehen vor dem 15. September 1949, die mit Gefängnis bis zu sechs Monaten bestraft werden konnten, fielen auch etliche Straftäter aus der NS-Zeit[2]. 1954 wurde der Kreis der Amnestierten in einem zweiten Straffreiheitsgesetz erweitert: auf „Taten des Zusammenbruchs" zwischen dem 1. Oktober 1944 und dem 31. Juli 1945", die mit einer Freiheitsstrafe bis zu drei Jahren bedroht waren. Höhere Temperaturen erreichte das „Gnadenfieber" in der Frage der Strafmilderung bzw. -umwandlung für eine Reihe von – jetzt landläufig so genannten – „kriegsverurteilten" Generälen, aber auch SS-Einsatzgruppenleitern. Kirchen und Parteien zogen hier meist an einem Strang und entsprachen damit den Erwartungen einer Bevölkerung, die einen Schlußstrich unter alles ziehen

---

[1] Mendelsohn, War Crimes Trials, S. 259.
[2] Vgl. hierzu Frei, Vergangenheitspolitik, der das Straffreiheitsgesetz für „symbolisch hochbedeutend" (S. 398) hält.

wollte, was auch nur im entferntesten nach der als völlig mißlungen geltenden Entnazifizierung roch. Den heftigsten Protest löste der in diesen Fragen bis zum Inkrafttreten des Deutschlandvertrags 1955 und der Erlangung der (bundes-)deutschen Souveränität noch zuständige amerikanische Hohe Kommissar John McCloy durch die Freilassung von Alfried Krupp aus. Krupp war vor allem auch für die Oppositionsparteien in den westlichen Nachbarländern geradezu die Personifikation der verbrecherischen Kriegsindustrie des Dritten Reiches. Die letzten deutschen Gefangenen wurden – abgesehen von einigen Nürnberger Hauptkriegsverbrechern – schließlich im Frühsommer 1958 aus der Haft entlassen[3].

Im gleichen Jahr, Ende Dezember 1958, setzte Tokio auch die letzten japanischen Kriegsverbrecher der Kategorien B und C, die nach dem Friedensvertrag von San Francisco ins Sugamo-Gefängnis verbracht worden waren, gegen Kaution auf freien Fuß[4]. § 11 des Friedensvertrages hatte zwar festgelegt: „Japan akzeptiert die Urteile des Internationalen Militärtribunals für den Fernen Osten und anderer Alliierter Kriegsverbrechergerichte innerhalb und außerhalb Japans und wird die dort ausgesprochenen Strafen gegen die in japanischer Haft befindlichen japanischen Staatsangehörigen vollziehen"[5]. Doch bald nach Inkrafttreten des Vertrages 1952 kamen Petitionen zur Strafmilderung oder Freilassung von inhaftierten Kriegsverbrechern aus allen Teilen des Landes. Bis Ende 1953 waren 30 Millionen (!) Unterschriften gesammelt worden, die den Großveranstaltungen zur Freilassung der Kriegsverbrecher entsprechenden Nachdruck verliehen[6]. Die japanische Regierung stellte sich nun auf den Standpunkt, die fraglichen Täter nicht als „Kriminelle im Sinne des nationalen Rechts"[7] zu betrachten, revidierte Gesetze zum Strafvollzug und zur Strafmilderung und versuchte die Anforderungen an eine Freilassung auf Bewährung niedriger zu schrauben. Die USA sahen in diesen Maßnahmen zwar einen Verstoß gegen den Friedensvertrag und sprachen sich auch im Hinblick auf die damals noch in Amerika inhaftierten deutschen Kriegsverbrecher gegen Bewährungsstrafen aus. Über die nicht mit letztem Nachdruck erhobenen Bedenken konnte sich die Regierung in Tokio aber hinwegsetzen.

Rasch ergriff sie jetzt Maßnahmen zur Rehabilitierung von Kriegsverbrechern, indem sie das Verbot der Bekleidung öffentlicher Ämter, der Ausübung des Wahlrechts und sogar des Bezugs von Pensionen für diesen Personenkreis aufhob. Die ganze Tragweite des Vorgangs erschließt sich erst, wenn man bedenkt, daß die im November 1945 vom SCAP angeordnete „Abschaffung der Militärpensionen" von den USA als wesentliche Maß-

---

[3] Vgl. Reichel, Vergangenheitsbewältigung, S. 117–120.
[4] Awaya, The Tokyo Trials, S. 54.
[5] Fujita, War Crimes in the Pacific War and the Problem of Compensation, S. 61.
[6] Hicks, Japan's War memories, S. 23.
[7] Ebd.

VII. Umgang mit Kriegs- und Gewaltverbrechen

nahme zur Befreiung vom Militarismus verstanden worden war, hatten doch bislang die im Vergleich zu zivilen Beamten äußerst großzügig bemessenen Soldatenpensionen für viele Japaner einen wichtigen materiellen Anreiz zum Soldatenberuf geboten[8]. Durch eine Änderung des Unterstützungs- und Pensionsgesetzes, das den Bezug von Pensionen ab einer Haftstrafe von über drei Jahren versagt hatte, wurden nun die von alliierten Gerichten verurteilten Kriegsverbrecher der Kategorien A, B und C binnen weniger Jahre versorgt. 1953 verlieh man „denjenigen Personen, gegen die durch den Oberbefehlshaber der Alliierten ein Schuldspruch verhängt worden war, sowie ihren Angehörigen als (allgemeine) Ausnahme das Recht bzw. die Eignung zum Bezug von Pensionen (…)"[9]. Durch weitere Gesetzesänderungen – ebenfalls in offensichtlichem Verstoß gegen § 11 des Friedensvertrages – wurden 1954 sogar den Angehörigen von Personen, die als Kriegsverbrecher hingerichtet worden oder in der Haft gestorben waren, „Fürsorgegelder" gewährt bzw. mittels einer Novellierung 1955 festgelegt, die Haftzeit auf die Dienstjahre anzurechnen und für in der Haft erlittene Gesundheitsschäden eine „Invalidenrente im öffentlichen Dienst" zu gewähren.

Auch wenn die japanische Gesetzgebung nicht in allen Details der deutschen glich – so war etlichen Hauptschuldigen in der Bundesrepublik noch Ende der 1950er Jahre das passive Wahlrecht verwehrt –, so ist doch zu konstatieren, daß sich die gesamtgesellschaftliche Stimmung für eine Bewältigung jener Art von „Vergangenheitsbewältigung", die in den ersten Nachkriegsjahren die Alliierten durchgeführt hatten, stark ähnelte. Man denke nur an die skandalträchtige einstimmige Entscheidung des Bundestagsausschusses für Kriegsopfer- und Kriegsgefangenenfragen, den im Regierungsentwurf zum Bundesversorgungsgesetz ursprünglich enthaltenen Ausschlußtatbestand in bezug auf Hinterbliebene führender Nationalsozialisten wieder zu streichen[10]. So gesehen mutet es fast erstaunlich an, daß die Bundesrepublik auf eine Verfolgung von Kriegs- und Gewaltverbrechen, die aus unterschiedlichen Gründen noch nicht zur Anklage gebracht worden waren oder erst jetzt ruchbar wurden, nicht einfach verzichtete, sondern sich dieser schmerzlichen Aufgabe prinzipiell stellte. Auch wenn es dabei im Justizapparat heftig knirschte, griffen letztlich doch – anders als in Japan – die Mechanismen des Rechtsstaates. Dieser Befund gilt auch dann, wenn man in Rechnung stellt, daß es im deutschen Fall noch häufiger nicht um „herkömmliche" Kriegsverbrechen und Verletzungen der Kriegsgebräuche ging, sondern um „Verbrechen gegen die Menschlichkeit"[11].

---

[8] Tanaka, Japans Nachkriegsverantwortung, S. 390 ff.
[9] Zit. nach ebd., S. 394 f.
[10] Zu den parlamentarischen Auseinandersetzungen, die sich später daran knüpften, vgl. Verhandlungen des Deutschen Bundestages, 22. Januar 1959, S. 3057–3075.
[11] Zum Verhältnis von Kriegsverbrechen und Verbrechen gegen die Menschlichkeit vgl.

VII. Umgang mit Kriegs- und Gewaltverbrechen

Zu den gravierendsten Unterlassungen der bundesdeutschen Justiz zählte es, daß kein einziger Richter des Freislerschen Volksgerichtshofes für die Terrorurteile dieses Scheingerichts letztinstanzlich verurteilt worden ist. Man kann sich aber dennoch fragen, ob es im Blick auf die Aufklärung über das Dritte Reich und die normative Distanzierung von ihm nicht entscheidender war, daß überhaupt auch nach Gründung der Bundesrepublik noch jahrzehntelang zahlreiche nationalsozialistische Gewaltverbrechen verfolgt wurden[12]. Dies konnte wohl nur im Rahmen eines Justizdienstes geschehen, an dessen Spitze so gut wie „ausnahmslos neue Männer, neue Kräfte" als Richter und Staatsanwälte traten, auch wenn das Personal insgesamt weitgehend das Gleiche blieb und ein demokratisch-rechtsstaatlicher Justizapparat nicht über Nacht zu generieren war[13]. Gewiß ging die Zahl der erstatteten Anzeigen seit 1950 deutlich zurück, sowohl infolge des ersten Straffreiheitsgesetzes, das minderschwere Vergehen von der Verfolgung ausnahm, aber auch aufgrund praktischer Hemmnisse wie der Überlastung der Staatsanwaltschaften „mit der Bewältigung der aktuellen Alltagskriminalität"[14] oder des Territorialitätsprinzips, wonach die Staatsanwälte nur dann die Strafverfolgung aufnehmen konnten, wenn bekannt wurde, daß sich ein Beschuldigter in ihrem Zuständigkeitsbereich aufhielt. Und auch das gesellschaftliche Klima war, wenngleich von Verdrängung nicht pauschal die Rede sein konnte, in den Jahren von Wiederaufbau und Wiederbewaffnung doch so beschaffen, daß es zumindest Verdrängungstendenzen gab, daß die eigenen gegenwärtigen Probleme im Mittelpunkt standen und eben nicht das Bedürfnis, mehr Licht in das Dunkel der Geschehnisse um die Judenvernichtung zu bringen oder gar die Rolle der jetzt wieder so dringend benötigten deutschen Soldaten peinlich genau zu beleuchten.

Dennoch kam es auch im Zeitraum von 1950 bis 1958 zu „eine[r] Reihe aufsehenerregender Prozesse" in Sachen nationalsozialistischer Tötungsverbrechen z. B. in den Konzentrations- bzw. Vernichtungslagern Buchenwald, Neuengamme, Flossenbürg, Auschwitz und Treblinka. Fast alle diese Verfahren endeten mit hohen Zuchthaus- oder Gefängnisstrafen[15]. Zusammen mit den zwischen 1950 und 1958 ergangenen 280 Strafurteilen waren bis 1958 von deutschen Gerichten insgesamt fast 6000 Personen als NS-Verbrecher verurteilt worden, was die Fehleinschätzung beförderte, das Problem

---

Manske, Verbrechen gegen die Menschlichkeit, S. 63 f., sowie Artzt, Zur Abgrenzung von Kriegsverbrechen und NS-Verbrechen.

[12] So schon Broszat, Siegerjustiz oder strafrechtliche „Selbstreinigung", S. 543. Insofern kann man sich fragen, ob es – wie etwa Wolfgang Benz meint – wirklich symptomatisch gewesen ist, daß das Thema der Verjährung der NS-Verbrechen nur „jeweils aus formaljuristischem Anlaß" 1960, 1965, 1969 und 1979 auf die Tagesordnung kam. Benz, Zum Umgang, S. 54.

[13] Richterleitbilder ließen sich eben nur „über lange Zeiträume" ändern. Vgl. Kißener, Zwischen Diktatur und Demokratie, S. 322 (mit zustimmendem Bezug auf Max Güde) u. S. 324.

[14] Rückerl, NS-Verbrechen vor Gericht, S. 45.

[15] Ebd., S. 135 f.

VII. Umgang mit Kriegs- und Gewaltverbrechen

der justitiellen „Vergangenheitsbewältigung" sei weitgehend gelöst. Deshalb bewirkte der Ulmer Einsatzgruppenprozeß gegen ehemalige SD- und Gestapo-Angehörige, der erstmals Täter wegen Massenexekutionen (von 4000 Juden in Litauen) zur Verantwortung zog, 1958 nachgerade einen Schock[16]. Justizminister und -senatoren beschlossen jetzt die Einrichtung einer Zentralen Stelle der Landesjustizverwaltungen in Ludwigsburg, die auch die Voraussetzungen dafür schuf, daß Gewaltverbrechen weiterer Einsatzgruppen und Einsatzkommandos der Sicherheitspolizei und des SD in den Konzentrations- und Zwangsarbeitslagern und den Ghettos im Osten aufgeklärt werden konnten. Die vielbeachteten Verfahren wie der Frankfurter Auschwitz- oder der Majdanek-Prozeß, die in der Folgezeit eingeleitet wurden, bildeten „vielleicht das Herzstück deutscher Vergangenheitsbewältigung"[17]. Ein Forschungsprojekt des Instituts für Zeitgeschichte, das sämtliche Verfahrensakten deutscher Justizbehörden in Sachen NS-Verbrechen zu inventarisieren sucht, schätzt die Zahl der Ermittlungsverfahren auf 30000 bis 40000[18].

Daß die Justizpolitik der Bundesrepublik trotz der geringen Popularität dieser Maßnahmen entsprechende Strukturen schuf, wenn auch spät, „nicht aus besonderer Überzeugung" und weiterhin mit „pragmatischen Rücksichtnahmen"[19], aber wesentlich doch aus eigener Initiative und nicht unter Druck von außen[20], wirkt im Vergleich zur Rechtspraxis in Japan um so bemerkenswerter. Dort kam die Strafverfolgung nach 1952 ganz zum Erliegen und wurde auch nie wieder aufgenommen, so daß zahlreiche notorische Kriegsverbrecher unbehelligt blieben. Genannt sei nur der Generalstäbler und „Gott der Strategie" Tsuji Masanobu, der direkt an Massakern auf den Philippinen und in Singapur beteiligt war, sich aber in den Jahren nach 1945 als Militärberater der Nationalchinesen den Kriegsverbrecherprozessen zu entziehen gewußt hatte[21]. Der Hinweis der japanischen Justizpolitik auf das Fehlen von Dokumenten (etwa über Mord und Folterungen durch die Militär- und Geheimpolizei) und die daraus resultierende Unmöglichkeit der Tatsachenermittlung war eher vorgeschoben[22]. Zur Klärung des Sachverhalts gilt es vielmehr, den Zusammenhang zwischen der Behandlung der Kriegsverbrechen und der allgemeinen Denkweise der Japaner über das Rechtswesen in den Blick zu nehmen.

---

[16] Steinbach, Nationalsozialistische Gewaltverbrechen, S. 46.
[17] Reichel, Vergangenheitsbewältigung, S. 10.
[18] Wengst, Die rechtliche Ahndung von NS-Verbrechen, S. 15.
[19] Pauli, Die Zentrale Stelle, S. 62. Zu den politischen Widerständen gegen die Zentrale Stelle und zu ihrer Überwindung vgl. auch Fleiter, Die Ludwigsburger Zentrale Stelle, S. 259f.
[20] Nach Weinke, Die Verfolgung von NS-Straftätern, S. 83, war es vor allem dem Generalstaatsanwalt von Baden-Württemberg sowie der Ulmer Staatsanwaltschaft zu verdanken, daß damals eine große justizpolitische Debatte in Gang kam.
[21] Hicks, Japan's War memories, S. 24.
[22] Vgl. Nakai, Die „Entmilitarisierung", S. 12.

Trotz der Adaption römischen Rechts, das im Zuge der Öffnung des Landes (über die preußische Verfassung und das deutsche BGB) auf die Insel gekommen war, blieb die kontinentaleuropäische Rechtsauffassung der japanischen Denkungsart auch nach 1945 einigermaßen fremd. So genügten etwa für 120 Millionen Einwohner 11 000 Anwälte, während Westdeutschland bei 60 Millionen Einwohnern 36 000 Advokaten zählte, also nicht ein Anwalt auf 11 000 Bürger entfiel wie in Japan, sondern einer auf 1700[23].

Wegen der niedrigen Kriminalitätsrate in der japanischen Gesellschaft zeigt sich die Justiz traditionell vergleichsweise tolerant bei der Strafzumessung. Die Zahl der Gefängnisse ist entsprechend niedrig. Anklage wird meist ohnehin nur wegen schwerer Verbrechen erhoben, und selbst dann ist staatliche Toleranz möglich, wenn klar ist, daß der Verbrecher schon in seiner Gemeinschaft „inoffiziell sanktioniert wurde" und bitter bereut[24]. Der Schuldvorwurf hängt also von einer Gemeinschaft ab, gegen deren Normen ein Täter zu verstoßen hat, andernfalls ist er nicht zu tadeln, sondern findet unter Umständen eher Mitleid. Da die Kriegsverbrechen aber nicht innerhalb der japanischen Gemeinschaft, sondern in anderen asiatischen Ländern verübt wurden, waren solche Schäden gleichsam „für Japaner unsichtbar"[25]. In der japanischen Gesellschaft, so hat der Tokioter Strafrechtler Ida Makato präzisiert, existiere keine Vorstellung von der Person als Individuum im westlichen Sinne, sondern hänge das Verhalten der Person immer von ihrer gleichsam als Kollektivsubjekt verstandenen Gemeinschaft ab, weshalb ihr auch der auf eine einzelne Person zielende Schuldvorwurf des modernen westlichen Strafrechts fremd sei. Japan sei, so auch der Erklärungsansatz von Florian Coulmas, gleichsam eine „Gesellschaft mit beschränkter Haftung", weil die Verantwortung des Einzelnen für sein Tun eine sehr viel geringere Rolle spiele als in der europäischen Tradition und individuelle Ansprüche gemeinhin dem Gebot der „rituellen Harmonie" unterstellt seien[26].

Der von Ida auf einem deutsch-japanischen Symposium 1999 vorgetragene Argumentationsgang gewinnt an Erklärungskraft, wenn man die national-spezifischen Umgangsformen mit Verbrechen und Schuld reflektiert, wie sie im übrigen auch der amerikanischen Besatzungsmacht durch das 1946 in Boston erschienene, sofort zum Klassiker avancierende Buch der Kulturanthropologin Ruth Benedict „The Chrysanthemum and the sword" bereits präsent waren. „The Japanese were the most alien enemy the United States had ever fought in an all-out struggle", so lautete die gleich im ersten

---

[23] Vahlefeld, Japan, S. 43.
[24] Ida, Strafverfolgung und Schuldauffassung der Japaner, S. 106.
[25] Ebd., S. 112.
[26] Auch am Verhältnis zwischen Regierung und Opposition zeige sich immer wieder die Unfähigkeit, den Konflikt als inhärenten Bestandteil des demokratischen Systems zu begreifen. Vgl. den Vorspann des Buches von Coulmas, Das Land der rituellen Harmonie.

VII. Umgang mit Kriegs- und Gewaltverbrechen

Satz der Studie verdichtete, politisch relevante Quintessenz[27]. Kein anderer Abschnitt des Buches erregte dabei so viel Aufmerksamkeit wie die Behandlung des Themas Schuld und Scham. Im Unterschied zu Gesellschaften mit ausgeprägter Schuldkultur – wie etwa der amerikanisch-puritanischen –, die absolute moralische Standards ausbildeten und darauf bauten, daß ihre Menschen ein entsprechendes Gewissen entwickelten, stünden Kulturen wie die japanische, in denen „Scham die wichtigste Sanktion" darstelle. Handlungen, bei denen „wir erwarten würden, daß die Menschen Schuld darüber empfinden", lösten dort nur – unter Umständen sehr starken – Ärger („chagrin") aus. Diese Art von Ärger und Scham könnten, anders als Schuld, auch nicht durch Beichte und Sühne gelindert werden. Denn „Schamkulturen" verfügten über keine (religiösen) Instrumentarien zur Beichte, weder einem Priester und noch nicht einmal den Göttern gegenüber; ihre Zeremonien seien eher auf das Erreichen von Glück, denn von Buße ausgerichtet. Anders als „echte Schuldkulturen", die sich auf eine „internalized conviction of sin" stützten, seien „echte Schamkulturen" auf „external sanctions for good behaviour" angewiesen[28], zumal den Japanern die Vorstellung einer Reinkarnation, die von den Verdiensten im derzeitigen Leben abhänge, ebenso fremd sei wie der Glaube an eine anderweitige Belohnung oder auch Bestrafung im Jenseits von Himmel und Hölle.

Infolgedessen neige die Mehrheit der Japaner dazu, über die schreckliche Vergangenheit zu schweigen, und vor allem wolle sie, „daß auch die anderen schweigen, denn es geht nicht um Schuld in den Augen Gottes, sondern um öffentliche Schande, um Peinlichkeit, um ‚Wahrung des Gesichts'".[29] Die extreme Rechte des Landes stand jedenfalls ständig bereit, um Angriffen auf das, was sie unter japanischer Ehre verstand, auch mit Gewalt zu begegnen, etwa beim Attentat auf den zurückgetretenen LDP-Premier Kishi Nobusuke 1960, der einem ultranationalistischen Fanatiker politisch immer noch nicht konservativ genug gewesen zu sein schien[30], oder noch im Januar 1989, als ein Rechtsradikaler dem Bürgermeister von Nagasaki, Motoshima Hitoshi, in den Rücken schoß; dieser hatte auf eine kommunistische Anfrage im Stadtrat hin keinen Hehl aus seiner Überzeugung gemacht, der – gerade im Sterben liegende – Tennô sei für den Krieg verantwortlich gewesen. Obwohl die Rechtsradikalen bereits Wochen vor dem Anschlag von Lautsprecherwagen herunter den Tod des Bürgermeisters als „göttliche Rache" gefordert hatten, war ihm wegen der von konservativen Abgeordneten

---

[27] Benedict, The Chrysanthemum.
[28] Ebd., S. 223.
[29] Buruma, Erbschaft, S. 321. Schuld einzugestehen, so hat Florian Coulmas präzisiert, sei der erste Schritt zur Erlösung, für Scham gebe es aber keine Instanz der Absolution: „Man kann allein hoffen, daß die Gründe der Beschämung in Vergessenheit geraten". Coulmas, Japanische Zeiten, S. 173.
[30] Hicks, Japan's War Memories, S. 22.

monierten Kosten Polizeischutz verwehrt worden. Der zur christlichen Minderheit zählende Motoshima hatte sich, wie ihm ein Shintô-Priester in einem Brief auch vorwarf, offensichtlich nicht wie ein Japaner verhalten. Auch der Getroffene selbst wies nach seiner Genesung von dem Lungendurchschuß darauf hin, daß er eine andere Moral vertrete als die meisten seiner Landsleute, wenn er die nationale Verantwortung für das barbarische Verhalten im Krieg nicht abweise. Die Frage individueller Verantwortung sei eine Frage der (christlichen) Religion, die sich in einer shintôistischen, von der Natur beherrschten Welt indes gar nicht stelle[31].

Läßt man sich trotz mancher Bedenken von der etwas mechanistischen kulturanthropologischen Interpretation anregen[32], so scheint einsichtig, daß im christlich-abendländischen Deutschland auch von den religiösen Mentalitäten her jedenfalls günstigere Voraussetzungen zur „Vergangenheitsbewältigung" durch Strafverfolgung vorlagen als im shintôistisch geprägten Japan. Und diese höhere Disposition wurde durch größeren Druck von außen noch verstärkt, während Japan, das „äußerer Sanktionen" aufgrund seiner „Schamkultur" eigentlich noch viel dringender bedurft hätte, davon – wie dargelegt – viel freier blieb. Offensichtlich aber orientierte sich die amerikanische Asienpolitik mehr noch als an kulturanthropologischen Erkenntnissen über japanische Nationalkultur an den Realitäten des Kalten Krieges. Und so konnte die ausbleibende Ahndung von Kriegsverbrechen auch für die japanische Außenpolitik ein erstaunlich marginales Problem bleiben.

---

[31] Buruma, Erbschaft, S. 317–324.
[32] Buruma, ebd., S. 150, fragt zurecht, ob sich zwischen Schuld und Schande so einfach unterscheiden lasse. Angesichts der buddhistischen Traditionselemente Japans wäre zudem zu diskutieren, wie weit Benedicts Argumentation trägt, den Japanern sei die Vorstellung von einer Reinkarnation ganz fremd. Zur Kritik an Benedikt vgl. auch Doi, Amae. Freiheit in Geborgenheit, S. 59. Danach wäre es töricht anzunehmen, die Japaner kennten kein Schuldgefühl, aber es zeige sich am stärksten, wenn ein Individuum das Gefühl habe, daß seine Handlungen die Gruppe verrieten, zu der es gehört.

VIII. „Wiedergutmachung"

Zählten zu den Opfern des Dritten Reiches neben Millionen Ausländern auch eine große Zahl von Angehörigen des eigenen Staates aus der jüdischen Bevölkerungsgruppe oder aus dem Widerstand, so waren vom japanischen Ultranationalismus in allererster Linie Menschen fremder Länder an Leib und Leben geschädigt worden. Deshalb war die für die bundesrepublikanische „Wiedergutmachung"[1] charakteristische Mischung aus außen- und innenpolitischen Bezügen in Nippon so nicht anzutreffen, sondern stellte sich die Entschädigung sehr viel eindeutiger als ein Problem der internationalen Beziehungen dar. Einheimische koreanische oder taiwanesische Kriegsopfer aus den ehemaligen Kolonien, die nach der Kapitulation 1945 die japanische Staatsbürgerschaft verloren hatten, wurden in dem 1952 erlassenen Gesetz zur Unterstützung der (japanischen) Kriegsopfer und ihrer Angehörigen mittels einer Nationalitätsklausel von vornherein aus dem Kreis der Anspruchsberechtigten ausgegrenzt.

Als noch problematischer erwies sich, daß von der Friedenskonferenz in San Francisco 1951 ausgerechnet Vertreter des chinesischen Volkes, das am meisten unter der japanischen Kriegführung gelitten hatte und die größten Entschädigungsansprüche besaß, ausgeschlossen blieben. Dazu geführt hatten Meinungsverschiedenheiten zwischen Großbritannien, das die Volksrepublik China anerkannt hatte, und den USA, die zwischenzeitlich auf das nationalchinesische Regime des nach Taiwan geflohenen Jiang Kaishek setzten[2]. So mußten die Regierungen Nationalchinas und Japans 1952, von den USA auf einem Höhepunkt des Koreakonflikts zur Einigung gedrängt, einen bilateralen Friedensvertrag schließen, der für die chinesische Seite ausgesprochen ungünstig ausfiel. Als Taiwan Reparationen auch für das chinesische Festland als eine Frage der nationalen Würde auf die Agenda brachte, zog Japan die Zuständigkeit des Jiang-Kaishek-Regimes für Gesamtchina in Zweifel. Am wundesten Punkt getroffen gab Taipeh nach und erklärte im Abschlußprotokoll: „Als Ausdruck seiner Großzügigkeit und seines guten Willens gegenüber dem japanischen Volk verzichtet [Taiwan] aus eigenem

---

[1] Zur bekannten Problematik des Begriffes vgl. am besten die abwägende Darstellung von Hockerts, Wiedergutmachung, S. 167 ff.
[2] Zum Verhältnis britischer und amerikanischer Japanpolitik Buckley, Occupation Diplomacy; speziell zum Ringen um den Friedensvertrag, S. 159–183. Hierzu auch Yoshitsu, Japan and the San Francisco Peace Settlement.

Antrieb auf die Erträge der von Japan zu erbringenden Dienstleistungen"[3]. Für Tokio waren damit sämtliche im Zusammenhang mit dem Krieg stehende Fragen zwischen Japan und China abschließend geklärt. Schuldgefühle gegenüber dem von allen Nachbarn historisch am engsten mit Japan verbundenen Land kamen lediglich bei wenigen Intellektuellen auf[4].

Die Verdrängung des dunkelsten Kapitels in der Geschichte der beiderseitigen Beziehungen wurde auf der anderen Seite auch dadurch begünstigt, daß die Regierung in Peking selbst etwa die Veröffentlichung eines Manuskripts unterband, das Historiker an der Universität Nanking 1962 vorgelegt hatten. Rotchina hatte sich eben erst vom jüngsten ausländischen Einfluß befreit – dem der Sowjetunion, die das große Nachbarland ihrem Machtblock so weit wie möglich einzuverleiben trachtete. Ziel der Politik Pekings war es infolgedessen, die chinesische Bevölkerung mit Stolz auf ihre Nation zu erfüllen, statt den Fokus der Aufmerksamkeit auf eine Zeit der nationalen Schwäche zurückzulenken[5]. Hinzu kam der marxistischer Ideologie geschuldete Wille, die Geschichte Chinas vor 1949 mit der Brille des Klassenkampfes zu betrachten, wobei vor allem die unter der nationalistischen Regierung herrschenden Klassen der Großgrundbesitzer und Kapitalisten das – innerchinesische – Feindbild abgaben, während nationale Konflikte mit ausländischen Mächten demgegenüber eher zweitrangig waren[6].

China stellt insofern einen Sonderfall dar, als Japan mit den meisten übrigen Hauptgeschädigten des Ostasiatisch-Pazifischen Krieges zumindest in der einen oder anderen Art Entschädigungsabkommen traf. Grundlage dessen war der von amerikanischer Seite mit großer Nachsicht gegenüber Japan ausgehandelte Friedensvertrag von San Francisco, der in Artikel 14 zwar festhielt, daß das Land „den Alliierten für die im Krieg verursachten Schäden und Leiden Reparationen zu zahlen hat", die Verpflichtung jedoch zugleich dadurch relativierte, daß, „wenn man davon ausgeht, daß eine existenzfähige Wirtschaft aufrecht zu erhalten ist, Japans Ressourcen derzeit nicht ausreichen, um Reparationen für die oben erwähnten Schäden und Leiden vollständig zu leisten und gleichzeitig andere Schulden zurückzuzahlen"[7].

Die ersten, bereits 1951/52 erhobenen Forderungen Indonesiens und der Philippinen in Höhe von 18 bzw. 8 Billionen US-Dollar konnte Japan vor

---

[3] Zit. nach Tanaka, Japans Nachkriegsverantwortung, S. 401.
[4] Olson, Japan in Postwar Asia, S. 100.
[5] Eykholt, Chinese Historiography, S. 25.
[6] Yang, The Malleable and the Contested, S. 54.
[7] Zit. nach Tanaka, Japans Nachkriegsverantwortung, S. 398. Zur Bedeutung von San Francisco für die japanischen Reparationen vgl. auch Seiffert, Die Reparationen Japans, S. 129 ff. Die Studie orientiert sich im übrigen vor allem an der Fragestellung internationaler technisch-wirtschaftlicher Zusammenarbeit, ohne die – sogenannten – „psychologischen" Probleme der „Vergangenheitsbewältigung" zu vertiefen, und kommt infolgedessen zu einem ausgesprochen positiven Befund der japanischen Entschädigungspolitik.

diesem Hintergrund leicht zurückweisen, entsprachen doch bereits die 8 Billionen ungefähr dem dreifachen des japanischen Haushalts im Jahr 1954. Erst als die innerparteiliche Opposition gegen den langjährigen konservativen Premierminister Yoshida den Fehlschlag der bisherigen Reparationsverhandlungen als Argument gegen ihn einsetzte und in dieser Situation im Sommer 1954 eine birmesische Delegation nach Tokio reiste, kam Bewegung in die Sache. Im Frühjahr 1955 konnte eine Vereinbarung über Reparationen und reparationsähnliche Zahlungen in Höhe von 250 Millionen Dollar ratifiziert werden[8].

Yoshidas Nachfolger setzten nun verstärkt auf ökonomische Kooperation mit Südostasien, um damit die Grundlagen für eine politische Stabilisierung der Region zu verbessern. Spätestens auf der afro-asiatischen Konferenz in Bandung, wo die blockfreien Staaten im April 1955 erstmals versuchten, das weltpolitische Gewicht der Dritten Welt zu erhöhen, wurden die dort hingereisten Politiker und Wirtschaftsführer aus Japan in der Auffassung bestärkt, daß eine zu ausschließliche Anlehnung an die USA sie als „gelbe Amerikaner"[9] verdächtig machte, daß es mithin galt, auch eigene Anstrengungen zu unternehmen, um den während des Weltkrieges angerichteten außenpolitischen Scherbenhaufen zu beseitigen und nicht als „Neokolonialisten" zu erscheinen.

Einen wichtigen Schritt in diese Richtung markierte im Sommer 1956 das Reparationsabkommen mit den Philippinen, wo die antijapanische Stimmung aufgrund der Ereignisse während des Krieges mit am stärksten war. Vereinbart wurden Reparationsgüter in Höhe von 500 Millionen Dollar über einen Zeitraum von 20 Jahren, dazu technische Dienstleistungen im Wert von 30 Millionen sowie 20 Millionen für Kriegswitwen und -waisen. Auf den Vertrag mit den Philippinen, an die insgesamt die mit Abstand größte Summe gezahlt wurde, folgten in den 1950er Jahren noch Abkommen mit Indonesien (1958) und mit einigen weniger stark geschädigten Ländern wie Laos (1958), Kambodscha (1959) und Südvietnam (1959). In der zweiten Hälfte der 1960er Jahre kamen weitere kleinere Staaten wie Malaysia und Singapur hinzu. Von wenigen Ausnahmen abgesehen wurden die Kriegsopfer außerhalb Japans also nicht individuell entschädigt, sondern nur indirekt durch Globalbeträge an die Regierungen und den Verzicht auf japanische Vermögen im Ausland. Die dabei geleistete Wirtschaftshilfe wie z. B. der Bau von Staudämmen oder Eisenhüttenwerken kam obendrein der wirtschaftlichen Expansion Japans in die asiatischen Nachbarländer zugute.

Als besonders schwierig erwies sich die vertragliche Regelung mit Südkorea, die erst nach langem Ringen 1965 zustande kam. Südkorea war zwar (ebenso wie Nordkorea) nicht zur Friedenskonferenz nach San Francisco

---

[8] Olson, Japan in Postwar Asia, S. 16f., 22.
[9] Ebd., S. 24.

eingeladen worden und konnte bei den USA auch kaum Unterstützung für seine Reparationsforderungen an Japan (wie die Rückgabe aller Goldreserven und Kunstgüter oder die Zahlung ausstehender Löhne für koreanische Zwangsarbeiter) finden, die mittelbar praktisch vom amerikanischen Steuerzahler hätten geleistet werden müssen. Allerdings lag den USA viel an einer Klärung der – durch die sogenannte MacArthur-Linie nur provisorisch geregelten – hochbrisanten maritimen Grenz- bzw. Fischereifragen zwischen seinen beiden engsten Klienten in der Region, so daß sie der Aufnahme separater Verhandlungen zwischen Tokio und Seoul noch im Herbst 1951 zustimmten. Weitere Streitpunkte waren die Rechtsstellung der in Japan verbliebenen 600 000 Koreaner und die Frage, ob der Vertrag von 1910 über die Annexion Koreas durch Japan ex tunc oder nur ex nunc als ungültig anzusehen sei. Als die Verhandlungen nicht vorankamen, ja die Spannungen nach der Verhaftung von über tausend japanischen Fischern durch Südkorea eskalierten, bemühten sich die USA um das Zustandekommen eines inoffiziellen Treffens zwischen Premier Yoshida und dem südkoreanischen Präsidenten Syngman Rhee im Januar 1953, das aber nur die Tiefe des Grabens zwischen den Nachbarländern und deren Hauptursache, das mangelnde Schuldbewußtsein der Japaner, demonstrierte. Rhee, im Guerillakrieg gegen die japanische Besatzungsmacht sozialisiert und zu einem leidenschaftlichen Nationalisten geworden, verlangte von Yoshida eine Entschuldigung für die japanische Kolonialherrschaft, stieß bei diesem aber auf fast völlig taube Ohren[10].

Schob Yoshida die Verantwortung für die ultranationalistische Vergangenheit im Gespräch mit Rhee eher defensiv einfach auf „die Militärcliquen" ab, so enthüllte der japanische Delegationsführer bei einer weiteren Verhandlungsrunde im Oktober 1953, Kubota Kan'ichirō, ohne jede diplomatische Schminke den Standpunkt Tokios und breitete ein Panorama der kolonialen Wohltaten aus: Japan habe in Korea die kahlen Hügel aufgeforstet, Bewässerungsanlagen errichtet und dadurch die Reisproduktion erhöht, Eisenbahnen, Straßen und Schulen gebaut, also insgesamt gewaltige Gelder in Korea investiert. Um den Pelion auf den Ossa zu türmen, behauptete Kubota auch noch, die alliierten Deklarationen von Kairo und Potsdam über die „Versklavung des koreanischen Volkes" seien unbedacht, „in der Hitze des Gefechts"[11] formuliert worden, und wiederholte dies – um an der Ernsthaftigkeit seiner Thesen keinen Zweifel aufkommen zu lassen – wenig später noch einmal im Oberhaus. Tatsächlich hatte Kubota nur einer in der japanischen Bevölkerung weit verbreiteten Auffassung Ausdruck verliehen, die etwa auch der Gouverneur von Nagasaki 1955 in die Frage kleidete:

---

[10] Vgl. Fuhrt, Erzwungene Reue, S. 51–54, sowie Olson, Japan in Postwar Asia, S. 103.
[11] Fuhrt, Erzwungene Reue, S. 55.

VIII. „Wiedergutmachung"

„Warum können die Koreaner Japan gegenüber nicht so empfinden wie die Inder gegenüber Britannien?"[12]

Infolgedessen stand Kubota, als in den parlamentarischen Gremien über den durch seine Äußerungen verursachten Abbruch der Gespräche debattiert wurde, unter keinem nennenswerten Rechtfertigungsdruck. Lediglich ein sozialistischer Abgeordneter warf ihm vor, mit seinen Aussagen das diktatorische Regime des südkoreanischen Präsidenten Rhee zu stützen. Ansonsten überwog auch im Blätterwald eindeutig die Kritik an dem „allzu emotionalen Verhalten" der koreanischen Verhandlungsdelegation. Auch die US-Regierung machte – nicht zuletzt unter dem Einfluß ihres Botschafters in Tokio – deutlich, daß sie in den antijapanischen Ressentiments des Rhee-Regimes die Hauptursache für die Spannungen zwischen Seoul und Tokio erblickte[13]. Zweifelsohne war diese Einschätzung aber auch dadurch beeinflußt, daß gerade damals Japan für die USA der mit Abstand wichtigste Partner in der Region war. Im Sommer 1954 begann Tokio nach dem Abschluß eines japanisch-amerikanischen Abkommens über gegenseitige Verteidigungshilfe mit dem Aufbau moderner Land-, See- und Luftstreitkräfte („Selbstverteidigungsstreitkräfte"). Spätere Versuche der USA, zwischen Japan und Südkorea zu vermitteln, schlugen zunächst sämtlich fehl, obwohl sich Japan im Frühjahr 1958 immerhin zur Rückgabe von 106 Kulturgütern an Seoul durchrang, allerdings ausdrücklich nicht – wie der Leiter des Tokioter Asienreferates nach Bekanntwerden der Geheimaktion in einer Fragestunde vor dem Oberhaus darlegte – „als geraubte Beutekunst", sondern lediglich „zur Verbesserung der Atmosphäre" zwischen beiden Ländern[14].

Erst nach dem Sturz Rhees 1960 setzte unter der demokratischen Übergangsregierung und ab 1961 unter der Militärjunta General Chung-hee Parks ein Wandel in den Beziehungen beider Länder ein[15]. Darauf drängten zum einen die USA angesichts eigener wirtschaftlicher Schwierigkeiten und der sich zuspitzenden Situation in Indochina. Und auch in Südkorea und Japan selbst versprach man sich zunehmend ökonomische Vorteile von einer Einigung. Während aber in Südkorea auch verändertes Denken bei einer neuen politischen Elite Einzug hielt, die sich während der Kolonialzeit überwiegend mit Japan arrangiert hatte und mit dessen Kultur vertraut war, spielte bei den japanischen Verfechtern einer Annäherungspolitik ein Bewußtseinswandel hinsichtlich der Vergangenheit keine nennenswerte Rolle. Shiina Etsusaburô, während der entscheidenden Verhandlungsphase 1964/65 japanischer Außenminister, hatte erst in seinen 1963 erschienenen Erinnerungen an die Kriegszeit einen bemerkenswerten Einblick in sein Geschichtsbild gestattet: „Wenn man die Tatsache, daß Japan, um Asien zu

---

12 Olson, Japan in Postwar Asia, S. 109, sowie Paik, Korea und Japan, S. 183–188.
13 Allison, Ambassador from the Prairie, S. 258f., sowie Fuhrt, Erzwungene Reue, S. 56ff.
14 Fuhrt, Erzwungene Reue, S. 61.
15 Zum folgenden die instruktive Analyse bei Fuhrt, Erzwungene Reue S. 63–76.

schützen und seine eigene Unabhängigkeit zu bewahren, seit der Meiji-Zeit Taiwan bewirtschaftete, Korea annektierte und in der Mandschurei auf den Traum von der Harmonie der fünf Völker setzte, als japanischen Imperialismus bezeichnet, dann war das ein ruhmreicher Imperialismus."[16]

Nicht etwa historische Schuldgefühle bestimmten die japanische Koreapolitik, sondern das nüchterne Kalkül, mit der Militärdiktatur Parks, die auf die antijapanische Öffentlichkeit des Landes weniger Rücksicht zu nehmen brauchte, am ehesten eine Normalisierung zu einem für Japan möglichst niedrigen Preis zu erreichen. Schließlich konnte man davon ausgehen, daß das Interesse Südkoreas an ökonomischer Zusammenarbeit mit Japan nach dem Verlust der Bodenschätze im Norden dringender war als umgekehrt. Tatsächlich erklärte sich Park, als er auf dem Weg nach Washington in Tokio Zwischenstation machte, bereit, die koreanischen Ansprüche nicht durch explizite Entschädigung für die japanische Kolonialherrschaft zu regeln, sondern auf dem Wege einfacher Wirtschaftshilfe. Laufende Expertengespräche über individuelle Ansprüche von 77 000 im japanischen Militär- und Arbeitsdienst umgekommenen Koreanern sowie 25 000 Versehrten wurden durch die Einigung gegenstandslos. Zumindest aber mußte sich Tokio, nicht zuletzt auf amerikanisches Drängen hin, zu einer Erklärung durchringen, die Minimalforderungen Koreas hinsichtlich einer Distanzierung von der Kolonialherrschaft erfüllte. In einer kurzen Ansprache bei seiner Ankunft in Korea am 19. Februar 1965 äußerte der japanische Außenminister Shiina dementsprechend „tiefes Insichgehen" angesichts der „bedauerlichen Tatsache, daß es in der langen Geschichte beider Länder eine unglückliche Periode gab"[17]. Die dunkle, kaum als wirkliche Übernahme historischer Verantwortung zu bewertende Aussage war freilich das Äußerste, wozu sich Shiina im Einklang mit der öffentlichen Meinung in Japan vor der Unterzeichnung des Grundlagenvertrags mit Korea im Juni 1965 verstehen mochte[18]. Jede weitergehende, unzweideutige Entschuldigung wäre als „übertrieben", ja als „Erniedrigung" empfunden worden[19]. So zielte die Kritik der (sozialistischen) Opposition denn auch eher darauf ab, daß der Vertrag mit Korea die nationalen Interessen Japans nicht hinreichend berücksichtige[20].

Einwände wie die eines bedeutenden Historikers und Korea-Experten, der das Fehlen oppositioneller Kritik an der Behandlung der Wiedergutmachungsfrage beklagte, blieben die Stimmen einer verschwindenden Minderheit. Neben wenigen Intellektuellen hatte sich vor allem auch der bekannte japanische Christenführer Kagawa Toyohiko schon früh, 1955, für ein Be-

---

[16] Zit. nach ebd., S. 70.
[17] Fuhrt, Erzwungene Reue, S. 70f.
[18] Zum Inhalt des Vertrags Paik, Korea und Japan, S. 272–280.
[19] Fuhrt, Erzwungene Reue, S. 70f.
[20] Lee, Japan and Korea, S. 51, sowie Fuhrt, Erzwungene Reue, S. 77.

kenntnis zur historischen Schuld ausgesprochen. In einem offenen Brief an den südkoreanischen Präsidenten schrieb Kagawa: „So wie Saulus versuchte, David zu töten, quälten die Japaner Eure Exzellenz und unterdrückten Euer Volk. Im Namen Christi entschuldige ich mich bei Eurer Exzellenz und bitte um Vergebung, indem ich an Euer christliches Gewissen appelliere. Vergeben Sie, so wie der Herr seinen Feinden am Kreuz vergeben hat, und schaffen Sie dauerhaften Frieden zwischen Großkorea und Japan."[21]

Mußte ein derartiger, in christlicher Schuldkultur wurzelnder Aufruf seine Wirkung auf die Masse des Volkes verfehlen, weil in einer Schamkultur im Sinne Ruth Benedicts keine Rezeptoren hierfür ausgebildet waren oder lag dies schlicht am reinen historischen Gewissen der Japaner? Jedenfalls ist für den westlichen Analytiker von „Vergangenheitsbewältigung" ein so bescheidenes Ausmaß nationaler historischer Selbstkritik schwer zu fassen. Insbesondere gilt dies auch für die arglos anmutende Art und Weise, mit der offizielle Darstellungen des Tokioter Finanz- und Außenministeriums später auf die Genesis der Entschädigungsabkommen zurückblicken. Japan hätte, so hieß es, Reparationszahlungen und Verträge über ökonomische Zusammenarbeit „ohne Gegenleistung hervorragend als Sprungbrett bei seiner wirtschaftlichen Expansion nach Südostasien nutzen" können. Es sei günstig gewesen, sich „durch die Lieferung von schwer exportierbaren Fabrikanlagen und bis dahin nicht exportierten Kapitalgütern als Reparationen ‚gute Bekannte' zu schaffen ...".[22]

Vergleicht man die von Japan geleistete „Wiedergutmachung" mit der Entwicklung in der Bundesrepublik[23], so fällt als erstes auf, daß die Alliierten, allen voran die Amerikaner – anders als gegenüber Tokio in San Francisco – bereits bis zum Ende der Besatzungszeit wichtige Pflöcke auf diesem Feld eingeschlagen hatten. Dies gilt zum einen für das Militärregierungsgesetz vom November 1947, das die Rückerstattung von durch die Arisierung geraubten Vermögenswerten vorsah. Es gilt zudem für das Entschädigungsgesetz, das noch vor Gründung der Bundesrepublik im April 1949 von der US-Regierung im Wissen darum durchgesetzt wurde, daß sich ein deutscher Gesetzgeber schwerer damit tun würde, die im Rückerstattungsgesetz noch nicht geregelten Schäden vor allem an Leben, Gesundheit und beruflichem Fortkommen aufzunehmen. Da das Gesetz nur die Entschädigung Deutscher umfaßte, die aus rassischen, religiösen oder politischen Gründen verfolgt worden waren, schloß es zahlreiche ausländische Opfergruppen in den nach 1945 zum sowjetischen Machtbereich zählenden Ländern von Entschädigung aus, vor allem auch die zahlreichen europäischen Juden ohne

---

[21] Zit. nach Olson, Japan in Postwar Asia, S. 110.
[22] Zit. nach Tanaka, Japans Nachkriegsverantwortung, S. 400.
[23] Hierzu grundlegend Goschler, Wiedergutmachung; Herbst/Goschler (Hg.), Wiedergutmachung in der Bundesrepublik, und zusammenfassend vor allem Hockerts, Wiedergutmachung.

84 VIII. „Wiedergutmachung"

deutsche Staatsbürgerschaft. Nach Verhandlungen mit der Claims Conference und dem Staat Israel verpflichtete sich die Bundesregierung allerdings bereits am 10. September 1952 im Luxemburger Abkommen[24] zu Globalentschädigungen für Israel in Höhe von drei Milliarden DM und (in zwei Protokollen) zu einer Globalentschädigung für in der Diaspora lebende jüdische Verfolgte des Nationalsozialismus in Höhe von 450 Millionen DM sowie zu Verbesserungen der bestehenden Entschädigungsgesetze, die zu einer ganzen Reihe von problematischen Einzelfallentscheidungen geführt hatten.

Auf der Grundlage des – im Juli 1957 dann novellierten – Bundesrückerstattungsgesetzes wurden bis Mitte der 1980er Jahre sieben bis siebeneinhalb Milliarden DM ausbezahlt. Entsprechend der weiteren im Luxemburger Abkommen eingegangenen Verpflichtungen leistete die Bundesrepublik bis Ende der 1990er Jahre schließlich Zahlungen von über 100 Milliarden DM, 80% davon an jüdische Holocaust-Überlebende, von denen die Hälfte in Israel lebte. Einige Jahre nach Abschluß des Luxemburger Vertrages begannen auch Verhandlungen über Globalabkommen mit elf westeuropäischen Staaten, die mit einem Entschädigungsgesamtvolumen von ca. einer Milliarde DM zu Gunsten der sogenannten „Westverfolgten" abgeschlossen wurden. Noch vor der Wiedervereinigung Deutschlands und Europas konnte zudem zumindest mit Polen im Rahmen der Entspannungspolitik 1975 – ohne Anerkennung eines Rechtsanspruchs – eine gewisse Wiedergutmachungsleistung (ein Wirtschaftskredit und ein Rentenabkommen in Höhe von 1 bzw. 1,3 Mrd DM) vereinbart werden[25].

Nach vorsichtigen Schätzungen addieren sich die Entschädigungszahlungen der Bundesrepublik auf einen Betrag, der die japanischen Ziffern um etwa das Zehnfache übersteigt[26]. Noch größer ist der Unterschied, wenn man die Relationen zwischen diesen Leistungen und der Versorgung eigener Kriegsopfer in den Blick nimmt. Danach hat Tokio zur Entschädigung japanischer Opfer etwa vierzigmal so viel Geld bereitgestellt wie für ausländische; die Kriegsopferversorgung in der Bundesrepublik überstieg das Volumen der „Wiedergutmachung" dagegen nur ca. viermal[27]. So eindeutig der numerische Befund ist, so behutsam sollte man ihn – gerade aus deutscher Sicht – angesichts der Tatsache beurteilen, daß auch die Verbrechensbilanz des Nationalsozialismus die des Ultranationalismus noch überstiegen hatte

---

[24] Hierzu jetzt eingehend Hansen, Aus dem Schatten der Katastrophe, S. 155–366, und Jelinek, Deutschland und Israel, S. 161–250.
[25] Vgl. auch zu den Zahlenangaben Reichel, Vergangenheitsbewältigung, S. 74–88, 93.
[26] Ida, Strafverfolgung, S. 111.
[27] Im übrigen nicht, weil das Versorgungsrecht für die Kriegsopfer günstiger gewesen wäre, sondern wegen der viel größeren Zahl der Anspruchsberechtigten. Auch wenn man den Lastenausgleich zu Gunsten der Heimatvertriebenen hinzunimmt, der etwa 140 Milliarden Mark betrug, verändern sich die Relationen nicht wesentlich. Vgl. hierzu Hockerts, Wiedergutmachung, S. 214, sowie Ida, Strafverfolgung, S. 111.

VIII. „Wiedergutmachung"

und daß die bundesdeutsche „Wiedergutmachung" lange jene große, im Artikel 5 des Londoner Schuldenabkommens 1953 begründete Lücke aufwies, wonach „aus dem Zweiten Weltkrieg herrührende Forderungen von Staaten, die sich mit Deutschland im Kriegszustand befanden ... und von Staatsangehörigen dieser Staaten" prinzipiell erst im Rahmen von Verhandlungen über einen Friedensvertrag, mithin ad calendas graecas, geprüft werden sollten[28]. Von den Westverfolgten und wenigen anderen Ausnahmen abgesehen geschah dies tatsächlich erst nach dem Ende des Ost-West-Konflikts in den 1990er Jahren, als es für viele Überlebende des nationalsozialistischen Terrors bereits zu spät war. Der lang anhaltende Ausschluß zahlloser NS-Verfolgter von der Entschädigung ausgerechnet in den ehemaligen Zentren des rassenideologischen Vernichtungskriegs im Osten weist somit durchaus Parallelen zum Schicksal der größten Opfergruppe des japanischen Ultranationalismus auf: den Millionen von der „Dreistrahlentaktik" geschädigten Chinesen.

Mit der gebotenen Vorsicht vor falschem Aufrechnen lassen sich an der japanischen und bundesdeutschen Wiedergutmachungspolitik aber doch gesellschaftliche Trends erinnerungskultureller Art ablesen: Die Opferzahlen des japanischen Kriegsregimes waren jedenfalls nicht so extrem niedriger gewesen und nicht so eindeutig „nur" herkömmlichen Kriegsverbrechen geschuldet, daß dies allein die massiv divergierenden Entschädigungszahlungen erklären könnte.

Die Diskrepanz auf der materiellen Seite der „Wiedergutmachung" spiegelt vielmehr auch einen unterschiedlichen ideellen Zugang zu dieser Aufgabe wider, wie ein vergleichender Blick auf die koreanisch-japanischen und die deutsch-jüdischen bzw. -israelischen Beziehungen nach 1949/52 zeigt. Vor 1945 war das Verhältnis in beiden Fällen von, wenn auch im einzelnen unterschiedlich motivierten Ressentiments der deutschen bzw. japanischen Bevölkerungsmehrheit gegenüber der jüdischen bzw. koreanischen Minderheit im eigenen Staat geprägt. Wie wenig sich in Japan noch lange nach dem Krieg hieran änderte, ist bereits deutlich geworden. Um so bemerkenswerter mutet vor diesem Hintergrund der Einstellungswandel in (West-) Deutschland an, auch wenn er sich nur zögerlich von der Mehrheit der politischen Klasse auf die Bevölkerung selbst übertrug. Aufschlußreich für diesen Sachverhalt sind Inhalt und Rezeption der historischen Regierungserklärung Adenauers zur Haltung der Bundesrepublik gegenüber den Juden am 27. September 1951.

Die Regierung und die große Mehrheit des Volkes, so sagte der Kanzler, seien sich „des unermeßlichen Leides bewußt, das in der Zeit des Nationalsozialismus über die Juden ... gebracht wurde"[29]. Die im Namen des deut-

---

[28] Hockerts, Wiedergutmachung, S. 191.
[29] Keesings Archiv der Gegenwart, 27. September 1951, S. 3135. Da Adenauer in Wirklichkeit

schen Volkes begangenen unsagbaren Verbrechen verpflichteten zur Wiedergutmachung, wenn auch in den Grenzen der wirtschaftlichen Leistungsfähigkeit. Adenauer stieß mit seiner historischen Grundsatzerklärung auf große Einigkeit im Plenum. Die Fraktionen von CDU/CSU und SPD, aber auch die damals oft noch weit nach rechts gerichteten FDP- und DP-Abgeordneten erhoben sich demonstrativ von den Sitzen. Und in der Öffentlichkeit fiel die Reaktion ähnlich aus. Es gehe nicht um Diplomatie, so meinte etwa die *Süddeutsche Zeitung*, „sondern um einen urmenschlichen moralischen Akt, nämlich um das Bemühen, die Schande wieder abzuwaschen, die auf den deutschen Namen gehäuft worden ist ...".[30] Selbst diejenigen in den Regierungsparteien, die Adenauer nicht folgten und stärker fiskalische Bedenken gegen das Luxemburger Abkommen trugen, zogen das Ausmaß der nationalsozialistischen Judenvernichtung doch keineswegs in Zweifel. Adenauers Regierungserklärung ist teilweise „unterkühlte Distanz hinsichtlich des Leidens der Juden" vorgehalten worden; sie habe „mehr der Exkulpierung der überwiegenden Mehrheit des deutschen Volkes als dem konkreten Bekenntnis einer Schuld oder Verantwortung" gedient[31], habe die Verstrickungen der Gesellschaft in das System der Judenvernichtung oder zumindest ihre Gleichgültigkeit nicht hinreichend klar benannt[32], habe nicht von „Völkermord", sondern nur von „unsagbaren Verbrechen" gesprochen[33]. Doch obwohl diese Kritik auf der einen Seite zutrifft, berücksichtigt sie andererseits nicht hinreichend, daß Adenauer um die Widerstände gegen die „Wiedergutmachung" in den Reihen der eigenen Partei wie in der breiten Bevölkerung wußte und sie unter den Bedingungen einer postnationalsozialistischen Massendemokratie zumindest nicht noch weitergehender ignorieren konnte, als er es ohnehin schon tat.

Nach einer Allensbach-Umfrage aus dem Jahr 1949 befürwortete zwar etwas mehr als die Hälfte der Westdeutschen eine nicht näher konkretisierte „Wiedergutmachung", doch zeigten speziellere demoskopische Erhebungen der amerikanischen Hohen Kommission, daß sie die Notwendigkeit von Leistungen an Kriegsversehrte, Hinterbliebene und Vertriebene noch deutlich höher einstuften und etwa den Anspruch auf Rückgabe unrechtmäßig erworbener jüdischer Geschäfte überwiegend verneinten[34]. Das Wiedergutmachungsabkommen mit Israel selbst hielt im August 1952 eine breite

---

wußte, wie unpopulär die „Wiedergutmachung" war, ist diese Formulierung wohl auch als politischer Versuch zu werten, mit den Mitteln der Rhetorik noch möglichst viele der zögernden Bundesbürger für seinen Weg zu gewinnen.
[30] Süddeutsche Zeitung, 28. September 1951.
[31] Stern, Im Anfang war Auschwitz, S. 326.
[32] So jetzt etwa auch Hansen, Aus dem Schatten der Katastrophe, S. 126. Hansen weist darauf hin (S. 129), daß in der SPD-Fraktionssitzung nach Adenauers Regierungserklärung auch bereits Schumacher die Rede als „zu lau" kritisiert habe.
[33] Reichel, Vergangenheitsbewältigung, S. 84.
[34] Ebd., S. 85.

VIII. „Wiedergutmachung" 87

Mehrheit für überflüssig oder zumindest in der Summe für überhöht, wobei SPD-Anhänger im übrigen sogar noch kritischer waren als die Sympathisanten der CDU[35]. Die geschlossene Zustimmung der SPD-Fraktion im Bundestag, ohne die Adenauer den Vertrag – angesichts der Gegner in den eigenen Reihen – nicht durch das Parlament bekommen hätte, ist insofern besonders bemerkenswert.

Die Frage stellt sich, ob eine breitere gesellschaftliche Verankerung des historischen Schuldgefühls und damit eine höhere Bereitschaft zu finanziellen Opfern im Rahmen der „Wiedergutmachung" bereits zu diesem Zeitpunkt realistischerweise von einem Volk zu erwarten war, aus dessen Mitte heraus sich wenige Jahre vorher die Täter – und Dutzende Millionen „Mitläufer" – rekrutiert hatten? Die Frage dahingehend zu beantworten, daß die „Wiedergutmachung" nur „das Werk eines Elitenkartells *gegen* die Volksmehrheit" war – und sein konnte –, würde die Problematik indes verkürzen. „Vorsichtiger und wohl richtiger ist die Formulierung: *ohne* die Volksmehrheit"[36]. Denn so unpopulär die „Wiedergutmachung" auch war, eine politisch bedeutsame Protestbewegung – in der wählenden Bürgerschaft – formierte sich gegen sie nicht. Vielmehr gelang es z.B. einem der christdemokratischen Vorkämpfer der Entschädigungsgesetze, Franz Böhm, sogar seinen schwierigen Frankfurter Wahlkreis 1953 wie auch 1957 direkt zu gewinnen[37].

Auch die Stärke antisemitischer Einstellungen in der Bevölkerung nahm kontinuierlich ab. Auf die Frage: „Würden Sie sagen, es wäre besser [ist für Deutschland besser], keine Juden im Land zu haben?", antworteten 1952 noch 37% „besser"; 1956 äußerten sich 26% in diesem Sinne, 1963 war ihr Anteil auf 18% gesunken, um bis 1983 weiter auf 9% zu fallen[38]. Allerdings wird man diese Zahlen nicht ausschließlich auf eine wirkliche Einstellungsänderung, sei es individueller, sei es generationeller Art, zurückführen dürfen, sondern sie auch damit in Verbindung zu bringen haben, „daß die öffentlich-politische Tabuisierung nur die *Äußerung* (Hervorhebung M.K.) antisemitischer Einstellungen … verhindert"[39], ohne wirklich ein schlagender Beweis für ihre Überwindung zu sein. Das Entstehen dieser Kommunikationslatenz war eine vielleicht unausweichliche Nebenwirkung jener parteiübergreifenden Entschlossenheit der bundesdeutschen *classe politique* zum „Frieden mit Israel"[40] und zur entschiedenen Bekämpfung periodisch

---

[35] 44% der SPD- und 37% der CDU-Anhänger hielten das Abkommen für überflüssig; die Summe für zu hoch erachteten 27% der SPD- und 28% der CDU-Sympathisanten. Vgl. Bergmann, Antisemitismus in öffentlichen Konflikten, S. 181.
[36] Hockerts, Wiedergutmachung, S. 186.
[37] Ebd.
[38] Bergmann, Sind die Deutschen antisemitisch?, S. 115.
[39] Ebd., S. 112.
[40] Zu der gleichnamigen Hamburger Aktion von Rudolf Küstermeier und Erich Lüth vgl. Lüth, Ein Hamburger schwimmt gegen den Strom.

aufflackernder antisemitischer Vorfälle in der Bundesrepublik, wie sie aus dem – nicht nur in Deutschland schwer ganz auszutrocknenden – rechtsradikalen Sumpf immer einmal wieder herauswuchsen.

Wenn man vergegenwärtigt, wie sehr es unter den Entscheidungsträgern der japanischen Koreapolitik an Protagonisten eines Versöhnungskurses mangelte, stellt sich die Frage nach den Motiven der bundesdeutschen Bemühungen um „Wiedergutmachung" mit besonderem Nachdruck. Hat sich die Bundesrepublik damit, wie Christian Pross meint, nur aus Kalkül die Integration in das westliche Bündnis „erkauft"?[41] Oder ist das Luxemburger Abkommen, ganz im Gegenteil, „freiwillig und ohne amerikanischen Druck" zustande gekommen, wie Michael Wolffsohn argumentiert[42]. Die Prioritäten der amerikanischen Politik lagen 1951/52 jedenfalls nicht beim deutsch-israelischen Abkommen, so daß die Bundesregierung einen relativ großen Handlungsspielraum besaß. Adenauer entschloß sich, „aus moralischen, außenpolitischen und außenwirtschaftlichen Motiven, hier einen möglichst starken Akzent zu setzen."[43] Auch wenn es also gar nicht unmittelbaren Drucks seitens des wichtigsten Bündnispartners bedurft hatte, ist doch evident: Das Luxemburger Vertragswerk wäre ohne die – den bundesdeutschen Akteuren sehr präsenten – außenpolitischen Rahmenbedingungen so kaum vorstellbar gewesen. Dies gilt nicht zuletzt für das von der Öffentlichkeit fast unbemerkte „Haager Protokoll Nr. 1", das Ernst Katzenstein einen „fast revolutionären Vorgang" genannt hat, weil damit die *Claims Conference* als ausländische Nichtregierungsorganisation einen vertraglich geregelten Einfluß auf die weitere innerdeutsche Entschädigungsgesetzgebung erhielt[44]. Wenn führende CDU-Politiker ihre Partei nachdrücklich mahnten, „die USA" lege Wert auf das Abkommen[45], so konnten sie davon ausgehen, daß das Stereotyp von den (einfluß-)reichen amerikanischen Juden in diesem Kontext von vielen mitgedacht wurde. Hatte nicht der Jüdische Weltkongreß schon im Sommer 1950 in Frankfurt – mit Bezug auf eine bundeseinheitliche Entschädigungsgesetzgebung – deutlich gemacht, die „Rückkehr Deutschlands in die Völkerfamilie" hänge von einer befriedigenden Regelung dieser Frage ab[46]? Und hatte US-Außenminister Dean Acheson nicht Anfang Mai 1952 eine Delegation jüdischer Amerika-

---

[41] Pross, Wiedergutmachung, S. 292.
[42] Wolffsohn, Ewige Schuld?, S. 21.
[43] Hockerts, Wiedergutmachung, S. 181.
[44] Ebd., S. 181.
[45] So Heinrich von Brentano, zit. nach Hockerts, Wiedergutmachung, S. 180. Für Adenauer, so schreibt sein Biograph Hans-Peter Schwarz, sei die Zustimmung der jüdischen Organisationen und Zeitungen in den USA wichtiger gewesen als die Beschwerden arabischer Regierungen. Schwarz, Adenauer – Der Staatsmann, S. 65.
[46] Reichel, Vergangenheitsbewältigung, S. 84.

VIII. „Wiedergutmachung"

ner empfangen, die ihn ersuchte, Druck auf die Bundesrepublik auszuüben, um die Höhe der Wiedergutmachungszahlungen zu steigern[47]?

Wie relativ der Einfluß solch üblicher Lobby-Arbeit in der pluralistischen Demokratie Amerikas zu veranschlagen war, hat sich zumindest auch vielen bundesdeutschen Entscheidungsträgern damals nicht recht erschlossen. Deshalb wird man dem außenpolitischen Faktor „amerikanische Juden" für das Luxemburger Abkommen mittelbar doch einiges Gewicht beizumessen haben[48]. Im Vergleich mit der ganz und gar unbedeutenden Rolle amerikanischer Koreaner oder Chinesen für das Kalkül japanischer Entschädigungspolitik wird dieser Befund überdeutlich. In komparativer Betrachtung zeigt sich freilich auch, daß die Geschichte der bundesdeutschen „Wiedergutmachung" nicht auf die (Fehl-)Wahrnehmung von Außendruck reduziert werden kann, sondern intrinsische Beweggründe ebenfalls stark zu berücksichtigen sind. Und das gilt nicht nur für ein kleines Häuflein führender Politiker, sondern zeigte sich auch in der klaren Stellungnahme vieler Intellektueller und Journalisten, die während der öffentlichen Debatte um das Luxemburger Abkommen Millionen bundesdeutscher Zeitungsleser und Radiohörer einmal mehr mit der Tatsache konfrontierten, daß „sechs Millionen Juden... zerstampft, verheizt, vergiftet, erschossen, erhängt und ausgemergelt worden" sind: „Irgendwie können wir von dem Gefühl nicht los, daß wir allesamt eine Art Verantwortung für jene Untaten tragen, die unter deutschem Namen begangen wurden..."[49]. Charakteristische Kommentare dieser Art verdeutlichen, wie sehr die bundesdeutsche „Wiedergutmachung" – trotz oder gerade auch wegen vieler Pannen, Skandale und moralischer Fragwürdigkeiten in der konkreten Abwicklung – eine politisch-kulturelle Dimension hatte, indem sie immer wieder Anlässe schuf, sich mit den Verbrechen der NS-Zeit – nolens volens – auseinanderzusetzen. In diesem erinnerungskulturellen Bereich fällt der Unterschied zu Japan fast noch mehr ins Auge als beim schwer zu vergleichenden finanziellen Volumen der „Wiedergutmachung"[50]. Denn für die Prozesse der „Vergangenheitsbewäl-

---

[47] Trimbur, L'influence américaine, S. 203.

[48] „Druck aus den USA" spielte auch später immer wieder einmal eine Rolle; erwähnt seien nur die von der Bundesregierung im Juni 1960 – mitten in der zweiten Berlin-Krise – beschlossenen Beihilfen für osteuropäische Opfer pseudomedizinischer KZ-Experimente, nachdem der USA-Besuch von 35 Polinnen, die das KZ Ravensbrück überlebt hatten, in der amerikanischen Öffentlichkeit hohe Wellen geschlagen hatte. Vgl. Hockerts, Wiedergutmachung, S. 194.

[49] Ruhr-Nachrichten, 28. September 1951.

[50] Wer den Komplex der „Wiedergutmachung" im Rahmen einer Gesamtbewertung der „Vergangenheitsbewältigung" übergeht, kann ein vollständiges Bild der Problematik schwerlich zeichnen. Dies gilt etwa für Norbert Frei, der davon absieht, die „Wiedergutmachung" auch nur in seine resümierenden Überlegungen angemessen einzuordnen und – auch aufgrund dieser nicht in den Argumentationsgang passenden Auslassung – zu einem arg einseitigen Urteil über die „vergangenheitspolitisch ‚langen fünfziger Jahre'" kommt. Vgl. Frei, Vergangenheitspolitik, S. 397–406, Zitat S. 406.

tigung" in beiden Ländern zeitigte es erhebliche Folgen, daß Parlamente und Regierungen der Bundesrepublik qua Entschädigungsgesetzgebung die kriminelle Natur des Nationalsozialismus schon früh in den 1950er Jahren gewissermaßen amtlich konstatierten und von allen seriösen Medien dabei unterstützt wurden, während ähnlich klare offizielle Verdikte über den Ultranationalismus im Rahmen der stark wirtschaftlich orientierten japanischen Entschädigungspolitik nicht nur ausblieben, sondern statt dessen lange sogar Argumente *gegen* die moralische Berechtigung bzw. Notwendigkeit von „Wiedergutmachung" überhaupt den öffentlichen Diskurs beherrschten.

IX. „Vergangenheitsbewältigung" und politische Kultur

Auch wenn die problematische Entwicklung der japanischen Erinnerungskultur prinzipiell bereits in den Jahren der Besatzungszeit angelegt war, gab es damals doch eine Reihe einschneidender Maßnahmen, die in eine andere Richtung deuteten. Da die bereits im Herbst 1945 eingesetzte japanische Regierungskommission zur Revision der Meiji-Verfassung es in ihrem Entwurf einer neuen Konstitution ablehnte, den Kaiser zu Gunsten des Parlaments zu entmachten und den Adel abzuschaffen, kam MacArthur Anfang 1946 zu der Überzeugung, selbst handeln zu müssen – bevor die aus den Siegernationen gebildete *Far Eastern Commission* ihre Arbeit aufnehmen und ihm vermutlich ins Handwerk pfuschen würde. Nichts weniger als ein neues grundsätzliches Aufrollen der Kaiserfrage stand aus Sicht von SCAP nämlich zu befürchten. Deshalb hatte im Februar 1946 per ordre de général ein Stab der Besatzungsbehörde innerhalb einer Woche in Tag- und Nachtschichten einen Verfassungsentwurf auszuarbeiten, der nach den Prämissen MacArthurs das Feudalsystem beseitigen und die Grundlagen für einen ganz neuen Staatstypus, eine Art pazifistischer Erbmonarchie, legen sollte. Regierung und Hof in Tokio reagierten zwar schockiert auf das amerikanische Papier, doch rang sich Hirohito aus Furcht, doch noch als Kriegsverbrecher angeklagt zu werden, schließlich dazu durch, die faktisch von den Amerikanern oktroyierte, aber moderne demokratische Verfassung zu akzeptieren[1]. Nur nach außen hin verabredete man sich, um den Erfolg der Unternehmung nicht zu gefährden, auf eine Sprachregelung, die das Verfassungsprojekt als ein japanisches darstellte. Die am 3. November 1946 vom Tennô verkündete Konstitution trat sogar an einem 3. Mai (1947) in Kraft, also am Geburtstag des Meiji-Kaisers, um sie in die Tradition der japanischen Monarchie zu rücken.

Auch der berühmte Artikel 9, der eine radikale Konsequenz aus den militaristischen Verirrungen Nippons zog, fand auf Druck der Besatzungsmacht in die Verfassung Eingang, ging also mit hoher Wahrscheinlichkeit nicht auf eine Initiative des Ministerpräsidenten Shidehara Kijûro zurück; auch wenn Shidehara ebenso wie MacArthur später behauptete, der Japaner

---

[1] Vgl. Bix, Hirohito. Eine eingehende Analyse der Verfassungsgebung bei Dower, Embracing Defeat, S. 346–404., sowie Nishi, Unconditional Democracy, S. 111–139.

habe bei einem Gespräch im Januar 1946 eine derartige Bestimmung von sich aus angeboten. Tatsächlich aber paßte eine solche Initiative kaum zum politischen Charakter Shideharas, der zwar als erklärter Pazifist, aber eben auch als „realistischer Idealist" galt[2], jedenfalls nicht so illusionär war, um die Gefahren einer einseitigen Abrüstung seines Landes in einer vor Waffen starrenden Welt zu verkennen. Vieles spricht dafür, daß Shidehara – um MacArthur zur Nachsicht gegenüber dem Tennô zu bewegen – mehrfach vage Bemerkungen über die Wünschbarkeit eines Endes aller Kriege machte, die der General begierig aufgriff und von seinem Stab scharf akzentuieren ließ[3]. Bei MacArthur spielte auch hier wieder der Wunsch hinein, das vor allem wegen seiner militaristischen Auswüchse bei den übrigen Siegermächten übel beleumdete Kaisertum zu retten. Indem man am neuralgischen Punkt einen radikalen Schnitt führte, konnte der Organismus der Monarchie selbst am Leben erhalten werden. „Das japanische Volk", so hieß es schließlich im Artikel 9, „wünscht aufrichtig einen internationalen Frieden, der auf Gerechtigkeit und Ordnung basiert, und verzichtet für immer auf den Krieg als Mittel der Staatsgewalt und auf die Drohung mit Waffengewalt sowie die Anwendung von Waffengewalt als Mittel zur Lösung internationaler Streitigkeiten. Um obiges Ziel zu erreichen, unterhalten wir weder Land-, See- noch Luftstreitkräfte oder andere Kriegskräfte ..."[4]. Ein im Entwurf der Konstitution zunächst enthaltener Passus, der Japan sogar explizit auf das Recht verzichten ließ, sich selbst zu verteidigen, und der die im Kalten Krieg dann bald vorgenommene weite Auslegung der Verfassung verhindert hätte, wurde als zu radikal verworfen. Die japanische Öffentlichkeit reagierte auf die Antikriegsklausel so zustimmend wie es ihre amerikanischen Urheber erhofft hatten: „Von Anfang an war der Stolz erkennbar, nun auf dem Felde des Völkerrechts und der Moral eine Führungsrolle zu übernehmen. Es hat der Seele des gedemütigten Volkes geschmeichelt, wieder ein Vorbild für die Weltgemeinschaft geworden zu sein."[5]

Die hinter dem Antikriegsartikel stehenden Überlegungen spielten auch bei der Bodenreform eine wichtige Rolle, galt doch das „parasitäre Grundbesitzertum" neben den *zaibatsu* als ökonomische Basis des japanischen Militarismus[6]. Nachdem ein allzu zaghafter japanischer Entwurf den USA die angestrebte Demokratisierung auf dem Lande nicht zu gewährleisten schien, setzten sie auch hier eigenes, nachgerade revolutionäres Recht. Es ließ seit Februar 1946 vor allem durch die Begrenzung des Bodenbesitzes auf in der Regel knapp 1 ha, ab Oktober 1946 sogar noch etwas darunter,

---

[2] Harries, Sheathing the Sword, S. 215.
[3] Zur etwas mysteriösen Entstehungsgeschichte der „no-war clause" siehe Harries, Sheathing the Sword, S. 213–216, und Finn, Winners in Peace, S. 103.
[4] Zit. nach R. Hartmann, Geschichte des modernen Japan, S. 215.
[5] Scharlau, Der General und der Kaiser, S. 76.
[6] R. Hartmann, Geschichte des modernen Japan, S. 216.

den Anteil des von Eigentümern bearbeiteten Bodens bis 1952 von 54% auf 90% steigen und wandelte die soziale Struktur des Dorfes grundlegend. Die feudalistischen Verhältnisse auf dem japanischen Lande wurden auf diesem Weg binnen weniger Jahre beseitigt, der Stand der pauperisierten Pachtbauern gehoben, die Großgrundbesitzer weitgehend entmachtet, dem Adel Titel und Privilegien genommen[7].

Tradierte feudale Rechtsnormen half auch ein neues Zivilrecht zu überwinden, das zum einen das alleinige Entscheidungsrecht des Hausherrn in Familienangelegenheiten (etwa bei Heirat und Vermögensfragen) beseitigte[8], aber auch das aus der Feudalzeit überkommene Erbfolgesystem tilgte und die Rechte der Frau stärkte. Die Möglichkeit z. B., sich scheiden zu lassen, bisher Privileg des Mannes, wurde nun auch der Frau eingeräumt. Schließlich wurde selbst die Schrift reformiert, da die Schaffung einer demokratischen Öffentlichkeit so lange unmöglich schien, wie viele Erwachsene kaum in der Lage waren, die im komplizierten Kanji (den „Chinesischen Zeichen für den allgemeinen Gebrauch") gedruckten Zeitungen ohne den Gebrauch eines Lexikons zu verstehen. Statt einer völligen Abschaffung der chinesischen Schriftzeichen und der Übernahme des westlichen Schreibstils, der von einigen amerikanischen Sprachreformern vehement gefordert wurde, kam es zum Kompromiß in Form einer Begrenzung der Schriftzeichen[9].

Ob die von der Besatzungsmacht inaugurierten politischen Strukturreformen in Westdeutschland weiter reichten oder weniger weit als in Japan, ist zunächst eine Frage des Vergleichsmaßstabes. Der Bruch mit dem bis 1945 herrschenden System fiel im ersteren Fall schärfer aus, wobei allerdings zugleich auf – modifizierte – republikanische Traditionsbestände aus der Weimarer Zeit aufgebaut wurde. Die Frage der Monarchie war in Deutschland ohnehin schon 1918/19 negativ beantwortet worden, auch letzte postfeudale Relikte wurden noch in den 1920er Jahren mit der Auflösung der ostelbischen Gutsbezirke abgeräumt bzw. in ihren möglichen Nachwirkungen spätestens mit der Massenvertreibung der Deutschen aus ihrer Heimat östlich von Oder und Neiße gegenstandslos. Da die Beratungen über eine Verfassung im künftigen deutschen Weststaat zudem mehr als

---

[7] Vgl. Halliday, Japan, S. 144 ff.; Fukui, Postwar politics, S. 177. Weiterführend Dore, Land Reform in Japan; Hewes, Japan – Land and men.
[8] Nicht zuletzt Kawashima Takeyoshi hatte in seinen Aufsätzen 1946 darauf hingewiesen, daß der moralische Zwang zur Unterwerfung unter die Autorität des Familienoberhauptes das schwerwiegendste Hindernis bei der demokratischen Neugestaltung Japans darstelle. Kawashima, Die familiale Struktur der japanischen Gesellschaft.
[9] Per Regierungserlaß wurde ihre Zahl zumindest auf 1850 begrenzt, ein Teil von ihnen in der Schreibweise vereinfacht und eine Silbenschrift-Orthographie eingeführt. Allerdings fanden selbst in populären Zeitschriften dennoch weiterhin mehr als 3000 Schriftzeichen Verwendung. Vgl. Rosenzweig, Erziehung, S. 153 ff.; R. Hartmann, Geschichte des modernen Japan, S. 216; Tsuchimochi, Education Reform, S. 108 ff.

zwei Jahre später als in Japan – mit den Londoner Empfehlungen der Westalliierten im Sommer 1948 – begannen, also nach Ausbruch des Kalten Krieges, stellte sich auch die Option einer fundamental-pazifistischen Konstitution nicht mehr in der selben Ernsthaftigkeit wie in Japan.

Auch wenn sich die Abgeordneten im Parlamentarischen Rat bei ihren Verfassungsberatungen darüber bewußt waren, daß die Militärgouverneure ein wachsames Auge auf den Fortgang der Debatte hatten, war deren Rolle schon deshalb viel weniger ausschlaggebend, ja viel passiver als die der Besatzungsmacht in Japan, weil im westdeutschen Fall die Interessen der USA mit denen Großbritanniens und Frankreichs zur Deckung gebracht werden mußten – und dies erwies sich nicht zuletzt wegen der unterschiedlichen parteipolitischen Couleur der beteiligten Regierungen mitunter als recht mühsam. In einigen der zentralen Fragen: welche Lehren aus der jüngsten Vergangenheit zu ziehen seien, bedurften die deutschen Politiker ohnehin sehr viel weniger der Nachhilfe als ihre japanischen Kollegen. Von den Vätern und Müttern des Grundgesetzes war während der NS-Zeit kaum einer „vor machtstaatlichen Übergriffen, Denunziation und Verfolgung" verschont geblieben[10]. So schien die Erinnerung an die Diktatur, aber auch an die verfassungspolitischen Defizite der Weimarer Republik, die Hitlers Machtergreifung nach verbreiteter Überzeugung erst ermöglicht hatten, schier allgegenwärtig[11]. Im Bereich der politischen Symbolik war es bezeichnend, daß der von der Deutschen Partei vorgeschlagene Name „Deutsches Reich" (mit dem Zusatz „Bund Deutscher Länder"), der die nationale Kontinuität betonte, sich nicht durchsetzte, obwohl etwa auch Jakob Kaiser (CDU) dafür plädierte. Einer Mehrheit schien der Begriff „Bundesrepublik Deutschland" denn doch angemessener, nachdem Carlo Schmid (SPD) deutlich gemacht hatte, welch aggressiven Akzent das Wort „Reich" wegen der Verbrechen des Dritten Reiches bei den Nachbarvölkern habe[12]. So lassen sich die grundlegenden politischen Strukturreformen in Westdeutschland und Japan nach 1945 zusammenfassend dahingehend deuten, daß die Deutschen mental offensichtlich einen radikaleren Bruch mit der Vergangenheit vollzogen und in der Distanzierung von ihr auch aus eigenem Antrieb weiter zu gehen bereit waren, als dies die Japaner – selbst unter dem Druck der Besatzungsmacht – wollten.

---

[10] Feldkamp, Der Parlamentarische Rat, S. 42.
[11] Fromme, Von der Weimarer Verfassung zum Bonner Grundgesetz, S. 24 ff.
[12] Jakob Kaiser hatte geltend gemacht, im deutschen Volk würde in einigen Jahren wieder eine Bewegung lebendig werden, die erneut nach einem Reich rufe, falls jetzt auf den Namen „Reich" verzichtet würde. Eschenburg, Jahre der Besatzung, S. 506.

1. Shintôistische und protestantische Erinnerungslandschaften

Wer die noch in halbfeudalen Traditionen verwurzelten Japaner langfristig zu brauchbaren Demokraten umerziehen wollte, konnte schwerlich darauf verzichten, auch an die religiösen Grundlagen ihrer Mentalität zu rühren: den aufs engste mit kaiserlichem System und Militarismus verbundenen Staatsshintô. Hatte der Tennô während der Jahrhunderte der Tokugawa-Herrschaft ein Schattendasein in fast klösterlicher Abgeschiedenheit geführt, so war ihm in der fundamentalen Staatskrise nach der erzwungenen Landesöffnung in den 1860er Jahren die Rolle eines politischen Retters zugewachsen. Denn die notwendig scheinende Rückbesinnung auf die nationalen Ursprünge ließ sich durch eine gezielte Aufwertung des Tennô symbolisch verstärken. Im Zuge dessen war es zu einer Renaissance des vom Buddhismus zurückgedrängten shintôistischen Glaubens gekommen[13], der wie eine Stammesreligion die politische Überzeugung von der kulturellen Einzigartigkeit Nippons religiös zu untermauern vermochte. Denn die in den Schreinen verehrten Gottheiten (*kami*) hatten der Sage nach nicht etwa die ganze Welt erschaffen, sondern nur Japan, und auch nicht den Menschen, sondern nur den Japaner. Die besondere Bedeutung des Tennô resultierte dabei aus der Vorstellung, ein mythischer Urenkel der Sonnengöttin, der legendäre Jimmu-Tennô, habe am 11. Februar 660 (vor der christlichen Zeitrechnung) als erster den japanischen Thron bestiegen[14]. Die nationalistische Instrumentalisierung dieser Weltanschauung ist im kaiserlichen Erziehungsdekret weiter oben bereits dargelegt worden.

Die US-Besatzer sahen in dem seit der Meiji-Restauration zur ideologischen Basis des japanischen Nationalstaates gewordenen „Staats-Shintôismus" – mit der Erklärung der bislang privaten Schreine zu „Kultstätten des Staates" und der Verbeamtung der Priester[15] – mithin nicht ohne Grund ein „Instrument des Kaiserkults und der Versklavung der Sinne des japanischen Volkes"[16]. In der westlichen Öffentlichkeit war der Shintô sogar als „engine of war" charakterisiert und für den Fanatismus der *kamikaze*-Kämpfer verantwortlich gemacht worden[17]. MacArthur, ein tief religiöser Protestant episkopalischer Richtung, der neben Jesus Christus auch George Washington und Abraham Lincoln zu seinen wichtigsten Lehrern zählte und sich als Werkzeug der göttlichen Vorsehung fühlte, sah im Nachkriegsjapan ein spi-

---

[13] Und das hieß faktisch auch: Säuberung des Shintô von buddhistischen Elementen, auch wenn eine Unterdrückung des Buddhismus nicht in der direkten Absicht der neuen Politik lag; aber er war für das Regime einfach nicht relevant. Im Ergebnis führte die jetzt durchgeführte Trennung von Shintô und Buddhismus zu einer – regional unterschiedlich massiven – „antibuddhistischen Bilderstürmerei". Lokowandt, Shintô, S. 48.
[14] Vahlefeld, Japan, S. 150.
[15] Vgl. Lokowandt, Shintô, S. 49.
[16] Dokument 1, in: Benz, Amerikanische Besatzungsherrschaft, S. 281.
[17] Hardacre, Shintô and the State, S. 134.

rituelles Vakuum entstanden, das der Kommunismus füllen würde, wenn dies nicht dem Christentum gelang. Doch obwohl der General kirchliche Missionstätigkeit entschieden förderte, war die in seiner Radiobotschaft an den Kongreß im Februar 1947 behauptete Zahl von rund zwei Millionen zum Christentum konvertierten Japanern ebenso maßlos übertrieben wie die schlimmsten Befürchtungen shintôistischer und buddhistischer Führer vor einer Zwangsbekehrung der Japaner durch US-Missionare[18].

Immerhin aber ordneten die Amerikaner – von Haus aus ohnehin zur klaren Trennung von Staat und Kirche neigend – zum Zwecke der „moralischen Abrüstung"[19] an, die regierungsamtliche Unterstützung, Kontrolle und Verbreitung des Staatsshintô abzuschaffen. Selbst der Fujiyama, seit alters her Objekt shintôistischer Naturanbetung, durfte nicht mehr abgebildet werden, nachdem die Naturverehrung allzuoft in eine Vergottung des japanischen Staates umgeschlagen war. So mußte etwa eine Szene mit Bauern, die an den Hängen des Fujiyama arbeiteten, aus einem zeitgenössischen Spielfilm herausgeschnitten werden[20]. Vor allem aber stellte Kaiser Hirohito selbst in der Neujahrsbotschaft 1946 seine „Göttlichkeit" in Frage: „Die Bande, die Uns und Unser Volk verknüpfen, haben immer auf gegenseitigem Vertrauen und gegenseitiger Anhänglichkeit beruht. Sie hängen nicht von Legenden und Mythen ab. Sie sind nicht zu folgern aus der falschen Auffassung, daß der Tennô göttlich ist und daß die Japaner anderen Rassen überlegen und etwa vom Schicksal bestimmt sind, die Welt zu beherrschen"[21]. Der zentrale Glaubenssatz, daß das japanische Kaiserhaus in der direkten und ungebrochenen Nachfolge der Sonnengöttin Amaterasu stehe, wurde in der Erklärung allerdings nicht erwähnt und somit auch nicht dementiert. Der alte Mythos blieb als Möglichkeit erhalten[22].

Daraus erhellt, weshalb der Rücktritt des Tennô vom Throne eines „Gottes" – anders als ausländische Stimmen prophezeiten – das Land keineswegs bis ins Mark erschütterte, sondern von den Japanern mehr oder weniger ignoriert wurde. Auch ein später vom Auswärtigen Amt in Tokio herausgegebener Lebenslauf des Kaisers befand die „Entgöttlichung" keineswegs der Erwähnung für nötig. Kawai hat argumentiert, daß es zumindest für einen gebildeten Japaner ohnehin selbstverständlich gewesen sei, im Tennô keine gottähnliche Gestalt zu erblicken, sondern allenfalls eine über den anderen

---

[18] Vgl. Woodward, The Allied Occupation of Japan, S. 241; Hardacre, Shintô and the State, S. 135.
[19] Nishi, Unconditional Democracy, S. 59.
[20] Dies galt in ähnlicher Weise für Filme mit Schwertkämpfern oder Samuraidramen, die in den Augen der US-Besatzungsbehörden einen feudalistisch-antidemokratischen Geschmack hatten. Buruma, Erbschaft, S. 70.
[21] Zit. nach der deutschen Übersetzung von Vahlefeld, Japan, S. 268. Das gesamte Dokument sowie ein Bericht zu seiner Entstehungsgeschichte im Anhang der religionsgeschichtlichen Untersuchung von Woodward, The Allied Occupation of Japan, S. 315–319.
[22] Scharlau, Der General und der Kaiser, S. 54.

1. Shintôistische und protestantische Erinnerungslandschaften 97

Menschen stehende Gestalt[23]. Für die Masse der Japaner aber galt dies kaum. Deshalb verdienen doch die Umstände Erwähnung, unter denen 1962 die Shintô-Universität zur Ausbildung des Priesternachwuchses, die bis Kriegsende dem Schrein der Sonnengöttin im Inneren des Heiligtums von Ise angegliedert gewesen war, in Anwesenheit des Ministerpräsidenten (!) wiedereröffnet wurde. Denn der Rektor bekannte bei dieser Gelegenheit, ohne einen Sturm des Protests in der Öffentlichkeit auszulösen, für ihn sei der Tennô – als Erbe von Blut und Thron der Sonnengöttin – weiterhin ein Gott; er sei Mensch und Gott zugleich[24].

Die Wirkung der religionspolitischen Maßnahmen der Besatzungszeit wurde allgemein dadurch beeinträchtigt, daß der Shintô-Glaube das animistisch anmutende Weltbild der meisten Japaner nach 1945 weiterhin bestimmte, wenn auch mehr und mehr in gleichsam kulturshintôistischer Form und synkretistischer Mischung mit dem Buddhismus, dessen Reformsekten (Zen, Amida und Nichirin) seit dem 13. Jahrhundert in Japan weite Verbreitung gefunden hatten[25]. Zudem verfügte der Buddhismus nicht nur über besser ausgebildete Geistliche, sondern war auch weniger durch die Niederlage im Zweiten Weltkrieg diskreditiert als der Shintô, dem die allgemeinen Säkularisierungs- und Urbanisierungstendenzen in den Nachkriegsjahrzehnten besonders zusetzten[26]. Andererseits zeigte sich nach der „Entstaatlichung" des Shintô die Zentrale der Körperschaft für die Shintô-Schreine rasch in der Lage, die lokalen Schrein-Verwalter im ganzen Land über die neue Lage aufzuklären und Selbsthilfemöglichkeiten vorzuschlagen[27], etwa Initiativen prominenter Bürger für lokale Religionsgemeinschaften[28]. Vor allem aber blieb der Tennô, traditionell „the object and primary practitioner of Shinto rituals"[29], auch nach der neuen Verfassung „Symbol Japans und der Einheit des japanischen Volkes"[30].

Zentrale Bedeutung für die „Vergangenheitsbewältigung" gewann der Shintôismus auch deshalb, weil die Verehrung der Ahnen – von denen das Kaiserhaus nur ein wichtiger Teil ist – neben dem Ideal der Reinheit und der Harmonie mit der Natur zu den einzigen Forderungen dieser ansonsten ganz und gar undogmatischen, auf Glaubensbekenntnis und Sittenlehre verzichtenden „Religion" gehört. Der sowohl shintôistisch als auch buddhi-

---

[23] Kawai, Japan's American Interlude, S. 74; Schwentker, Die Grenzen der Entzauberung, S. 128.
[24] Vahlefeld, Japan, S. 269.
[25] Vgl. Haasch, Die Religionen des heutigen Japan, vor allem S. 36 ff.
[26] Zu entsprechenden „Verfallsdiagnosen" siehe Hardacre, Shintô and the State, S. 142.
[27] Schwade, Die staatliche Religionspolitik, S. 60. Heute gehören dem sogenannten „Schrein-Hauptamt e.V." mit 79 000 Schreinen und mehr als 83 Millionen Gläubigen die Mehrheit aller shintôistischen Religionsgemeinschaften an.
[28] Vgl. hierzu auch Montgomery, Forced to be Free, S. 153.
[29] Ebd., S. 60.
[30] Vgl. Nishi, Unconditional Democracy, S. 124. Vertiefend Antoni, Der himmlische Herrscher und sein Staat.

stisch geprägte Ahnenkult, in dessen Mitte die Familie steht, geht von einem Einfluß der Verstorbenen auf das irdische Geschehen aus. Jedes Jahr im August, wenn überall im Land das populäre Bon'odori-Fest gefeiert wird, kehren die Toten als Gäste auf die Erde zurück und wollen mit Tanz und Musik unterhalten werden. Nicht Trauer, sondern Freude bestimmt dieses japanische Allerseelen-Fest. Andererseits errichten große Autohersteller Kultstätten, an denen die unruhigen Seelen von bei Verkehrsunfällen Getöteten „ausgesöhnt und von Rachegelüsten abgehalten werden sollen"[31]. Und so bedürfen nach shintôistischer Vorstellung besonders auch die Seelen der meist in jugendlichem Alter gefallenen Soldaten, die einen „schlimmen Tod" gestorben waren, sorgfältigster Behandlung, weil sie sonst nicht zur Ruhe kämen und die Staatsfamilie bedrohten. Klaus Antoni hat darauf hingewiesen, daß das archaischen ozeanischen Kulturvorstellungen entspringende Bedürfnis, die rächenden Seelen der „schlimmen Toten" zu besänftigen und buchstäblich „unschädlich" zu machen, das genaue Gegenteil von Heldenverehrung darstelle. Dies sei auch beim Urteil über den Yasukuni-Schrein zu berücksichtigen, jedenfalls solange dieser seiner religiösen Bedeutung nicht entkleidet würde und der shintôistische Volksglaube nicht zum Erliegen käme[32]. Tatsächlich boten die Riten der dortigen Totenverehrung auch ganz privatem, unpolitischem Gedenken einen Ort und eben nicht nur „einer kollektiven, ultrakonservativen Ideologie"[33].

In den Augen vieler Kritiker dagegen stand bzw. steht der vom Staat seit 1869 unterhaltene Yasukuni-Schrein in Tokio, in dem die für den Tennô gefallenen Soldaten als Götter verehrt werden, für die Symbiose von Militarismus und Shintôismus[34]. Die US-Besatzer hatten im Rahmen ihrer Politik der Trennung von Staat und Religion nach 1945 zwar versucht, die in diesem allerheiligsten Schrein praktizierte Verehrung der Seelen auch von Teilnehmern eines Angriffskrieges zu unterbinden. Zumindest Gravuren japanischer Kriegshelden und Schlachten auf den riesigen Bronzelaternen vor dem Hauptschrein mußten von den Yasukuni-Priestern mit Beton überstrichen werden. Doch bereits 1948 nahm der Tennô, das von den USA unangetastet gelassene höchste Objekt shintôistischer Verehrung, seine bis Kriegsende üblichen alljährlichen Besuche des Schreins wieder auf. In den 1950er Jahren forderten kleinere reaktionäre Gruppen, aber auch die japanischen Konservativen (LDP), getrieben von der millionenstarken Vereinigung der Familien der Kriegsopfer, dann immer offener, Politik und Religion wieder zu koppeln und den Schrein zur offiziellen Kultstätte zu machen. Beim

---

[31] Kreiner, Religionen heute, S. 528. Vgl. auch ders., Religion in Japan, sowie ders., The Impact of Traditional Thought on Present Day Japan.
[32] Zum Yasukuni-Schrein siehe Antoni, Yasukuni und der „Schlimme Tod" des Kriegers, vor allem S. 183, 187, 189.
[33] Seraphim, Im Dialog mit den Kriegstoten, S. 14.
[34] Grundlegend hierzu Lokowandt, Zum Verhältnis von Staat und Shintô, vor allem S. 173 ff.

1. Shintôistische und protestantische Erinnerungslandschaften 99

jährlichen Hauptfest des Schreins fuhren Premierminister und Minister jetzt zumindest „privat" wieder vor, und 1957 wurde auch der Betonüberstrich von den martialischen Gravuren der Bronzelaternen entfernt[35]. 1959 war die Einsegnung von zweieinhalb Millionen im Weltkrieg gefallener Japaner in den Yasukuni-Schrein nahezu abgeschlossen, wobei in zwei Schüben auch über 800 hingerichteten Kriegsverbrechern der Kategorie B und C dieses Ritual zuteil wurde. Nach einem weiteren Schub im Oktober 1966 (114 Fälle) waren schließlich alle exekutierten Kriegsverbrecher eingesegnet – abgesehen von den sieben zum Tode Verurteilten des Tokioter Prozesses, deren Aufnahme in den Schrein Mitte der 1970er Jahre aber heimlich erfolgte[36].

Ganz offen wurde dieser Gruppe schon viel früher, 1960, auf Initiative einiger japanischer Strafverteidiger im Tokioter Prozeß auf dem Gipfel des Berges Sangane ein „Grabmal für die sieben fürs Vaterland gestorbenen Helden" errichtet, das sich seitdem mehr und mehr zu einer Pilgerstätte shintôistischer Veteranenverehrung auswuchs. Auf einem 1985 daneben aufgestellten Gedenkstein ist ein Gedicht „Zum Gedenken an die zu Märtyrern gewordenen sieben Kameraden" zu lesen, das der als Kriegsverbrecher der Kategorie A zu lebenslanger Haft verurteilte Generalleutnant Ôshima Hiroshi verfaßt hatte: „Die Rache für die Ungerechtigkeit kehrt in die uralten Zeiten zurück. Eines Tages werden wir die falsche Anklage hinwegfegen und die treuen Seelen beruhigen."[37]

Die anhaltenden Bemühungen um eine neuerliche Verstaatlichung des Yasukuni-Schreins, für die schon 1964 über sechseinhalb Millionen Unterschriften gesammelt worden waren, erreichten am 30. Juni 1969 einen Höhepunkt: Rechtsgerichtete LDP-Abgeordnete brachten am 100. Jahrestag der Gründung des Schreins einen entsprechenden Gesetzesentwurf ein, um „das Gefühl der Verehrung des Volkes gegenüber den Seelen der im Kriege Gefallenen sowie der Menschen, die ihr Leben für ihr Land geopfert haben, auszudrücken, ihrer bleibenden Verdienste zu gedenken, sie zu beschwichtigen und zum Ruhme ihrer Taten Zeremonien, Feiern usw. durchzuführen und dadurch ihr hohes Verdienst auf ewig der Nachwelt im Gedächtnis zu bewahren."[38] Das Vorhaben stieß allerdings auf heftigen Widerstand, weil es nicht nur in erinnerungskultureller Hinsicht bedenklich schien, sondern noch dazu an die laizistischen Grundlagen der Nachkriegsverfassung rührte. Die „Kräfte zur Unterstützung der Verfassung", eine Regenbogenkoalition aus Pazifisten, Gewerkschaftern, Buddhisten, Christen, Vertretern der sogenannten neuen Religionen und Politikern der nicht konservativen

---

[35] Inoue, Geschichte Japans, S. 620; Buruma, Erbschaft, S. 85.
[36] Tanaka, Japans Nachkriegsverantwortung, S. 406f.; Seraphim, Im Dialog mit den Kriegstoten, S. 21.
[37] Zit. nach Tanaka, Japans Nachkriegsverantwortung, S. 408.
[38] Seraphim, Im Dialog mit den Kriegstoten, S. 21.

Parteien, brachte das Projekt 1974 schließlich zu Fall[39]. Seine Befürworter änderten allerdings nun ihre Strategie und setzten sich zum Ziel, zumindest „offizielle Besuche" des Schreins durch den Tennô und die Staatsregierung möglich zu machen. Nachdem ihre Kampagnen an der Basis Erfolg hatten – 37 von 47 Präfektur-Parlamenten faßten 1983 einen unterstützenden Beschluß – und auch die neu gegründete „Gesellschaft zur Verehrung der Geister der gestorbenen Soldaten durch aktives Handeln" unter dem Vorsitz des ehemaligen Präsidenten des Obersten Gerichtshofs in diese Richtung agierte[40], hielt das Kabinett Nakasone die Zeit für gekommen, „einen Schlußstrich unter die Nachkriegspolitik" zu ziehen und dem Yasukuni-Schrein zum Jahrestag der Kapitulation am 15. August 1985 endlich auch einen sorgfältigst vorbereiteten „offiziellen Besuch" abzustatten.

„In einem schwachen Bemühen, die Observanz religiöser Obertöne loszuwerden", opferten der Premierminister und seine Minister statt der üblichen Shintô-Gabe von Zweigen des heiligen Sakaki-Baumes nur Blumen und verbeugten sich weniger oft, als dies die Schrein-Liturgie an sich vorschrieb[41]. Doch ließen die Äußerungen des hochkonservativen Nakasone Yasuhiro wenig Zweifel an seinen Intentionen aufkommen, gab er sich doch überzeugt, „daß das Volk denjenigen, die sich für ihr Vaterland geopfert haben, seinen Dank" auszudrücken habe („wer würde denn sonst noch sein Leben für sein Land hergeben?")[42]. Unbeschadet heftiger Proteste gegen den offiziellen Schrein-Besuch schätzte Nakasone die Wirkung seines Schrittes bei der Mehrheit der japanischen Wähler („Wenn ich es nicht tue, kann sich die LDP nicht halten"[43]) richtig ein, die ihm und seiner Partei bei den folgenden Wahlen zum Unter- und Oberhaus einen überwältigenden Sieg bescherten.

Nakasones Überzeugung, der Yasukuni-Schrein sei so etwas wie der nationale Soldatenfriedhof der Amerikaner in Arlington, ging schon deswegen an der Wirklichkeit vorbei, weil dort Geistliche jeder Religion bei Gedenkriten zelebrieren können, während der Schrein eine ausschließlich dem Shintô vorbehaltene Einrichtung ist. Würden sich die erinnerungskulturellen Bemühungen der Tokioter Regierung auf japanische Orte konzentrieren, die dem *Arlington National Cemetery* am ähnlichsten sind, wie das – nicht als religiöse Einrichtung registrierte – Grabmal des unbekannten Soldaten in Chidorigafuchi[44] oder der Friedenspark in Hiroshima, würden

---

[39] Yagyû, Der Yasukuni-Schrein, S. 250.
[40] Ebd., S. 251.
[41] Hardacre, Shintô and the State, S. 151.
[42] Tanaka, Japans Nachkriegsverantwortung, S. 389.
[43] So Nakasone auf Bedenken von Beratern wegen außenpolitischer Rückwirkungen seiner Aktion in Südkorea und China. Ebd., S. 390.
[44] Das Grabmal war 1959 gegen den Widerstand der Priester des Yasukuni-Schreins errichtet worden, um aller im Zweiten Weltkrieg gefallenen Soldaten zu gedenken.

1. Shintôistische und protestantische Erinnerungslandschaften 101

auch kaum so erbitterte Kontroversen aufkommen[45]. Nur läßt sich fragen, ob nicht gerade durch diese Polarisierung der gewünschte wahlstrategische Effekt im Sinne einer Mobilisierung der LDP-Stammwähler erzielt wurde. Der 1947 gegründete LDP-nahe Verband der Kriegshinterbliebenen (*Nihon izokukai*), der die sozialen Interessen von acht Millionen Menschen vertrat, hatte jedenfalls von Anfang an eine Zweigstelle am Yasukuni-Schrein unterhalten und Nachrichten über das Ergehen dieser Einrichtung im Verbandsblatt publiziert[46].

„Yasukuni" heißt so viel wie „der Nation Frieden bringen". Die Art und Weise wie das im einzigen großen Kriegsmuseum des Landes am Yasukuni-Schrein und in seinen regionalen Zweigstellen, den „Schreinen zum Schutz des Landes"[47], geschieht, kommt dem westlichen Besucher bis heute sehr fremd vor. Weiße Schildchen auf den Kirschbäumen vor dem Schrein tragen die Namen von Regimentern oder Kriegsschiffen der Kaiserlichen Armee. Hinter dem Schrein ist ein Gedenkstein für die *kempeitai* errichtet worden, und in den Sälen des Museums sind militärische Devotionalien aller Art von Gemälden mit „menschlichen Torpedos" bis zu blutbefleckten Kriegsfahnen zu sehen, wobei die Texte zu den Ausstellungsstücken oft apologetischen Charakter haben. Die Annexion der Mandschurei 1931 wird etwa gerechtfertigt als Kampf gegen sowjetischen Kommunismus, aber auch gegen chinesische Rebellen, die von Engländern und Amerikanern zu antijapanischen Handlungen aufgestachelt worden seien. Der historischen Wirklichkeit entsprechend von einem Invasionskrieg zu sprechen, wäre nach Überzeugung der Shintô-Priester schon aus Rücksicht auf „die Gefühle der hier bewahrten Seelen und ihrer Familien" unmöglich: „Wir müssen dafür sorgen, daß sie glücklich bleiben".[48] Die Japaner, so hat der Publizist Etô Jun dazu bemerkt, würden sich von anderen Völkern eben dadurch unterscheiden, daß sie mit den Toten leben; darum sei der Yasukuni-Schrein lebenswichtig für die Kontinuität der japanischen Nation[49].

Die shintôistisch motivierten Formen des Umgangs mit dem „schlimmen Tod" stehen in einem denkbar krassen Gegensatz zu der von einer ganz anderen „Betroffenheit" zeugenden Auseinandersetzung der christlichen Kirchen in Deutschland mit der historischen Erblast. Allerdings gilt dieser Befund in erster Linie für den Protestantismus, der aufgrund seiner viel engeren historischen Verstrickungen in Deutschnationalismus und dann auch Nationalsozialismus tatsächlich ungleich mehr zu bewältigen hatte[50]. Der

---

[45] Hardacre, Shintô and the State, S. 141, 159.
[46] Seraphim, Im Dialog mit den Kriegstoten, S. 17 f.
[47] Vgl. hierzu Lokowandt, Shintô, S. 62.
[48] Buruma, Erbschaft, S. 280 ff., Zitat S. 284.
[49] Vgl. ebd., S. 279.
[50] Zum nationalprotestantischen Milieu vgl. auch Kittel, Provinz zwischen Reich und Republik.

deutsche Katholizismus bekam dagegen bereits am 2. Juni 1945 von Papst Pius XII. ein ehrenhaftes Zeugnis ausgestellt, weil es „Millionen tapferer Katholiken" auch in den letzten Kriegsjahren nie unterlassen hätten, „mutig und ernst ihre Stimme zu erheben"[51]. Damit war die Linie vorgegeben, auf der sich die Fuldaer Bischofkonferenz am 23. August 1945 mit einem Hirtenbrief bewegte, der indes viel weniger Aufmerksamkeit fand als die Stuttgarter Erklärung. Dem eigentlichen Schuldbekenntnis wurde im Fuldaer Text eine Darstellung katholischer Resistenz gegen den Nationalsozialismus vorangestellt: „Katholisches Volk, wir freuen uns, daß du dich in so weitem Ausmaße von dem Götzendienst der brutalen Macht ferngehalten hast ... ". Erst anschließend wurde das Furchtbare, das „während des Krieges durch Deutsche in den besetzten Gebieten geschehen" ist, zutiefst beklagt und eingeräumt, daß sich auch viele Katholiken „von den falschen Lehren des Nationalsozialismus" hätten „betören" lassen und daß viele gegenüber den Verbrechen „gleichgültig geblieben"[52] seien oder ihnen durch ihr Verhalten sogar Vorschub geleistet hätten. Diesem Eingeständnis nicht kollektiver, sondern differenzierter Schuld folgte zudem das Aufzeigen von Entlastungsgründen etwa für Beamte und Lehrer, bei denen Parteizugehörigkeit oft keine innere Zustimmung zu den Taten des Regimes bedeutet habe.

Die Gründe für den eher rechtfertigenden Ton des Fuldaer Hirtenwortes sind letztlich im katholischen Verständnis von Sünde und Erbsünde und ihrer Wirkung auf die menschliche Natur zu suchen. Während die evangelische Theologie – vereinfacht gesagt – von der durch die Erbsünde bedingten völligen Verderbtheit der menschlichen Natur ausgeht, die das Gute nicht aus eigener Willenskraft, sondern allein durch die Gnade Gottes vermöge, wobei Sündhaftigkeit folglich auch ein Zustand und nicht nur auf ein moralisch verwerfliches Verhalten zurückzuführen ist, geht die katholische Theologie von einer trotz Erbsünde bestehen bleibenden Freiheit des menschlichen Willens aus. Erbsünde bedinge lediglich eine Disposition zum Bösen, einen Defekt, nicht aber grundsätzliche Verderbnis. Katholisches Schuldeingeständnis zieht also viel stärker den moralischen Kern der Persönlichkeit in Mitleidenschaft, weist – anders als ein verbreitetes konfessionelles Vorurteil vermuten ließe – dem Individuum einen höheren Stellenwert zu und seiner Schuld ein im einzelnen stark zu differenzierendes Ausmaß. Demzufolge wird im Fuldaer Bischofswort zwischen der Unterlassensschuld der Mehrheit (auch des katholischen Kirchenvolkes) und der aktiveren Schuld der Eliten unterschieden, während die Stuttgarter Schulderklärung der EKD vom Oktober 1945 dies nicht tut[53].

---

[51] Zit. nach Bücker, Die Schulderklärungen der (deutschsprachigen) Kirchen, S. 372f.
[52] Ebd., S. 359.
[53] Ebd., S. 373f., sowie Rustmeier, Sünde und Schuld.

1. Shintôistische und protestantische Erinnerungslandschaften

Die Entstehungsgeschichte des ersten evangelischen Kirchenwortes zur deutschen Schuld ist nur vor dem Hintergrund des internationalen Einflusses des im Aufbau begriffenen Ökumenischen Rates der Kirchen zu verstehen, dessen niederländischer Generalsekretär im Juli 1945 in einem Brief an den Berliner Bischof Otto Dibelius darauf hingewiesen hatte, daß vor einer Wiederaufnahme der Deutschen in die ökumenische Weltgemeinschaft gewichtige Schwierigkeiten zu überwinden seien, „besonders bei den Kirchen, die so tief gelitten haben unter der deutschen Besatzung". Sehr viel leichter würde dies fallen, wenn die deutschen Protestanten ein offenes Wort „nicht nur über die Missetat der Nazis, sondern auch besonders über die Unterlassungssünden des deutschen Volkes, einschließlich der Kirchen" sprächen[54]. Im evangelischen Kirchenvolk entbrannten zunächst außerordentlich leidenschaftliche Debatten um das Schuldgeständnis, weil es teilweise als Bekenntnis zur deutschen Kollektivschuld verstanden wurde und – wie u.a. der Theologe Helmut Thielicke monierte – von der Schuld der anderen schwieg[55]. Rückhaltlose Schuldbekenntnisse forderte vor allem der kleine bruderrätliche Flügel der Bekennenden Kirche, während die meisten konservativen Lutheraner – eher auf der Linie des Fuldaer Bischofswortes – das Unrechtsgeschehen auf eine kleine Gruppe nationalsozialistischer Verbrecher zu fokussieren suchten, deren Verführungskraft die große Mehrheit Gutgläubiger erlegen sei. Unübersehbar war ferner die zeitweilige Konzentration des protestantischen Engagements auf die unter der alliierten Entnazifizierungspolitik leidenden Deutschen – bis hin zu zahlreichen Gnadengesuchen kirchenleitender Persönlichkeiten für NS-Verurteilte[56]. Dennoch aber entwickelte die Stuttgarter Erklärung in ihrer Nähe zur Kollektivschuld langfristig eine Eigendynamik[57], die bereits während der Adenauer-Zeit in der Erinnerungspolitik der evangelischen Kirchen deutlich spürbar wurde.

War die Schulderklärung von 1945 auf das Verhältnis von Christen und Juden nach der Shoah nicht explizit eingegangen, so verabschiedete die EKD-Synode am 27. April 1950 angesichts neuerlicher antisemitischer Tendenzen ein Wort „zur Schuld an Israel" und warnte alle Christen, „das, was über uns Deutsche als Gericht Gottes gekommen ist, aufrechnen zu wollen gegen das, was wir an den Juden getan haben; denn im Gericht sucht Gottes Gnade den Bußfertigen."[58] Es blieb auch keineswegs bei wenigen papiernen Erklärungen, vielmehr gewann das Thema der „unbewältigten Vergangenheit" spätestens bis Mitte der 1950er Jahre vor allem auf zeithistorischen Tagungen Evangelischer Akademien, in den Begegnungsräumen von Ge-

---

[54] Boyens, Das Stuttgarter Schuldbekenntnis, S. 388.
[55] Greschat, Die Schuld der Kirche, S. 180 ff.
[56] Vgl. hierzu Besier, Die politische Rolle des Protestantismus in der Nachkriegszeit.
[57] So auch Greschat, Die Schuld der Kirche, S. 315.
[58] Heidtmann, Hat die Kirche geschwiegen?, S. 94.

schichtswissenschaft, Volksbildung und kirchlich-theologischem Engagement zunehmend an Bedeutung, womit nach den Worten des Berliner Akademieleiters Erich Müller-Gangloff einem Mangel an Literatur über Hitler und einer geringen Verbreitung der wenigen einschlägigen Werke aufgrund des Vorwurfs der „Nestbeschmutzung" begegnet werden sollte. In den Diskussionsbeiträgen des Deutschen Evangelischen Kirchentages in Frankfurt im Sommer 1956 war das Thema „Vergangenheitsbewältigung" wiederum derart präsent, daß daraus sogar auf die genuin protestantische Prägung des Begriffes geschlossen worden ist[59]. Anläßlich der großen NS-Verbrecherprozesse im Jahr 1963 forderte der Rat der EKD mit größerem Nachdruck denn je dazu auf, das Ausmaß der „von deutschen Menschen mit staatlichen Gewaltmitteln geplanten, befohlenen und unbeschreiblich grausam ausgeführten Massenverbrechen endlich zur Kenntnis zu nehmen". Von Nestbeschmutzung könne „nur Unverstand ... reden, wo es in Wahrheit darum geht, ein schwerbeschmutztes Nest zu säubern"; denn es „waren die Irrwege unseres ganzen Volkes und die Versäumnisse von uns Christen"[60].

Der Ton, der jetzt anklang, stand im Zeichen eines tiefgreifenden Wandlungsprozesses des deutschen Protestantismus, in dem sich zwei Entwicklungen wechselseitig beeinflußten und verstärkten. Zum einen der bislang größte politisch-kulturelle Bewältigungsschub infolge einer Welle von Hakenkreuzschmierereien um 1959/60[61] sowie neuer großer NS-Prozesse; zum anderen das nach der Zäsur des Berliner Mauerbaus am 13. August 1961 unübersehbare Dahinschwinden auch der letzten Hoffnungen auf eine baldige Wiedervereinigung mit den Glaubensbrüdern und -schwestern in den mitteldeutschen Kernlanden des Protestantismus, die über die kirchenpolitischen Flügel hinweg eineinhalb Jahrzehnte lang mit heißem Herzen erstrebt worden war. Wie um die maßlos enttäuschten nationalen Sehnsüchte innerlich zu verarbeiten und den unabwendbar gewordenen Status quo ethisch zu legitimieren, rekurrierten die Kirchenleitungen nunmehr verstärkt auf den gesamtgesellschaftlich ohnehin immer wichtiger werdenden Topos der deutschen Schuld statt weiterhin von der „sittliche(n) Notwendigkeit" der Wiedervereinigung zu sprechen[62] und – wie noch die EKD-Synode anläßlich des Eichmann-Prozesses 1961 – zu betonen: „Keine Schuld ist so groß, daß sie ausgenommen wäre von der Vergebung Gottes ..."[63]. Zu dieser Entwicklung trug auch die Gründung einer evangelischen Arbeitsgemeinschaft „Juden und Christen" auf dem Kirchentag in Berlin 1961 bei, die sich um die überfällige Neubestimmung des Verhältnisses zwi-

---

[59] Vgl. Kittel, Die Legende, S. 16f.
[60] Heidtmann, Hat die Kirche geschwiegen?, S. 407, 402.
[61] Hierzu ausführlich die Darstellung im Kapitel X.
[62] So z.B. die Generalsynode der EKD im Mai 1955. Siehe Heidtmann, Hat die Kirche geschwiegen?, S. 214.
[63] Heidtmann, Hat die Kirche geschwiegen?, S. 340.

1. Shintôistische und protestantische Erinnerungslandschaften 105

schen beiden Religionen bemühte und damit die Matrix des deutschen Protestantismus nachhaltig veränderte[64].

In der vom Rat der EKD im Oktober 1965 veröffentlichten Denkschrift über „Die Lage der Vertriebenen und das Verhältnis des deutschen Volkes zu seinen östlichen Nachbarn" wurden die „den Deutschen angetanen Unrechtstaten" erstmals quasi kirchenamtlich begründet mit der „schwere[n] politische[n] und moralische[n] Schuld", die das deutsche Volk gegenüber seinen Nachbarn auf sich geladen hatte, und daraus implizit der Verzicht auf die seit 1945 polnisch bzw. russisch verwalteten Ostgebiete abgeleitet[65]. Nach Ansicht des Osteuropahistorikers Gotthold Rhode hatten die Autoren der Denkschrift unter dem Vorsitz des Tübinger Professors Ludwig Raiser nicht hinreichend bedacht, weshalb „gerade die Vertreibung Gottes Gericht" sei, das man hinzunehmen habe, „die Teilung Deutschlands und die Mauer in Berlin aber nicht"[66], doch war eben damit die spätere Entwicklung der EKD-Position zur Wiedervereinigung bereits angedeutet. Die von Rhode gestellte Frage, wo eigentlich die göttliche Strafe bleibe „für die Macht, die den Überfall (auf Polen 1939, M.K.) durch den Pakt vom 23. August erst ermöglichte und dann am 17. September 1939 Polen ... überfiel und überhaupt im Bündnis mit dem Nationalsozialismus eine Politik betrieb, die in nichts moralischer war als die ihres Partners"[67], hielt man in den Kirchenleitungen des deutschen Protestantismus seit Mitte der 1960er Jahre immer weniger für bedenkenswert, sondern setzte deutschland- und ostpolitisch auf das von Egon Bahr vor der Evangelischen Akademie Tutzing 1963 vorgestellte Projekt eines (inter-)nationalen „Wandels durch Annäherung". In welchem gesamtgesellschaftlichen Kontext die Ostdenkschrift stand, zeigt der Blick auf die einige Jahre später von der konzeptionellen in die operative Phase übergehende „neue Ostpolitik", die in den Verträgen von Moskau, Warschau, Prag und im Grundlagenvertrag mit der DDR den Status quo faktisch anerkannte.

Ohne das Bewußtsein von der historischen Schuld des deutschen Volkes, an dessen verstärkter Ausprägung die Evangelische Kirche in den 1960er Jahren nicht unerheblichen Anteil hatte[68], wäre die sozialliberale Ostpolitik schwerlich zu verstehen. Und auch die Geste des deutschen Bundeskanzlers Willy Brandt, der den Opfern des Warschauer Ghettos durch seinen histori-

---

[64] Nowak, Vergangenheit und Schuld, S. 123.
[65] Die Lage der Vertriebenen und das Verhältnis des deutschen Volkes zu seinen östlichen Nachbarn. Eine evangelische Denkschrift, S. 7 (Zitat), S. 42 ff. Zur Entstehung der Denkschrift und ihrer Diskussion siehe v.a. das zweite und dritte Kapitel in Rudolph, Evangelische Kirche und Vertriebene.
[66] Rhode, Brief an Bischof Lilje, S. 28.
[67] Ebd., S. 27.
[68] Und nicht nur in den 1960er Jahren, sondern darüber hinaus von 1945 bis 1989, so betont Kurt Nowak, sei der deutsche Protestantismus „zum Platzhalter und Sprecher deutscher Schuld geworden". Nowak, Vergangenheit und Schuld, S. 120.

schen Kniefall am Mahnmal Respekt bezeugte, konnte ihre Wirkung auf die eigenen Landsleute wohl nur in einer westlichen, protestantisch geprägten Erinnerungslandschaft voll entfalten. Vergleicht man diese mit den shintôistischen Formen des Totengedenkens in Japan, so findet sich – zumindest, wenn man die Spezifika der katholischen Position außer Betracht läßt – die von Ruth Benedict vorgenommene Unterscheidung zwischen westlicher Schuld- und fernöstlicher Schamkultur im Grundansatz bestätigt. Differenzierungen sind aber in zweierlei Richtung vorzunehmen:

So waren in Japan individuelle Verhaltensweisen zu beobachten, die nicht einfach auf den Nenner shintôistisch inspirierter Schamverweigerung zu bringen sind. Ausgerechnet ein Matsui Iwane, der nach dem Tokioter Prozeß wegen seiner Verantwortung für das Massaker von Nanking hingerichtete Oberbefehlshaber der japanischen China-Armee, hatte vor dem Richterspruch als Sühne für das Verbrechen auf einem Hügel in seiner Heimatstadt Atami einen Schrein errichten lassen. Dafür wurde Lehm von den Ufern des Yangtsekiang mit japanischer Erde vermischt und zu einer Statue der buddhistischen Göttin der Gnade geformt und gebrannt. Die Familie Matsuis stellte eigens eine Priesterin an, die vor dieser Statue für die chinesischen Opfer beten sollte[69]. Die Geste bleibt auch dann bemerkenswert, wenn sie vor allem darauf abzielte, die Tokioter Richter gnädig zu stimmen. Denn sie zeigt, daß im Rahmen des japanischen Synkretismus auch buddhistische Traditionen für die „Vergangenheitsbewältigung" von Bedeutung waren; sie könnte aber zugleich auch als Ausdruck der optimistischen Weltsicht des Shintô gedeutet werden, wonach Sünde kein in der Gesinnung wurzelndes Übel, sondern etwas Äußerliches ist, „das wieder abgewaschen werden kann".[70]

Auf der anderen Seite wurde gerade im christlichen Abendland bis ins 20. Jahrhundert hinein eine – in der griechisch-römischen Antike wurzelnde – Kultur der Amnestie (griechisch: „Nicht-Erinnern") gepflegt, d.h. eine kollektive Verpflichtung, nach Kriegen oder Bürgerkriegen an Verbrechen und Massaker, unabhängig von ihrem Ausmaß, nicht mehr zu erinnern. Im Edikt von Nantes (1598) verordnete Heinrich IV. expressis verbis, die Erinnerung an das Geschehene solle „ausgelöscht und eingeschläfert" sein, und beim Westfälischen Friedensschluß 1648 hieß es, „beiderseits soll das ewig vergessen und vergeben, alle Beleidigungen, Gewalttätigkeiten, Schäden und Untaten derart gänzlich abgetan sein, daß alles in ewiger Vergessenheit begraben sei"[71]. Erst im Zeitalter des Nationalismus und der Weltkriege des 20. Jahrhunderts sollte sich diese Haltung grundlegend ändern. Nachdem quasireligiöse totalitäre Ideologien teilweise mittels moderner Technologie

---

[69] Chang, Die Vergewaltigung von Nanking, S. 185.
[70] Lokowandt, Shintô, S. 32, 69 (Zitat).
[71] Meier, Erinnern – Verdrängen – Vergessen, S. 937ff.

und Bürokratie Massenverbrechen von monströser Dimension politisch organisiert hatten, wurde mit der Jahrtausende alten Tradition des Nicht-Erinnerns gebrochen und das an sich archaische Gesetz des „Niemals vergessen!" wie eine Art elftes Gebot als „moralische Verpflichtung wieder in Geltung gesetzt"[72].

Wie fremd der protestantisch geprägte Prozeß der „Vergangenheitsbewältigung", als „(inneres) Verarbeiten der Vergangenheit" (Duden, 2. Aufl. 1989) und aufgeklärter Umgang mit der problematischen eigenen Geschichte in der NS-Zeit verstanden, sich in einer shintôistischen Kultur ausnähme, zeigte sich schlaglichtartig im Juli 1992. Damals wurde das Wort „Vergangenheitsbewältigung" in der japanischen Öffentlichkeit – in einer Leitartikelserie der Zeitung *Asahi* zum Thema „Wiedergutmachung" – erstmals vor einem Millionenpublikum präsentiert und mit „Vergangenheitsüberwindung" rückübersetzt. Denn die Vorstellung, daß an Vergangenem irgend etwas aktiv und „innerlich" zu bewältigen wäre, käme dem Durchschnittsjapaner sehr fremd vor. Für ihn überwindet sich Vergangenheit „gewissermaßen selbst, indem sie Tag für Tag in weitere Ferne rückt und von der um sich greifenden Gegenwart bzw. wachsenden Vergangenheitsschichten verdrängt wird."[73]. Schon die schiere „faktische Präsenz der Nachkriegszeit" bewies in shintôistisch-konfuzianischem Verständnis von Vergangenheit mithin „die vollständige Überwindung der Vorkriegszeit"[74].

2. Geschichtspolitik

Merkmale einer shintôistischen Erinnerungslandschaft wies seit Mitte der 1950er Jahre auch das japanische Bildungssystem auf. Wichtige Reformen der unmittelbaren Nachkriegszeit wurden nun wieder rückgängig gemacht. Damals, im September 1945, hatte das japanische Erziehungsministerium selbst in vorauseilendem Gehorsam das Überpinseln militaristischer und ultranationalistischer Textstellen in den Schulbüchern angeordnet, und die amerikanische Besatzungsregierung hatte in der Shintô-Direktive vom Dezember des Jahres obendrein die Vermittlung shintôistischer Lehrinhalte sowie den schulischen Besuch von Schreinen untersagt. Auch das ominöse Kaiserliche Erziehungsedikt von 1890 wurde im Juni 1948 – mit Zustimmung des Parlamentes – per Erlaß der Militärbehörden abgeschafft. Die neuen Bücher verzichteten künftig auf religiöse Doktrinen und vor allem auch darauf, uralte japanische Mythen von alten Göttern und ihren kaiserlichen Nachkommen den Schülern als Realgeschichte zu präsentieren. Aller-

---

[72] So der Wiener Philosoph Rudolf Burger, Die Irrtümer der Gedenkpolitik, S. 13.
[73] Hijiya-Kirschnereit, „Kriegsschuld, Nachkriegsschuld". S. 327.
[74] Gluck, Das Ende der „Nachkriegszeit", S. 63.

dings war die Durchsetzung des Rationalitätsprinzips den US-Behörden nur gegen zähen Widerstand japanischer Stellen gelungen, die sich immer wieder hinter dem „tremendous problem of translation and typing" und daraus resultierenden Mißverständnissen verschanzten[75]. Bald nach dem Abzug der Amerikaner begannen sie mit einem erziehungspolitischen *roll back*. Die sogenannten „Abweichungen", denen die administrativ verordnete Umorientierung des Geschichtsunterrichts seit 1953 den Kampf ansagte, meinten Darstellungen von Fakten, „die der Ausbildung von Vaterlandsliebe im Wege standen und eine positive Einstellung zum Aufbau der Selbstverteidigungsstreitkräfte nicht förderten, natürlich auch Versuche einer offenen Vergangenheitsbewältigung"[76].

Ein von Ienaga 1952 verfaßtes und weit verbreitetes Lehrbuch für den Geschichtsunterricht an Oberschulen galt dem Erziehungsministerium vier Jahre später als „einseitig", d.h. zu kritisch hinsichtlich der japanischen Kriegführung in China. Der Historiker und damalige Gymnasiallehrer, in den Nachkriegsjahren von einem amerikakritischen Nationalkonservativen zum linken Sozialhistoriker mutiert, wurde aufgefordert, Passagen über das Nankingmassaker, Vergewaltigungen durch japanische Soldaten und die Menschenversuche in der Mandschurei zu streichen. Als seine wiederholten Versuche, dem Ministerium entgegenzukommen und das Buch umzuschreiben, der Behörde nicht weit genug gingen, zog der sich gedemütigt fühlende Ienaga 1965 vor Gericht, wo sich das Verfahren bis in die 1990er Jahre durch mehrere Instanzen zog[77]. Das Ministerium warf der Darstellung Ienagas vor, die Unterrichtsziele im Fach japanische Geschichte zu verfehlen, „wonach durch die Beschäftigung [mit der japanischen Geschichte] die Verdienste der Vorfahren anerkannt, das Bewußtsein als Japaner vertieft und eine starke Liebe zur Nation erweckt werden soll."[78] In der Folge dieser Politik verschwanden dunkle Kapitel wie das Massaker von Nanking von Mitte der 1950er bis in die 1970er Jahre hinein komplett aus den Schulbüchern[79].

Für den Prozeß der japanischen „Vergangenheitsbewältigung" höchst aufschlußreich ist die Entwicklung auch deshalb, weil im Schulbuch-Prüfungsamt des Erziehungsministeriums eine Reihe von Historikern untergekommen waren, die vor 1945 innerhalb des Faches zur nationalistischen Richtung um Hiraizumi Kiyoshi gehört und eine japanistische Geschichts-

---

[75] Zit. nach Rosenzweig, Erziehung, S. 133.
[76] Vorwort von Manfred Hubricht in: Inoue, Geschichte Japans, S. 9.
[77] Zu den Ienaga-Prozessen Conrad, Auf der Suche, S. 209f., Buruma, Erbschaft, S. 240–251, sowie Hicks, Japan's War Memories, S. 111–122, dort auch eine weiterführende Entstehungsgeschichte des „textbook screening" (S. 100–110).
[78] Zit. nach Foljanti-Jost, Schulbuchgestaltung als Systemstabilisierung, S. 40.
[79] Yoshida, A Battle over history, S. 76. Zu den Aktivitäten einer „Forschungsgruppe für ein freiheitliches Geschichtsbild" in Japan seit Mitte der 1990er Jahre Igari, Die Schulbuchkontroverse, S. 270–280.

auffassung vertreten hatten[80]. Ausgerechnet die im Rahmen des *purge* von den großen Universitäten vertriebenen Hiraizumi-Schüler dominierten also schon bald nach dem Friedensvertrag von San Francisco wieder die Geschichtspolitik der Regierung. Dies wurde ihnen freilich dadurch erleichtert, daß sich in der universitären Historikerschaft nach 1945 in „historiographischer Koalition"[81] mit den Alliierten die Marxisten durchgesetzt hatten. Gegen die Hervorbringungen einer weniger extremen, eher (links-)liberalen oder liberal-konservativen „Zunft" hätten sich die japanisch-nationalen Regierungsbeamten während der 1950er Jahre in der öffentlichen Meinung vermutlich weniger leicht mit Hilfe des antikommunistischen Zeitgeistes – und der Elternschaft – behaupten können, zumal auch die Lehrer in ihrer Mehrheit durchaus links-kritisch eingestellt waren[82]. Hinzu kam, daß die marxistischen Historiker die Kapitulation Japans vielfach nicht als eigenes Scheitern wahrnahmen, sondern als Bestätigung ihres politischen Standpunktes. Das Tennô-System mit Militär, Bürokratie, Monopolkapital und Großgrundbesitz wurde demnach zum hauptsächlichen Gegenstand ihrer stark binnenorientierten Kriegsschulddebatte; und diese rein objektiv angelegte Erörterung der Kriegsschuld ließ „keinen Raum für die Klärung der subjektiven Verantwortung eines jeden Individuums"[83]. Über japanische Kriegsverbrechen aufzuklären und die Opfererfahrungen asiatischer Nachbarländer zu berücksichtigen, fühlte sich auch die marxistische Geschichtswissenschaft nicht recht zuständig.

Statt dessen wurde spätestens seit Mitte der 1950er Jahre gesamtgesellschaftlich ein „revisionistisches" affirmatives Geschichtsbild prägend. Brandmarkte die marxistische Schule den Krieg zumindest als imperialistische Aggression gegen das unschuldige chinesische Volk, so hielt der ehemalige Obrist Hattori Takushirô in seiner 1953 veröffentlichten vierbändigen Militärgeschichte das Massaker von Nanking nicht einmal mehr der Erwähnung für bedürftig. Ebenso typisch wie für Hattori war für die Darstellung von Takeyama Michio, der 1956 eine „Geistesgeschichte der Shôwa-Zeit" (also der Jahre seit der Thronbesteigung des Tennô Hirohito 1926) vorlegte, die Betonung der Schicksalhaftigkeit der historischen Entwicklung, einschließlich der Japan vom Westen aufgezwungenen Modernisierung, die gleichsam zwangsläufig nach Pearl Harbor geführt habe. Der Weltkrieg erschien dabei in erster Linie als antikolonialer Kampf gegen die USA, wobei der in der Besatzungszeit untersagte Propagandabegriff des

---

[80] Vgl. Conrad, Auf der Suche, S. 211 f.
[81] Ebd., S. 199.
[82] So bekannte sich die Lehrergewerkschaft 1952 in einem ethischen Kodex zur „historischen Verpflichtung der Friedenssicherung" und warf der Regierung vor, einen neuen Krieg vorzubereiten. Thurston, Teachers and Politics, S. 87. Zum Verhalten von Lehrern im Klassenzimmer vgl. auch Krauss, Japanese Radicals Revisited, S. 59.
[83] Fuhrt, Erzwungene Reue, S. 40.

"Großostasiatischen Krieges", d.h. eines Befreiungskrieges der asiatischen Völker, wieder häufig auftauchte[84]. Für seine zeithistorische Rolle, so der bekannteste Hiraizumi-Schüler Murao Jirô in seiner Gesamtdarstellung über „Das Leben des Volkes" (1965), werde Japan „von den asiatischen Völkern Dank entgegengebracht"[85]. Die von ihm und anderen „revisionistischen" Historikern vertretene Auffassung, daß Geschichtsschreibung einen Beitrag zur Konstituierung der nationalen Gemeinschaft zu leisten habe und die jüngste Vergangenheit schon deshalb nicht so negativ dargestellt werden dürfe, wie dies die Marxisten unternähmen, wurde in der konservativen politischen Führung so weitgehend geteilt, daß japanisch-nationale Wissenschaftler von den Behörden auch privilegierten Quellenzugang erhielten[86]. Dagegen legten die zuständigen Stellen ihren großen Entscheidungsspielraum gegenüber marxistischen Historikern so ungünstig aus, daß diesen die Sichtung eventuell brisanter amtlicher Dokumente verwehrt blieb. Infolgedessen konnte man ihren Studien dann auch fast zwangsläufig einen Mangel an empirischer Basis vorwerfen[87].

Demgegenüber ermöglichte es in Westdeutschland eine von Bund und Ländern betriebene liberale Wissenschaftspolitik den Historikern, die zeitgeschichtlichen Quellen ausgiebig zu nutzen. Diese lagen im Vergleich zu Japan obendrein ungleich günstiger, nicht nur weil auf der Insel vor Ankunft der Amerikaner mehr zentrale Aktenbestände etwa aus der Provenienz des Auswärtigen Dienstes vernichtet worden waren, sondern auch weil die Besatzer in Nippon bei der Sichtung und Sammlung von amtlichem Beweismaterial zur Vorbereitung der Kriegsverbrecherprozesse weniger systematisch vorgegangen waren als in Deutschland. An dessen Archive hatte man die beschlagnahmten Bestände dann bald zum Zwecke der wissenschaftlichen Auswertung zurückgegeben. In Japan dagegen wurde überhaupt erst 1971 ein öffentliches Staatsarchiv (für die Regierungsakten seit der Meiji-Zeit 1868) eingerichtet, so daß die seit Ende der 1950er Jahre aus den USA zurückkommenden Dokumente in den Registraturen der staatlichen Ressorts verschwanden und die Forschung keinen systematischen Überblick über die Bestände gewinnen konnte[88].

---

[84] Conrad, Auf der Suche, S. 199f., 204f.
[85] Ebd., S. 211.
[86] Dies galt etwa für den Diplomatiehistoriker Tsunoda Jun, der 1962/63 mit seiner siebenbändigen Quellenedition über den „Weg in den Pazifischen Krieg" erstmals größere Archivbestände der Öffentlichkeit zugänglich machte; er deckte zwar die Verwicklung Tokioter Heeresstellen in die Vorbereitung des Mandschurei-Konfliktes oder auch die kriegstreibende Rolle der Marine auf, schilderte die Ereignisse aber insgesamt so, als sei Japan in den Krieg „hineingeschlittert". Conrad, Auf der Suche, S. 200.
[87] Ebd., S. 200ff.
[88] Nicht staatlich ausgebildete Archivare, sondern Beamte in Behördenarchiven bestimmten das Bild. Vgl. Broszat, Zeitgeschichte, S. 290.

2. Geschichtspolitik

Neben diesen unterschiedlichen materiellen Ausgangsbedingungen beider Zeitgeschichtswissenschaften muß auch ein ideeller Faktor berücksichtigt werden: Die marxistisch dominierte Historikerschaft in Japan stand spätestens seit Mitte der 1950er Jahre außerhalb der konservativ geprägten Gesellschaft, und diese weite Entfernung vom nationalen Geleitzug begrenzte ihren Einfluß erheblich. Die konservative Zunft der deutschen Geschichtswissenschaftler war dagegen integraler Bestandteil der Gesellschaft der Adenauer-Zeit und eben deshalb viel wirkungsvoller. In Japan konnte sich das Geschichtsbild von Marxisten und linken „Modernisten", denen sich die jüngere Entwicklung ihres Landes – rasches wirtschaftliches Wachstum bei vorenthaltenen politisch-sozialen Partizipationschancen – als „weltgeschichtlicher Sonderweg" darstellte, nicht durchsetzen[89]. In der Bundesrepublik dagegen prägten national-konservative Professoren wie Gerhard Ritter[90], der wegen seiner Haftzeit nach dem 20. Juli auch hohe moralische Autorität genoß, das historische Bewußtsein in den 1950er Jahren entscheidend mit, indem sie vor allem auch – gegen die Vorstellung von einem deutschen Sonderweg in das Dritte Reich – Bismarcks Reichsgründung als Implementation der nationalstaatlichen Bewegungsgesetze des 19. Jahrhunderts verteidigten und gleichzeitig dessen Außenpolitik scharf vom nationalsozialistischen Lebensraumwahn Hitlers abgrenzten[91]. Innerhalb eines derartigen, gesellschaftlich vermittelbaren historischen Erklärungszusammenhangs fand auch die politisch so wichtige Distanzierung vom untergegangenen Regime und von seinen Verbrechen viel eher Akzeptanz als dies in Japan auf der theoretischen Basis des Sonderwegs möglich war. Ja, die anfangs dominierende Konzentration auf die normative Distanzierung vom Nationalsozialismus selbst, statt auf wirkliche oder vorgebliche Strukturfehler der deutschen Modernisierung, hat nolens volens wohl erst die Grundlagen dafür geschaffen, daß in den 1960er Jahren dann auch in der Historikerzunft der Bundesrepublik – allerdings mit sehr viel mehr gesamtgesellschaftlichem Nachdruck – über den nationalen Sonderweg und den – wie Fritz Fischer meinte – wiederholten deutschen „Griff nach der Weltmacht" diskutiert werden konnte. Das Sträuben vieler Historiker in der Adenauer-Zeit, sich der Geschichte der NS-Massenverbrechen „direkt und ungeschützt zu stellen", ihre „halben Zugeständnisse" und „verzweifelten Traditionsrettungen" waren – so hat es Nikolas Berg beschrieben – „nicht das Gegenteil eines Nachdenkens über den Nationalsozialismus ..., sondern das Medium, in welchem es stattfinden konnte."[92]

---

[89] Conrad, Auf der Suche, S. 405.
[90] Vgl. Cornelißen, Gerhard Ritter.
[91] Conrad, Auf der Suche, S. 65.
[92] Berg, Lesarten des Judenmords, S. 138. Andere Einsichten Bergs, der den Beitrag zur Erklärung des Holocaust zum alleinigen Maßstab macht, an dem die deutschen Historiker nach 1945 zu messen seien, und dabei die erinnerungskulturelle Notwendigkeit der Erforschung

IX. „Vergangenheitsbewältigung" und politische Kultur

Die unter erinnerungskulturellen Aspekten vergleichsweise günstige Entwicklung der bundesdeutschen Geschichtswissenschaft zeigte sich auch da, wo sie mit am breitesten in die Gesellschaft hineinwirkte: im Bereich der Schulbücher. Zwar war in der Bundesrepublik gerade am Anfang der 1950er Jahre ein beträchtliches Maß an didaktischer Unsicherheit gegenüber einem Zeitabschnitt festzustellen, der erst wenige Jahre zurücklag und wissenschaftlich noch kaum erforscht sein konnte. So wurde z. B. Hitlers Kriegspolitik in einem einschlägigen Geschichtsbuch zunächst nur als „verfehlt", in einer späteren Auflage erst als „verbrecherisch" bezeichnet[93], doch wurde aufs Ganze gesehen im ersten Jahrzehnt der Bundesrepublik, unterstützt von „zahlreichen Fortbildungstagungen..., geleitet von neuen Lehrplänen, mit Hilfe von neuen Schulbüchern sowie des neuen Handbuchs von Rassow ... ein solider Geschichtsunterricht erteilt"[94], der die Terrormaßnahmen des NS-Staates keineswegs verharmloste oder gar verschwieg[95]. Als nach der neonazistischen Schmierwelle 1959/60 die auch vorher immer wieder einmal erhobene Klage über den geringen zeitgeschichtlichen Kenntnisstand der deutschen Schüler („Hitler und Ulbricht – Fehlanzeige"[96]) besonders laut wurde, versicherte der international bekannte Schulbuchforscher Georg Eckert dem kulturpolitischen Ausschuß beim SPD-Parteivorstand: „An den Schulbüchern liegt es bestimmt nicht mehr"[97]. Allerdings gab es offensichtlich Lehrer, die an das Thema „Nationalsozialismus" aus biographischen oder politischen Gründen tatsächlich nicht recht heranwollten, woraus sich später dann der Mythos von der pauschalen Verdrängung des Dritten Reiches an den Schulen der Adenauer-Zeit speiste. Restaurative Eingriffe der staatlichen Kultusbehörden, ob sie nun sozial-, christ- oder freidemokratisch regiert wurden, zwecks Ausmerzung von Schulbüchern, die offen über NS-Verbrechen unterrichteten, wären jedoch – und das ist entscheidend – in der Bundesrepublik ganz und gar unvorstellbar gewesen.

---

des Nationalsozialismus und seiner Strukturen unterschätzt, sind weniger nachvollziehbar; etwa auch die Kritik an Hans Rothfels, den „allgemeinen apologetischen Reflex der Deutschen nach 1945 als Wissenschaft" etabliert zu haben. Vgl. Berg, Der Holocaust und die westdeutschen Historiker, S. 163.

[93] Uhe, Der Nationalsozialismus in den deutschen Schulbüchern, S. 245.
[94] Kosthorst, Von der „Umerziehung" über den Geschichtsverzicht zur „Tendenzwende", S. 138.
[95] Zu diesem Urteil kam 1961 auch Oberstudiendirektor Karl Mielcke, der auf Anregung der Ständigen Konferenz der Kultusminister über fünfzig Lehrbücher untersucht hatte. Mielcke, 1917–1945 in den Geschichtsbüchern der Bundesrepublik, S. 68.
[96] Rheinischer Merkur, 22. Mai 1959.
[97] Der Vorwärts, 29. Januar 1960.

3. Die Rolle der Journalisten

Die geringe Durchschlagskraft der vergangenheitskritischen Historiker im öffentlichen Diskurs Japans hing auch damit zusammen, daß es ihnen an Unterstützung aus dem weiteren intellektuellen Milieu mangelte. Ein Exodus der Kultur hatte in den Jahren des Militärregimes nicht stattgefunden, einen japanischen Thomas Mann gab es nicht. Innere Emigration war – von wenigen Kommunisten abgesehen – die höchste Form des Widerstandes unter Künstlern und Literaten geblieben. So hatten etwa Schriftsteller wie Nagai Kafû im privaten Kreis oder in ihren Tagebüchern die Vulgarität des Militarismus beklagt. Aber die allermeisten hatten sich angepaßt, nicht zuletzt viele ehemalige Linke, die in den 1930er Jahren in Form eines *tenko* ihren Überzeugungen abschworen. Auch wenn sie sich nach 1945 nicht selten sofort wieder dem Marxismus zuwandten, waren sie offensichtlich kaum disponiert, Beiträge zur Bewältigung der Vergangenheit zu leisten oder auch nur einzufordern[98].

Mehr noch galt dies für die japanischen Journalisten, die oft bis 1945 dem zunehmenden Ultranationalismus das Wort geredet und publizistisch für die „Großostasiatische Wohlstandssphäre" agitiert hatten. So hatten die herrschenden Militärs bezeichnenderweise keine einzige Zeitung verbieten müssen. Denn die meist von Samurai gegründeten Blätter waren schon vor der Machtübernahme des Militarismus traditionell in engstem Verhältnis zur nationalen Obrigkeit gestanden. Die Bereitschaft, sachliche Berichterstattung und kritische Kommentierung aufzugeben, um die Informationskanäle zur Macht nicht zu verlieren, war ebenso weit verbreitet wie der am Ende des 19. Jahrhunderts sich endgültig verfestigende „Geist des Ausgleichs und der Mäßigung um (fast) jeden Preis".[99]

Zwar hatten die US-Besatzer geplant, die Zeitungslandschaft grundlegend zu verändern, doch die allgemeine wirtschaftlich-soziale Lage, Papierknappheit, mangelhafte Produktionsanlagen und Fachkräftemangel hatten die Neugründung von Zeitungen gehemmt. Gewiß hatten die bald nach Kriegsende entstandenen Betriebsgewerkschaften die Führung der drei größten Zeitungen zum Rücktritt gezwungen. Und im Rahmen des *purge* wurden immerhin die Aktivitäten mutmaßlicher Ultranationalisten zwischen 1937 und 1941 (wenn auch nicht bis 1945!) überprüft[100]. Doch traten nach Aufhebung der alliierten Vorzensur (1948) und dem Ende der Berufsverbote die 1945/46 „hinweggesäuberten" Zeitungsleute wieder in Erscheinung. Auf der Basis der institutionellen und personellen Kontinuitäten kam es zu einer Fortsetzung japanisch-nationaler Traditionen im Journalis-

---

[98] Vgl. Buruma, Erbschaft, S. 84, sowie Iwabuchi, Die Vergangenheitsbewältigung.
[99] M. Pohl, Presse und Politik in Japan, S. 11 ff., Zitat S. 14.
[100] Vgl. Baerwald, The Purge, S. 37 f.

mus[101]; zumal nicht nur die kommunistisch gesinnten Journalisten, die in vielen Redaktionen kurzzeitig das Ruder übernommen hatten, bereits Ende der 1940er Jahre im Zuge der zweiten, „roten" Säuberungswelle wieder entfernt worden waren, sondern mit ihnen auch manche Liberale, die nur im Verdacht kommunistischer Überzeugungen standen.

Ihrem Selbstverständnis nach neigten die japanischen Journalisten weiterhin dazu, ihre Arbeit der nationalen Räson unterzuordnen und gerade erinnerungskulturelle Tabus hinsichtlich der Rolle des Tennô im Krieg oder der Beziehungen zu Korea zu beachten. Trotz uneingeschränkter Pressefreiheit gab es im Journalistenstand also mentale Hemmungen, einer womöglich nicht regierungskonformen „heißen Story" nachzujagen, zumal dann, wenn man bei einem Thema die Bevölkerungsmehrheit nicht hinter sich wissen konnte. Zur „Vierten Gewalt" wurde die japanische Presse nicht aufgrund ihrer demokratischen Wächterfunktion, sondern als Teil des politischen Establishments, mit dem sie nach wie vor eng verknüpft ist[102]. Daß die bekannten „großen fünf"[103] Tageszeitungen des Landes sich bei zentralen politischen Fragen oft wie in einem „anonymen Konsensus"[104] verbunden zeigten, verwundert nicht, wenn man bedenkt, wie sehr alle führenden Blätter – mit der einzigen Ausnahme der kommunistischen *Akahata* (Rote Fahne) – „von der konservativen Politik und ihren Teilinteressen gesteuert" waren[105].

Häufig auch wechselten Journalisten unter diesen Auspizien ganz in die Politik und bestätigten damit im Umkehrschluß die alte Empfehlung des *Tokyo Nichi-nichi Shimbun*-Herausgebers: „Wenn man nicht Ministerpräsident werden kann, sollte man Journalist werden!"[106] Vor allem die Fraktion der Konservativen wies traditionell einen auffallend hohen Anteil an Zeitungsleuten auf, darunter auch viele *oya-bun* („Bosse"), d.h: Vertrauensleute der Wirtschaft, der Ministerialbürokratie oder der parlamentarischen Ausschußvorsitzenden[107]. Exemplarisch genannt sei Ogata Taketora, der seine journalistische Karriere bei der bedeutenden *Asahi* begonnen hatte, während des Krieges 1944 bis zum Staatsminister und Chef des Informationsamtes avancierte, dafür in den Jahren 1946 bis 1951 auch mit Berufsverbot belegt war, aber 1952 unmittelbar nach seiner Wahl in das Unterhaus erneut Staatsminister und Kabinettssprecher wurde und als führendes Mitglied der konservativen Regierungspartei schließlich sogar als aussichtsrei-

---

[101] M. Pohl, Presse und Politik in Japan, S. 22.
[102] Ebd., S. 29 ff., 38 ff., 50 f.
[103] Wagner, Massenmedien, in: Pohl/Mayer, Länderbericht Japan, S. 455–460, hier S. 456.
[104] M. Pohl, Presse und Politik, S. 51.
[105] So Zahl, Die politische Elite Japans, S. 179, im Blick auf die 1950er und 1960er Jahre.
[106] Zit. nach M. Pohl, Presse und Politik, S. 16.
[107] Zahl, Die politische Elite Japans, S. 114.

cher Kandidat für das Amt des Premierministers galt, ehe er im Alter von 68 Jahren Anfang 1956 überraschend verstarb[108].

In der Bundesrepublik Deutschland wären derartige Karrieren dagegen kaum denkbar gewesen, da die Reform des Mediensystems in den westlichen Zonen viel weiter gegangen war als in Japan. 1945 wurden alle bestehenden Zeitungen von den Besatzungsmächten aufgelöst, auch die vom NS-Staat verbotenen durften nicht einfach wiedererscheinen, sondern bedurften so wie alle neuen Blätter einer Lizenz, die von den Besatzungsbehörden nur an politisch nicht Vorbelastete als Herausgeber vergeben wurden[109]. Welche Folgen dies haben konnte, mag aus dem Beispiel Bayerns erhellen, das bei Landtagswahlen 1946 seine Verbundenheit mit der neugegründeten christlich-konservativen CSU bereits dokumentiert hatte, wo sich unter den Lizenzträgern aber noch Ende 1948 mehr Sozialdemokraten als Christlich-Soziale befanden. Und als die Altverleger mit der „Generallizenz" im Juni 1949 wieder die Möglichkeit erhielten, in das publizistische Geschehen einzugreifen, konnten sie den sachtechnischen und wirtschaftlichen Vorsprung der neuen Zeitungen in aller Regel nicht wieder einholen[110]. Der von den Alliierten verordnete tiefgreifende Wandel der deutschen Medienlandschaft betraf aber auch die Chefredakteurspositionen, die nun durchgängig mit Journalisten besetzt wurden, die dem Dritten Reich distanziert gegenübergestanden hatten. Zwar tauchten in den 1950er Jahren wieder Publizisten wie Henri Nannen oder Werner Höfer auf, die einst mit der Feder ihren Beitrag zum „Endsieg" geleistet hatten, aber sie gelangten bei der wichtigen überregionalen Presse oder gar beim Rundfunk „meist nur noch dann in einflußreiche Positionen, wenn sie sichtbare Zeichen von Sinneswandel erkennen ließen"[111]; ja etliche unter ihnen haben die Austilgung des Nationalsozialismus offensichtlich mit besonderem Nachdruck betrieben, um Fragen nach ihrer belastenden Tätigkeit im Dritten Reich gar nicht erst aufkommen zu lassen. Das bedeutete indes auch, daß sie die unrühmliche Vergangenheit des eigenen Berufsstandes lieber nicht zum Thema machten.

Gerade beim lautstarken *Spiegel*-Journalismus fiel der „doppelte Standard im Umgang mit der eigenen Geschichte und der Verwendung vergangen-

---

[108] Vgl. M. Pohl, Presse und Politik, S. 13; Zahl, Die politische Elite Japans, S. 399. Vertiefend die Studie von Gäthke, Ogata Taketora – Journalist und Politiker. Weitere „Bosse" journalistischer Provenienz waren z. B. Miki Bukichi, 1946–1951 mit Berufsverbot belegt, nach seinem politischen Comeback eine der wichtigsten Antriebskräfte für die Gründung einer konservativen Einheitspartei 1955, oder Kôno Ichirô, Berufsverbot ebenfalls zwischen 1946 und 1951, aber 1954 bereits wieder Minister für Landwirtschaft und Forsten. Vgl. Zahl, Die politische Elite Japans, S. 114, 363 f., 346 f.
[109] Plitsch-Kußmaul, Die Entstehung und Ausprägung der Mediensysteme, S. 74, 325.
[110] Koszyk, Pressepolitik für Deutsche, S. 472 f.; Weiß, Journalisten, S. 252 f.;
[111] Schwarz, Die Ära Adenauer, S. 411. Eine andere Position, stärker an personellen Kontinuitäten als an den Inhalten journalistischer Arbeit orientiert, vertritt Hodenberg, Die Journalisten, v.a. S. 286 ff.

heitspolitischer Argumente gegenüber Dritten auf"[112]. Besonders pikant wirkte es, wenn das Hamburger Nachrichtenmagazin die Wiedervereinigungspolitik des „rheinischen Separatisten" Adenauer von rechts her kritisierte, weil der die Freiheit der Bundesrepublik nicht für die Einheit Deutschlands aufs Spiel setzen wollte. Denn dies warf zumindest die Frage auf, ob die „SS-Offiziere in leitender Funktion" sowie ein weiteres „gutes Dutzend Redakteure und Mitarbeiter mit eindeutiger NS-Zuordnung"[113], die unter dem nationalliberalen Herausgeber Rudolf Augstein arbeiteten, die Größe Deutschlands nach wie vor für wichtiger nahmen als den Wert der Demokratie. Dennoch ist aufs Ganze gesehen zu konstatieren, daß die publizistische Elite der Nation, schon lange bevor der *Spiegel* ab 1962 zum „Sturmgeschütz der Demokratie" avancierte, unzweifelhaft „nützliche Orientierungshilfen"[114] bei der Dekontaminierung von der nationalsozialistischen Weltanschauung und der Aufklärung über die NS-Verbrechen geliefert hat. Ein Sachverhalt, der im Vergleich mit den wesentlich bescheideneren Beiträgen der japanischen Medien zur nationalen Erinnerungskultur besonders ins Auge springt und der nachdrücklich auf die Bedeutung der besatzungspolitischen Weichenstellungen für die relativ intensive „Vergangenheitsbewältigung" in der Bundesrepublik verweist.

4. Schlüsselfunktion des (regierenden) Konservativismus bei der „Vergangenheitsbewältigung"

Die Dichte des konservativen „journalistisch-politischen Komplexes" trug maßgeblich zu der von 1955 bis in die frühen 1990er Jahre dauernden Alleinherrschaft der „Liberaldemokratischen Partei" bei – und bereits vorher zur führenden Rolle ihrer Vorgängerorganisationen. Beide Phänomene bieten einen Hauptschlüssel zum Verständnis der japanischen Erinnerungskultur, deren wesentliches Kennzeichen die letztlich nur halbherzige Wandlung des nationalen Konservativismus ist. Gerade damit aber entsprach er dem mentalen Mainstream der japanischen Nachkriegsgesellschaft am deutlichsten und vermochte er die politische Kultur des Landes von seinen Bastionen in Regierung, Parlament, Wirtschaft und Medien aus entscheidend zu formen. An der symbolischen Gründerfigur des japanischen Nachkriegskonservativismus, Yoshida Shigeru, läßt sich dies zeigen.

Der 1906 bis 1939 in langen Jahren an Botschaften in Europa, Amerika und China politisch sozialisierte Diplomat, dessen Familie sich schon zu Beginn der Meiji-Zeit zur bürgerlichen Freiheitsbewegung und zum Frei-

---

[112] Hachmeister, Ein deutsches Nachrichtenmagazin, S. 118.
[113] Ebd., S. 90f., 98 (Zitat).
[114] Graml, Die verdrängte Auseinandersetzung mit der NS-Vergangenheit, S. 172.

handel bekannt hatte, war ein Exponent der anglophilen Richtung der japanischen Außenpolitik, überzeugt davon, daß sich sein Land auf dem chinesischen Festland nur würde behaupten können, wenn es auf einseitiges militärisches Vorgehen verzichtete und sich in der Konkurrenz mit westlichen Großmächten an internationale Spielregeln hielt. Wegen seiner prowestlichen Haltung und seines Engagements für Japans Verbleib im Völkerbund geriet Yoshida in den 1930er Jahren mehr und mehr in einen Gegensatz zur Generalität, was 1939 zu seiner Entlassung aus dem Diplomatischen Dienst führte und ihm kurz vor Kriegsende wegen Beteiligung an geheimen Friedensverhandlungen die Verhaftung durch die *kempeitai* einbrachte. In den Augen der Besatzungsmacht qualifizierte ihn aber gerade diese Vergangenheit auch zum Architekten einer neuen japanischen Außenpolitik. Zunächst als Außenminister, von 1946 bis 1954 dann (mit kurzer Unterbrechung 1947/48) als Ministerpräsident wies er die neutralistischen Konzepte der politischen Linken zurück und machte die Freundschaft mit den Vereinigten Staaten zum Fundament japanischer Außenpolitik[115].

So positiv man Yoshidas pragmatische Diplomatie im Dienste wohlverstandener Wirtschafts- und Sicherheitsinteressen seines Landes auch einschätzen kann, so wichtig seine Kontrollfunktion an der Spitze eines staatlichen Verwaltungsapparates auch war, in dem vielfach noch altes Denken herrschte, so klar ist doch auch zu sehen, daß die „Westernisierung" japanischer Außenpolitik von keiner ebenso tiefgreifenden „Vergangenheitsbewältigung" im Inneren begleitet wurde – nicht zuletzt weil Yoshida selbst die von den Besatzungsbehörden im Kampf gegen den Ultranationalismus ergriffenen Säuberungsmaßnahmen für überzogen hielt und kaum etwas unversucht ließ, um sie von seiner einflußreichen Position aus – auch bereits vor 1952 – wieder rückgängig zu machen. Aus Rachebedürfnis, so stellte sich der *purge* in Yoshidas Augen dar, hätte die Besatzungsmacht „Bereinigungen" in einem Ausmaß durchgeführt, „wie man es wohl kaum in einem anderen Land, von den kommunistisch beherrschten abgesehen, vorfindet."[116] Den Vergleich mit Deutschland ließ er nicht gelten, da Japan kein totalitäres Regime gewesen sei und die Militaristen „nur für vorübergehende Zeit [...] in unserem Lande das Heft in der Hand gehabt" hätten.[117] Anders als bei der „Nazi-Partei" in Deutschland seien etwa die Mitglieder der Gesellschaft zur Förderung der Kaiserlichen Herrschaft, so sie Bürgermeister waren, auch automatisch Führer von Ortsgruppen gewesen. Diese „gemäßigten und zuverlässigen Elemente des Landes" würden durch die Säuberungsaktion künftig von jeder öffentlichen Tätigkeit abgeschreckt[118]. Immerhin durfte sich Yoshida aber etwas darauf zugute halten, das Ausmaß

---
115 Zahl, Die politische Elite Japans, S. 139–142, 468f.
116 Yoshida, Japan im Wiederaufstieg, S. 144.
117 Ebd.
118 Ebd., S. 149.

der Aktion im Presse- und Verlagswesen „auf ein zumutbares Mindestmaß" reduziert und durch einen bewußten Übersetzungsfehler nicht, wie von der Besatzungsbehörde gefordert, sämtliche Direktoren ausgeschaltet zu haben, sondern lediglich die Generaldirektoren. Die 1947, 1949 und 1951 eingesetzten „Berufungsämter", so betont Yoshida in seinen Erinnerungen stolz, hätten zudem sukzessive 10 000, 177 000 und 9000 der über 200 000 gesäuberten Personen rehabilitiert, und 1952 seien schließlich sämtliche Säuberungsgesetze aufgehoben worden, darunter auch so „merkwürdige", vom *General Headquarter* durchgesetzte Anordnungen wie das gegen die Ausgeschalteten gerichtete Verbot, sich politisch zu betätigen sowie Einfluß auf Führungspersönlichkeiten zu nehmen[119].

Die Wiederkehr der „Ehemaligen" wurde vor dem Hintergrund dieser konservativen Haltung zur „Vergangenheitsbewältigung" ab 1952 zu einem ubiquitären Phänomen. Hatte sich bei den ersten Nachkriegswahlen im April 1946 der „Sprung von der Oligarchie der Thronberater zum Parlamentarismus"[120] auch darin manifestiert, daß es – nicht zuletzt infolge von Berufsverboten gegen „ältere Jahrgänge" – einen merklichen Verjüngungsschub zu Gunsten von Abgeordneten aus Kreisen des Mittelstandes gab und 80% der Gewählten junge, politisch unerfahrene Neulinge waren[121], so nahm der (1946 bei zwei bis drei Prozent liegende) Anteil konservativer Politiker aus der Beamtenlaufbahn im Unterhaus bis 1955 um das Zehnfache zu. Bei der ersten Parlamentswahl nach dem Ende der Besatzungszeit 1952 konnten sich die vorher als Militaristen und Nationalisten gesäuberten Politiker in 42% der Fälle gegen unbelastete Konkurrenten durchsetzen. Die Erfolgsquote dokumentierte, daß der Status als „Gesäuberter" kein großes Manko bedeutete, weil es den Wählern offensichtlich entscheidend auf politische Erfahrung ankam, die am ehesten eine wirkungsvolle Durchsetzung der eigenen Klientelinteressen versprach[122]. Bereits vorher hatten Meinungsumfragen belegt, wie weit verbreitet die Ansicht war, die „Entmilitarisierten" sollten nach dem Ende der Restriktionen wiederkehren und ihre weniger qualifizierten Nachfolger ersetzen[123].

Tatsächlich war es gesäuberten Honoratioren auch im kommunalpolitischen Bereich teilweise gelungen, unbelastete, aber willfährige „Ersatzkandidaten" in ihre Positionen zu heben. Baerwald hat dies etwa für das Dorf Shima aufgezeigt, wo der gesäuberte Vorsitzende der Kaiserlichen Hilfsgesellschaft einen allgemein als seine „Puppe" wahrgenommenen Nachfolger als Bürgermeister durchsetzte. Viele Gemeinden vermochten selbst derart milde Konsequenzen aus der Säuberung zu umgehen. Aufschlußreich für

---

[119] Ebd., S. 156 ff., Zitat S. 153.
[120] Zahl, Die politische Elite Japans, S. 107.
[121] Montgomery, Forced to be Free, S. 43.
[122] Ebd., S. 48–52.
[123] Ebd., S. 32.

4. Schlüsselfunktion des Konservativismus

die Atmosphäre des Schlußstrichs waren Veranstaltungen wie die in Ukawara in der Präfektur Nagano, wo der Bürgermeister die Aufhebung der Säuberungsrestriktionen öffentlich feiern und die „Gesäuberten" Reden halten ließ, in denen sie ihr Verhalten während des Krieges rechtfertigten. Die Verdienste des „gesäuberten" Altbürgermeisters wurden jetzt sogar von denen gewürdigt, die ihn einst als „Dorf-Tôjô" kritisiert hatten. Ein ehemaliger Chef der Kaiserlichen Reservevereinigung verlieh der allgemeinen Stimmung Ausdruck: Es ist eine Ehre, zu den „Gesäuberten" zu gehören[124].

Da sich die japanische Öffentlichkeit nicht einmal gegen das Comeback eines Großteils der gesäuberten politischen Führungskräfte auflehnte[125], konnten Spitzenbeamte aus der Laufbahn des alten Innenministeriums, die das Kriegsende 1945 ohne jeden Karriereknick überstanden hatten, in den 1950er Jahren um so eher reihenweise auch Chefpositionen im sogenannten Verteidigungsamt, in der Obersten Polizei- oder Obersten Personalbehörde übernehmen[126]. Noch bemerkenswerter war nur der unaufhaltsame Aufstieg von Abgeordneten wie Hatoyama Ichiro oder Kishi Nobusuke. 1945/46 bis 1952 mit Berufsverbot belegt bzw. sogar inhaftiert, brachten es beide bis in das Amt des Ministerpräsidenten.

Hatoyama, dessen konservative „Liberale Partei" 1946 die ersten Unterhauswahlen gewonnen hatte, war bereits damals auf dem Sprung in das Ministerpräsidentenamt gewesen. Doch traf ihn der Bannstrahl der Besatzungsbehörde, die ihn mit politischem Betätigungsverbot belegte. Hatoyama war, wie zur Begründung der Maßnahme aufgelistet wurde, nicht nur als Erziehungsminister zwischen 1931 und 1934 mitverantwortlich für die Massenentlassung und -verhaftung von Lehrern, die im Verdacht „gefährlicher Gedanken" standen, er hatte auch für eine gewerkschaftsfeindliche Politik nach nationalsozialistischem Vorbild geworben, als persönlicher Emissär des Premierministers auf einer Europa- und Amerikareise 1937 Japans expansionistische China-Politik gerechtfertigt und sich insgesamt mit einer „Politik der Welteroberung" identifiziert[127]. Nach Aufhebung des Berufsverbotes 1952 stand Hatoyama rasch wieder an der Spitze einer neuen, konservativen Partei, deren Erfolge – und das in der Öffentlichkeit weit verbreitete Bewußtsein, daß ihm und anderen 1946 Unrecht getan worden sei – ihm schon 1954 die Eroberung des Ministerpräsidentenamtes erlaubten. Die vorübergehend ausgeschaltete „binnenländisch-nationalistische" Richtung des japanischen Konservativismus konnte sich damit aber auch deswegen durchsetzen, weil sich nach der sechsjährigen Regierungszeit Yoshidas die Stimmen derer gemehrt hatten, die sich außenpolitisch nicht ganz so eng an

---

[124] Ebd., S. 151 ff., 157, 160.
[125] Zahl, Die politische Elite Japans, S. 204.
[126] Ebd., S. 109, 136 f.
[127] Baerwald, The Purge, S. 21–24.

die USA anlehnen und normale Beziehungen zur UdSSR aufnehmen wollten[128].

Der Höhepunkt der restaurativen Entwicklungen in der politischen Führungsschicht Japans wurde schließlich 1957 erreicht, als Kishi, dessen Karriere „viele Ähnlichkeiten mit der von Albert Speer" aufwies[129], zum Ministerpräsidenten avancierte. In den 30er Jahren stellvertretender Minister für Industrie und Handel, während des Krieges Staatssekretär im Rüstungsministerium, war er 1945 als Kriegsverbrecher der Kategorie A eingestuft worden und hatte drei Jahre im Gefängnis verbringen müssen. Nach Aufhebung des Berufsverbotes konnte er aber seine Karriere als Leiter der Wiederaufbau-Vereinigung, ab 1955 als erster Generalsekretär der fusionierten LDP fortsetzen. Mit ihm gewannen Senioren der alten wirtschaftlichen Planungsbürokratie wieder an Einfluß, die wie Kishi maßgeblich am Aufbau der mandschurischen Industrie beteiligt gewesen waren[130]. Hätte ein 1960 geplanter Besuch des US-Präsidenten nicht in letzter Minute abgesagt werden müssen, weil man um seine Sicherheit fürchtete, und Eisenhower tatsächlich einem führenden Mitglied des Pearl Harbor-Kabinetts seine Aufwartung gemacht, so wäre dies wohl „eine der größten Ironien der neueren Geschichte" gewesen[131].

Stärker noch als die personellen Kontinuitäten im konservativen Milieu waren die geistigen. Dies zeigte sich besonders bei Fragen, wo es um die nationale Identität des Landes ging. Selbst Yoshida, prominentester Exponent des liberalen Flügels der Konservativen und Verfechter eines demokratisch-aufgeklärten Tennô-Ideals, wirkte in seinem Nationalbewußtsein gänzlich unerschüttert. Aufschlußreich sind hierbei die Motive, die ihn zu jenem erziehungspolitischen *roll back* veranlaßten, das während seiner Amtszeit stattfand. Zwar zeigte Yoshida ein gewisses Verständnis für die *reeducation* nach 1945, da aus Patriotismus und Tennô-Verehrung – „vor dem Krieg ... hervorstechende Qualitäten des Japaners" – Ultranationalismus und „Militaristenhörigkeit" geworden seien, doch wurde für ihn schon in den Jahren bis 1948 deutlich, daß „demokratische Erziehung als abstraktes Konzept" den Verlust von Patriotismus und Ehrfurcht vor dem Kaiser nicht wettmachen konnte, daß Volksschullehrer wie Universitätsprofessoren nunmehr hilflos, „ohne festumrissenes Ziel" und „ohne rechtes Selbstvertrauen" unterrichteten und – zu Lasten von amerikanisch inspirierter Gemeinschaftskunde – japanische Geschichte und Geographie, wenn überhaupt, nur noch

---

[128] Dem diente dann im Oktober 1956 Hatoyamas Moskau-Besuch. Vgl. Zahl, Die politische Elite Japans, S. 228.
[129] So Buruma, Erbschaft, S. 82.
[130] Zu ihren „reform-kapitalistischen Bestrebungen" vgl. Zahl, Die politische Elite Japans, S. 143.
[131] Hicks, Japan's War Memories, S. 22.

4. Schlüsselfunktion des Konservativismus

in einer Art und Weise lehrten, „die das Kaiserliche Haus als eine ununterbrochene Linie von Tyrannen darstellte"[132].

Am meisten erstaunte Yoshida die Tatsache, daß viele Lehrer das Singen der japanischen Nationalhymne und das Hissen der Flagge als feudalistisch ablehnten, weshalb er angesichts eines „solchen Tiefpunkts"[133] im Mai 1950 den Philosophieprofessor und Universitätsrektor Amano Teiju als neuen Erziehungsminister gewann. Dieser war davon überzeugt, daß zwar vor und während des Krieges zu viel Wert auf den Staat und zu wenig auf das Individuum gelegt worden sei, daß sich danach aber alles nur noch um den einzelnen gedreht habe und das staatliche Ganze folglich nicht mehr genügend Beachtung finde. Am 3. November 1950 – vor dem Krieg war dieses Datum ein nationaler Feiertag zu Ehren von Kaiser Meiji gewesen – machte Amano deutlich, wie er sich den „Mittelweg" zwischen beiden Extremen vorstelle. An diesem „Kulturtag" gab er eine Erklärung für das Singen der (zutiefst monarchistischen) Nationalhymne und das Hissen der Flagge ab, das bereits vorher vom *General Headquarter* gebilligt worden war, und sprach sich für einen „Nationalen Verhaltenskodex" aus. Amanos Amtsnachfolger Odate Shigeo ergriff 1954 darüber hinaus die Initiative, um sich endlich jener Lehrer zu entledigen, „die Schulzimmer dazu mißbrauchten, dort ihre extremen Ideen zu propagieren und gegen den Staat gerichtete Wühlarbeit zu leisten". Entsprechende Gesetze wurden im Mai 1954 gegen den erbitterten Widerstand der Erziehungsgewerkschaften und der linken Parlamentsminorität verabschiedet[134].

Die im Kampf um die kulturelle Hegemonie im Lande nicht gerade zimperlichen Konservativen gaben seit dieser Zeit mehr denn je den erinnerungspolitischen Ton an, zumal im Zuge der 1954 beschlossenen Wiederbewaffnung Japans auch der große amerikanische Verbündete daran interessiert sein mußte, daß Schulen und Massenmedien im Sinne der Verteidigungsbereitschaft die Liebe zum Vaterland weckten[135]. Wie sich nationale Identität im Zuge des stürmischen Wiederaufbaus und des Einkommensverdoppelungsplanes auch mehr und mehr mit wirtschaftlicher Stärke verband, demonstrierte spätestens die Rede des Ministerpräsidenten Ikeda Hayato anläßlich des gerade eingeführten Gedenktags an die Toten des Krieges am 15. August 1963. Die Opfer des japanischen Volkes, so Ikeda, seien nicht umsonst gewesen, der bemerkenswerten friedlichen ökonomischen Entwicklung lägen vielmehr die „Hoffnungen vieler [zugrunde], die in der festen Überzeugung vom Ruhm ihres Vaterlandes fielen"[136]. Im folgenden

---

132 Yoshida, Japan im Wiederaufstieg, S. 165 ff.
133 Ebd., S. 168.
134 Ebd., S. 168 ff., Zitat S. 170. Vgl. auch Hicks, Japan's War Memories, S. 22, sowie vor allem Duke, Japan's Militant Teachers, S. 123 ff.
135 Vgl. Inoue, Geschichte Japans, S. 619.
136 Hicks, Japan's War Memories, S. 23.

Jahr nahm die Regierung Ikeda konsequenterweise auch die Verleihung des Kriegsgefallenenordens wieder auf, um denjenigen, „die für das Vaterland ihr kostbares Leben opferten, von staatlicher Seite her aufrichtigen Dank abzustatten und sie für ihre zu Lebzeiten erworbenen Verdienste auszuzeichnen"[137].

Unter Ikedas ebenfalls konservativem Nachfolger Satô Eisaku folgten weitere Höhepunkte geschichtspolitischer Restauration. 1965 legte der zentrale Ausschuß für Erziehungsfragen, beratendes Organ des Kultusministeriums, neue Grundlinien für die Erziehung der Jugend fest, in der Kritiker eine Neuauflage des alten kaiserlichen Dekretes von 1890 sahen, weil die Maximen von der Behauptung ausgingen, die Verehrung des Tennô sei gleichbedeutend mit der Liebe zu Japan. Der in der Meiji-Zeit eingeführte „Reichsgründungstag" *kigen-setsu*, das Fest des Beginns der japanischen Zeitrechnung, also des Tages, an dem der mythische Herrscher Jimmu Amt und Würden des Tennô übernahm, wurde 1967 als „Tag des Gedenkens an die Landesgründung" wiedereingeführt, was 1948 am Widerspruch der amerikanischen Besatzungsmacht, seit 1952 am verbissenen Widerstand der Opposition gescheitert war[138]. Auch die zur Rechtfertigung des Tennô-Systems des Altertums erfundenen Mythen wurden wieder in die Geschichtsbücher aufgenommen. 1968 zelebrierte man schließlich große „Feierlichkeiten zum hundertjährigen Jubiläum der Meiji-Restauration"[139]. Wie wenig sich unter anhaltender Dominanz der LDP bis in die 1980er Jahre hinein an der Einstellung zur jüngsten japanischen Vergangenheit änderte, läßt sich am Beispiel des Ministerpräsidenten Nakasone Yasuhiro illustrieren, der 1987 bei der Einweihung eines *International Research Center for Japan Studies* in Kioto die auch von ihm ausdrücklich so benannte „Geschichtsauffassung des Tokioter Militärtribunal" ironisierte und als „Selbstzerfleischung" zurückwies: „Der Staat ist, was er ist, ob er auch den Krieg gewonnen oder verloren hat. Die Nation ist etwas, was Glorie und Schande gleichzeitig auf sich nimmt. Der Staat und seine Untertanen müssen aber die Schande wegschütteln und sich auf den Weg nach der Glorie machen."[140].

Die Geisteshaltung, die bei der Gründung des neuen Japan-Zentrums im Dienste der „Selbstbehauptung und -bestätigung der japanischen Kultur" Pate gestanden hatte, erinnerte den Philosophen Mishima Ken'ichi an die Entstehung des Germanischen Nationalmuseums über 100 Jahre früher[141]. Tatsächlich aber ähnelte der Umgang der japanischen Konservativen mit dem Zweiten Weltkrieg insgesamt eher der Art und Weise, wie man sich im rechtsnationalen Milieu der Weimarer Republik mit der jüngsten Vergan-

---

[137] Tanaka, Japans Nachkriegsverantwortung, S. 406.
[138] Lokowandt, Shintô, S. 58.
[139] Tanaka, Japans Nachkriegsverantwortung, S. 406, sowie Inoue, Geschichte Japans, S. 620.
[140] Zit. nach Mishima, Mauer in der und gegen die Öffentlichkeit, S. 128.
[141] Ebd., S. 127.

genheit des „im Felde unbesiegten", aber dennoch untergegangenen Kaiserreichs befaßt hatte. Als der Krieg im Sommer 1945 zu Ende ging, hatte schließlich noch kein einziger feindlicher Soldat japanischen Mutterboden betreten. In der ohnehin ausweichend unbestimmten Sprache des Landes mußte infolgedessen nie von „Kapitulation" gesprochen werden, sondern konnte statt dessen euphemistisch von „Beendigung der Feindseligkeiten" die Rede sein. Die amerikanischen Besatzungstruppen erschienen in dieser Perspektive bloß als „vorgeschobene Armee"[142]. Der Zäsurcharakter des August 1945 wurde obendrein dadurch beeinträchtigt, daß sich zumindest der 15jährige Krieg, den Japan auf dem asiatischen Festland geführt hatte, angesichts des kommunistischen Vormarsches in China im Nachhinein rechtfertigen ließ. Die außenpolitische Konstellation im ostasiatischen Raum, wo es nach 1945 kein Land gab, an das Nippon sich hätte anlehnen können oder müssen, bestärkte bei den regierenden Konservativen eher das traditionelle Außenseiterbewußtsein und mit ihm japanisch-nationale Überzeugungen, statt diese durch die Erfahrung der Einbettung in eine internationale demokratische Wertegemeinschaft tiefgreifend zu verändern. Dieser Befund kann vor allem im Vergleich zur bundesdeutschen Entwicklung kaum stark genug hervorgehoben werden.

Für die politische Klasse in Westdeutschland bestand nach 1945 offensichtlich viel mehr Anlaß, den nationalen Sonderpfad zwischen Ost und West endlich aufzugeben und neuen Wegen zu vertrauen. Ohne Einbindung in Nordatlantische Verteidigungsgemeinschaft und Europäische Wirtschaftsgemeinschaft schien die Gefahr, ebenso dem Kommunismus anheimzufallen wie der Osten des Vaterlandes, einer Mehrheit im Parlament wie in der Gesellschaft, an ihrer Spitze den neuen „konservativen" Volksparteien CDU und CSU, nicht mehr abwendbar. Die damit zwingend verbundene Notwendigkeit, Rücksicht auf Sensibilitäten zahlreicher westlicher Bündnispartner bezüglich der „Vergangenheitsbewältigung" zu nehmen, die noch dazu viel ausgeprägter waren als die entsprechende Empfindlichkeit des einen – amerikanischen – Verbündeten gegenüber Japan, hat die Wandlung des deutschen Konservativismus nachhaltig befördert. Daß diese freilich – mit weit reichenden Folgen für die politisch-kulturelle „Aufarbeitung" der Vergangenheit – so viel tiefer ging als die des japanischen Pendants hatte nicht nur mit der anderen außenpolitischen Konstellation nach 1945 zu tun, sondern auch mit einem ganz anderen Erfahrungshintergrund des deutschen Konservativismus aus den Jahren der Diktatur.

War Yoshida mit seiner zumindest partiell oppositionellen Vergangenheit eine Ausnahmeerscheinung unter den konservativen Nachkriegsführern Japans, so prägten den demokratischen Neubeginn bei CDU und CSU in der Bundesrepublik ganz überwiegend katholische und evangelische Christen,

---

[142] Kawasaki, Japan Unmasked, S. 165.

die mit dem Nationalsozialismus in Konflikt geraten waren, sei es schon vor 1933, sei es im Kirchenkampf, sei es in anderen Formen der Resistenz oder sogar in der offenen Aufstandsbewegung des 20. Juli. Daß Politiker wie Konrad Adenauer und Eugen Gerstenmaier, Josef Müller und Alois Hundhammer, die teils selbst im Konzentrationslager gesessen hatten oder wenigstens tagtäglich damit hatten rechnen müssen, von der Gestapo abgeholt zu werden, auch intrinsisch ganz anders motiviert waren, sich vom vergangenen Regime, von dessen Ideologien und dessen führenden Epigonen scharf abzugrenzen, liegt auf der Hand. Insofern hatte es für die normative Distanzierung von der NS-Vergangenheit auch keine negativen Folgen, daß bei der Integration von „Mitläufern" und mehr oder minder Belasteten in den staatlichen Beamtenapparat (v.a. im Bereich von Justiz, Polizei und Auswärtigem Amt) manchmal zu weit gegangen wurde. Jedenfalls kann man sich „auch in den konservativen fünfziger Jahren ... einen Bundeskanzler Albert Speer ... nur schwerlich vorstellen"[143], ja nicht einmal ein Papen, ein Hugenberg oder auch nur ein Brüning hätten bei den Unionsparteien eine Chance gehabt, wo sich die Traditionslinien des deutschen Konservativismus eben nur sehr gebrochen und historisch geläutert in einer neuen Verbindung mit christlich-sozialen, aber auch liberalen Elementen fortsetzten.

Selbst die Karriere desjenigen ehemaligen NSDAP- und späteren CDU-Mitglieds, das es in der Geschichte der Bundesrepublik am weitesten brachte, Kurt Georg Kiesinger, taugt nicht als Gegenbeispiel. Im Februar 1933 der Partei aus dem Gefühl heraus beigetreten, „sich dem vermeintlichen nationalen Aufbruch zur Verfügung stellen zu müssen", hatte sich der Jurist dem NS-Rechtswahrerbund unter Inkaufnahme beruflicher Nachteile nicht angeschlossen, sondern bis 1940 als Rechtsanwalt „eine zurückgezogene Nischenexistenz" geführt[144]. Um dem Gestellungsbefehl zu entgehen, hatte er aber dann das gleichzeitige Angebot, in die neugegründete rundfunkpolitische Abteilung des Auswärtigen Amtes einzutreten, angenommen und war dort bis zum stellvertretenden Abteilungsleiter avanciert. Auf Grund dieser Belastung trugen auch Teile der CDU so schwere Bedenken gegen den redebegabten Bundestagsabgeordneten, daß er 1950 weder als stellvertretender Parteivorsitzender akzeptiert wurde noch ein überzeugendes Ergebnis bei der Wahl zum geschäftsführenden Vorstandsmitglied erhielt. Vor allem Jakob Kaiser und seine Gefolgsleute hielten es „nicht für glücklich, wenn ein Mann in der vordersten Linie der Partei liege, der seit 1933 Pg. war"[145].

Erst nach Jahren parlamentarisch-demokratischer Bewährung hatte Kiesinger sich so viel Ansehen erworben, daß er 1956 zum stellvertretenden

---

[143] Conrad, Auf der Suche, S. 406.
[144] Kleinmann, Kurt Georg Kiesinger, S. 250.
[145] Adenauer: „Es mußte alles neu gemacht werden", S. 12.

4. Schlüsselfunktion des Konservativismus

CDU-Vorsitzenden, 1958 zum Ministerpräsidenten von Baden-Württemberg und 1966 zum Bundeskanzler gewählt wurde. Dies hinderte lautstarke „68er" nicht, Kiesinger auf Versammlungen mit „Sieg-Heil"-Rufen und Sprechchören: „Wir wollen unseren Führer sehen", zu begrüßen[146]. Auf dem Berliner Bundesparteitag der CDU 1968 wurde der Kanzler von der jungen Beate Klarsfeld, die mit Hilfe der SED eine Kampagne gegen ihn anführte, sogar geohrfeigt[147]. Für Kiesinger selbst war dies alles um so tragischer, als zu den wichtigsten Gründen für die Bildung einer Großen Koalition mit der SPD unter einem Vizekanzler Willy Brandt seines Erachtens der Versuch zählte, eine „Aussöhnung zwischen dem Emigranten und dem ehemaligen Parteigenossen" herbeizuführen[148]. Auf der anderen Seite konnte man sich aber auch fragen, ob die CDU gut beraten war, für das wichtigste Amt im Staate überhaupt jemanden zu benennen, der zu solchen Vorwürfen wegen seiner Vergangenheit Anlaß gab.

Die hohen Wellen, die der „Fall" des Bundeskanzlers Kiesinger schlug, stehen in einem deutlichen Kontrast zu dem vergleichsweise glatten Karriereverlauf des erheblich stärker belasteten und zeitweilig als Kriegsverbrecher inhaftierten Ministerpräsidenten Kishi. Noch deutlicher werden die erinnerungskulturellen Unterschiede im Blick auf Yoshida und Adenauer, die beiden legendären Gründergestalten des japanischen bzw. bundesdeutschen Nachkriegsstaates. Zwar wollte auch Adenauer einen Schlußstrich unter die in ihrer Durchführung mißglückte Entnazifizierung setzen. Doch ist zum einen zu berücksichtigen, daß diese in den deutschen Westzonen tatsächlich ungleich durchgreifender gewesen war als in Japan; zum anderen verbanden sich bei Adenauer pragmatische Personalpolitik und intaktes, katholisch-ruhiges Nationalgefühl eben nicht mit einer Verharmlosung dessen, was in deutschem Namen zwischen 1933 und 1945 angerichtet worden war. Wie bisher üblich die erste Strophe des Deutschlandliedes („Deutschland, Deutschland über alles!") als Nationalhymne zu singen, schien Adenauer nach dem Mißbrauch des Textes im Dritten Reich nicht möglich. Und selbst bei seinem schließlich erfolgreichen Bemühen, die inhaltlich für einen demokratischen Rechtsstaat zweifelsohne passende dritte Strophe durchzuset-

---

[146] Kleinmann, Kurt Georg Kiesinger, S. 261.
[147] Vgl. Althoff, Kiesinger, die APO und der Nationalsozialismus, v. a. S. 216 ff., sowie den Vorbericht von Rainer Blasius über die voraussichtlich im Herbst 2004 erscheinende Kiesinger-Biographie von Philipp Gassert in der Frankfurter Allgemeinen Zeitung, 5. Mai 2004.
[148] Kroegel, Einen Anfang finden!, S. 170. Zu Emigration und Widerstand behielt Kiesinger indes zeitlebens ein sehr ambivalentes Verhältnis. Einerseits „respektierte, ja bewunderte er jene Deutschen, die aufgrund ihrer Überzeugung das Land damals verlassen hatten" und wandte sich im Bundestagswahlkampf 1961 öffentlich gegen Adenauers Formulierung „Brandt alias Frahm", andererseits schrieb er noch in seinen Memoiren, er „hätte es nicht fertiggebracht, auf die Katastrophe für das deutsche Volk hinzuarbeiten, die aus einem Unterliegen Deutschlands in diesem Völkerringen hervorgehen mußte ... Sabotage oder aktive Widerstandshandlungen kamen für mich nicht in Frage." Zit. nach ebd.

zen („Einigkeit und Recht und Freiheit"), begegnete er Bedenken seitens des liberalen Bundespräsidenten und von Teilen der Sozialdemokratie[149]. Über Adenauers – bereits erwähntes – klares Bekenntnis zur „Wiedergutmachung" an den Juden und zur besonderen Verantwortung Deutschlands für Israel hinaus war seine gesamte Außenpolitik von der Erfahrung des Scheiterns deutscher Großmacht- und Schaukelpolitik zwischen Ost und West geprägt, was sich vor allem in dem Bemühen um eine historische Versöhnung mit Frankreich ausdrückte. Aber auch Polen gegenüber fand Adenauer etwa in seiner Rundfunkansprache zum 20. Jahrestag des Beginns des Zweiten Weltkriegs am 31. August 1959 klare Worte. Dieses „sympathische Volk" sei, „ohne daß es irgendeine Schuld traf", zum ersten Opfer des Krieges geworden, als die Truppen Hitler-Deutschlands und der Sowjetunion „in das Land einfielen und es grausam zerstörten".[150] Natürlich hatte diese Aussage eine antitotalitäre Stoßrichtung im Kalten Krieg gegen den Kommunismus, der damals gerade im Begriffe war, die Freiheit Westberlins zu bedrohen; historisch falsch und erinnerungskulturell kontraproduktiv war die Rede damit aber nicht, enthielt sie doch – ganz im Gegenteil – abermals eine klare regierungsamtliche Verurteilung der verbrecherischen Polen-Politik des Dritten Reiches.

Dem außenpolitischen Kurs der neuen, gemäßigt konservativen Volksparteien CDU und CSU korrespondierte ihre innenpolitische Position der Mitte; sie überließ das noch beachtliche, für nationalistische Sirenenklänge anfällige rechte Wählerspektrum der Deutschen Partei, dem Bund der Heimatvertriebenen und Entrechteten oder den Freien Demokraten, wo sich zeitweilig auch einige der verdächtigsten „Ehemaligen" zu sammeln suchten. So wurden auf Weisung des britischen Hochkommissars Sir Ivone Kirkpatrick im Januar 1953 sechs Mitglieder des sogenannten Naumann-Kreises verhaftet, weil der von dem ehemaligen Staatssekretär im Reichspropagandaministerium, Werner Naumann, geleitete Zirkel systematisch versucht hatte, demokratische Parteien, vor allem FDP, DP und BHE „zu durchsetzen, um sich ihrer zu bemächtigen und so einen kalten Staatsstreich vorzubereiten"[151]. Empört zweifelte FDP-Bundesjustizminister Thomas Dehler zunächst daran, ob das vorliegende Material zur Anklageerhebung ausreichen würde, kam mit einigen Monaten Abstand indes zu der Überzeugung, daß die Engländer mit ihrem Eingreifen politisch „etwas Positives geschaffen" hatten, da der Naumann-Kreis die „Keimzelle eines wiederer-

---

[149] Als Adenauer bei einem Berlin-Besuch 1950 eine öffentliche Kundgebung im Titaniapalast mit dem Gesang der dritten Strophe des Deutschlandliedes beenden ließ, verließen einige Angehörige des SPD-Vorstandes demonstrativ den Saal – allerdings nicht Ernst Reuter und Louise Schröder. Vgl. Tümmler, „Deutschland, Deutschland über alles", S. 16 ff.
[150] Archiv der Gegenwart, Deutschland 1949–1999, Bd. 3, S. 2496.
[151] Zit. nach Wengst, Thomas Dehler, S. 177.

stehenden Nationalsozialismus" gewesen sei[152], die rechtzeitig zum Absterben gebracht worden war. Ein Zeichen wurde auch dadurch gesetzt, daß die FDP-Parteiführung eine Bundestagskandidatur des Politikers Ernst Achenbach, der Naumann verteidigte und sich auch ansonsten auffällig für ehemalige Nationalsozialisten einsetzte, im Sommer 1953 verhinderte, und daß der nordrhein-westfälische Innenminister Franz Meyers Naumann nach dessen Haftentlassung per Entnazifizierungsbescheid als „belastet" einstufte, ihm damit das aktive und passive Wahlrecht entzog und eine Bundestagskandidatur für die rechtsradikale DRP verwehrte[153]. Auch wenn die Aktion Naumann offensichtlich ganz auf das Konto der Briten ging, hatte die Bundesregierung mit der Besatzungsmacht letztlich „gemeinsame Sache" gemacht[154]; denn vor den anstehenden Bundestagswahlen kam Adenauer eine Schwächung jener Kräfte sehr gelegen, die aus der FDP – mit Unterstützung „Ehemaliger" – eine große Sammlungsbewegung rechts von der Union machen wollten.

Ein noch stärkeres Zeichen für die „Grenzen der Integration"[155] Ehemaliger hatte die Bundesregierung bereits gesetzt, nachdem Generalmajor a.D. Ernst-Otto Remer[156] im niedersächsischen Landtagswahlkampf 1951 für die rechtsextremistische Sozialistische Reichspartei aufgetreten war und die Männer des Widerstands als Landesverräter diffamiert hatte. Denn jetzt strengte die Regierung nicht nur ein erfolgreiches Verbotsverfahren gegen die SRP vor dem gerade konstituierten Bundesverfassungsgericht an, sondern auch Remer selbst wurde in einem von Fritz Bauer zum Forum zeitgeschichtlicher Aufklärung erhobenen Prozeß zu drei Jahren Gefängnis verurteilt. Die maßgebliche Initiative zu dem Verfahren war vom CDU-Bundesinnenminister Robert Lehr ausgegangen, der selbst in Verbindung zum 20. Juli gestanden hatte.

In den Kontext der Distanzierung vom Nationalsozialismus einzuordnen ist auch eine frühe Kabinettserklärung aus dem Jahr 1951 zu dem in der Bevölkerung und vor allem bei den Soldatenverbänden noch außerordentlich umstrittenen Attentat des 20. Juli 1944. Die Widerstandskämpfer, so hieß es, hätten „in sittlichem und vaterländischen Pflichtgefühl das Letzte" versucht, „um Deutschland zu retten oder zumindest das Ausmaß der Katastrophe zu mindern ...". Es sei demnach eine Ehrenpflicht des deutschen Volkes, für die Witwen und Waisen der Männer zu sorgen, die „im Kampf gegen Hitler" ihr Leben geopfert hatten[157]. Um aufgetretene Härten bei

---
[152] Ebd., S. 179.
[153] Frei, Vergangenheitspolitik, S. 391.
[154] Ebd., S. 390.
[155] So der Titel eines Aufsatzes, der die Problematik am Beispiel der CSU-Personalpolitik thematisiert: Schlemmer, Grenzen der Integration.
[156] Er war als Kommandeur des Wachbataillons Großdeutschland am 20. Juli 1944 maßgeblich am Niederschlagen des Aufstands beteiligt gewesen.
[157] Frankfurter Neue Presse, 3. Oktober 1951.

IX. „Vergangenheitsbewältigung" und politische Kultur

Pensionsregelungen von Hinterbliebenen der Widerstandskämpfer zumindest symbolisch auszugleichen, ließ Bonn dem „Hilfswerk 20. Juli" eine symbolträchtige Spende zukommen. Auf Vorschlag des Ministerialrates im Bundeskanzleramt Ernst Wirmer, dessen Bruder von den Nationalsozialisten ermordet worden war, wurde auch bei den rechtlich im einzelnen sehr komplizierten Wiedergutmachungsansprüchen[158] eine Lösung gefunden, die zeigte, „daß man von staatlicher Seite die Opfer der Widerstandstat des 20. Juli – nicht zuletzt mit Blick auf die Außenwirkung dieses ‚anderen Deutschland' – keineswegs negieren wollte oder konnte."[159]

Der Sensibilität der Bundesregierung – und des Bundespräsidenten – für das Andenken des 20. Juli korrespondierten Aktivitäten zur allgemeinen historischen Aufklärung über den Nationalsozialismus, etwa durch das 1949 gegründete Institut für Zeitgeschichte oder die 1953 ins Leben gerufene Bundeszentrale für den Heimatdienst (später für politische Bildung). Bereits 1952 wurde in Anwesenheit des Bundespräsidenten und des stellvertretenden Präsidenten des Jüdischen Weltkongresses eine Gedenkstätte in Bergen-Belsen eingeweiht[160]. Gestrenge Beobachter haben zwar eingewandt, daß „mit der Eloquenz und Autorität des Bundespräsidenten allein" oder auch mit geeigneten Lehrplänen und Gedenkstätten „die Auseinandersetzung mit dem millionenfachen Mord ... nicht zu leisten" gewesen sei – als ob es dabei geblieben wäre –, und daß insgesamt die „Bekenntnisse und Beschwörungen der Politiker in Sachen Nationalsozialismus" als „vielfach nur oratorische Leistungen" geringzuschätzen seien, weil der „offiziellen Feierlichkeit ... die Tabuisierung des Themas im Alltag gegenüber" gestanden habe und die Erinnerung an den Nationalsozialismus ritualisiert gewesen sei[161]. Vor dem aufschlußreichen Hintergrund der japanischen Entwicklung fragt man sich aber schon, ob ein derart dezidiertes Negativurteil angemessen ist[162].

Gewiß, die Distanzierung der westdeutschen *classe politique* – einschließlich der die Regierung führenden Unionsparteien – von dem Unrechtssystem des Dritten Reiches nahm rasch „rituelle" Züge an. Aber es waren doch Rituale, hinter denen Überzeugungen standen und die einen wesentlichen Beitrag zur ideellen Staatsgründung der Bundesrepublik lieferten.

---

[158] Etwa im Hinblick auf die als Ausschlußgrund wirkende Mitgliedschaft von Männern des 20. Juli in der NSDAP.

[159] Toyka-Seid, Gralshüter, Notgemeinschaft oder gesellschaftliche „Pressure-Group"?, S. 205.

[160] Heuss mahnte u. a., die Deutschen dürften nie vergessen, „was von Menschen ihrer Volkszugehörigkeit in diesen schamreichen Jahren geschah". Konzentrationslager Bergen-Belsen. Berichte und Dokumente, S. 253 f.

[161] So Benz, Zum Umgang mit der nationalsozialistischen Vergangenheit, S. 53 f., 57.

[162] Zumal es sich ausdrücklich auch auf die nicht wissenschaftlich fundierte, sondern politisch motivierte Polemik Ralph Giordanos über die „zweite Schuld" der bundesdeutschen Verdrängungsgesellschaft nach 1949 – als „moralische Position mit hohem Stellenwert im öffentlich-politischen Diskurs" – beruft. Ebd., S. 53, Anm. 14.

4. Schlüsselfunktion des Konservativismus 129

Durch ihre Gedenkkultur „bekannte sich die westdeutsche Demokratie in ihrem Selbstverständnis bewußt zum Erbe des Nationalsozialismus"[163], distanzierte sich normativ von der Diktatur und verlieh der neuen politischen Ordnung Legitimität. Ohne dieses „ritualisierte" Gedenken hätte die Auseinandersetzung der bundesdeutschen Gesellschaft mit der nationalsozialistischen Vergangenheit einen ganz anderen, deutlich unbefriedigenderen Charakter angenommen. Einige kontrafaktische Überlegungen mögen dies – vor dem Hintergrund der realen japanischen Entwicklung nach 1945 – verdeutlichen.

Man stelle sich etwa vor, in der Bundesrepublik wäre nicht auf die Verleihung von Orden zur Anerkennung militärischer Verdienste im Zweiten Weltkrieg verzichtet worden und auch nicht auf die Bezeichnung „Deutsches Reich" für das neue demokratische Staatswesen. Wie hätte sich die bundesdeutsche Erinnerungskultur entwickelt, wenn darüber hinaus vielleicht gar der Sedanstag oder zumindest der Reichsgründungstag in den offiziellen Gedenkkanon Eingang gefunden hätten und wenn große Gedenkstätten vor allem für die Luftkriegs- oder Vertreibungsopfer entstanden wären, während der Staat z. B. die ehemaligen Konzentrationslager Dachau oder Bergen-Belsen völlig der Vergessenheit hätte anheim fallen lassen, statt die Initiativen ehemaliger Häftlinge aufzugreifen und sie als Gedenkstätten zu pflegen[164]? All dies hätte den unbestreitbaren, demoskopisch immer wie-

---

[163] Baumgärtner, Reden nach Hitler, S. 341.
[164] Wie schwierig dieser Weg auch in Westdeutschland war, zeigt die Geschichte des ehemaligen Konzentrationslagers Dachau, das die staatlichen Behörden ab 1948 zu einer Wohnsiedlung für deutsche Vertriebene aus dem Osten umbauen ließen. Eine am „Tag der Opfer des Faschismus" im September 1950 im Krematorium eröffnete Ausstellung wurde auf öffentlichen Druck hin 1953 wieder geschlossen. Doch die populistische Forderung etwa des stellvertretenden Ministerpräsidenten der damaligen Viererkoalition Josef Baumgartner (Bayernpartei) auf dem Dachauer Volksfest im August 1955, das Krematorium müsse verschwinden, um der „Diffamierung des Dachauer Landes" Schluß zu machen, erfüllte sich nicht. Zum einen, weil ein Zusatzabkommen zu den Pariser Verträgen die Grabstätten von Opfern des NS-Regimes für unantastbar erklärte, zum anderen wegen der Aktivitäten von Häftlingsorganisationen, eine würdige Mahn- und Gedenkstätte zu errichten, die 1960 zu einem provisorischen Museum, 1965 dann zur Eröffnung einer Gedenkstätte mit Museum führten. Ermöglicht hatte dies wesentlich auch die tatkräftige Unterstützung des Vorhabens durch den ehemaligen Dachau-Häftling und CSU-Politiker Alois Hundhammer, „der als langjähriges Mitglied der bayerischen Regierung hohes Ansehen und erheblichen Einfluß genoß". Marcuse, Das ehemalige Konzentrationslager, S. 194, 199. Vgl. auch Marcuse, Legacies of Dachau.
Das 1946 auf Anordnung der britischen Militärverwaltung eingerichtete Mahnmal Bergen-Belsen wurde 1952 in die Obhut des Landes Niedersachsen übergeben und offiziell eingeweiht. Ein Dokumentenhaus zur Geschichte des Lagers folgte 1966. (Vgl. Konzentrationslager Bergen-Belsen, S. 235 ff.) Offensichtlich wich die Entwicklung der bundesdeutschen Gedenkstätten schon deshalb von der Situation in Japan ab, weil es dort im Inland keine großen authentischen Opferorte gab; allerdings läßt die Art und Weise, wie die Erinnerung an die 20 000 koreanischen Opfer des Atombombenangriffs auf Hiroshima „gepflegt" wurde – für die man im Friedenspark selbst bis in die 1990er Jahre hinein keine Gedenkstätte zuließ (vgl. Buruma, Erbschaft, S. 125 f.) –, kaum die Vermutung zu, daß sich dies maßgeblich auf die „Vergangenheitsbewältigung" im Lande ausgewirkt hätte.

der ermittelten Hang breiter Schichten der Bevölkerung zum Vergessen und Verdrängen des überwundenen Regimes und seiner Verbrechen gewiß auch in der Bundesrepublik entscheidend verstärkt und zu wesentlich größeren Defiziten im Prozeß der „Vergangenheitsbewältigung" geführt, als sie tatsächlich zu beklagen waren. Wenn man also fragt, welche „inneren", politisch-kulturellen Faktoren – jenseits des divergierenden Außendrucks – zu den Unterschieden zwischen deutscher und japanischer Erinnerungskultur wesentlich beigetragen haben, kann die Schlüsselfunktion der jeweils führenden politischen Parteien kaum überschätzt werden[165].

5. Linksopposition und Pazifismus

Zu den Gründen für die vergleichsweise günstige Entwicklung der Erinnerungskultur in Westdeutschland gehört zwar maßgeblich die Neupositionierung des bundespolitisch von 1949 bis 1969 führenden deutschen „Konservativismus", dessen Abkehr von nationalistischen Verirrungen und Läuterung hin zu internationalen Idealen ungleich deutlicher ausfiel als die seines japanischen Pendants. Kaum weniger wichtig aber war es, daß die (linke) Opposition in der Bundesrepublik in Fragen der „Vergangenheitsbewältigung" viel mehr Gewicht auf die Waage brachte als jene in Japan. Gewiß, auch deutsche Sozialdemokraten waren in den frühen 1950er Jahren zeitweilig vom „Gnadenfieber" befallen. Ausgerechnet ein SPD-Bürgermeister zog bekanntlich im Herbst 1951 in Stadtoldendorf den demonstrativsten Schlußstrich unter die Entnazifizierung, indem er die Akten in den Ofen des städtischen Gaswerkes warf. Für den ersten Nachkriegsvorsitzenden der SPD, Kurt Schumacher, der sich persönlich wegen seines mutigen Eintretens gegen die NSDAP schon vor 1933 und seiner jahrelangen KZ-Haft danach nichts vorzuwerfen hatte, in seiner skeptischen Haltung gegen die – wie er meinte – kapitalistisch-klerikale Integration Westeuropas nach 1945 indes manchmal nationalistisch wirkte, galt das Wort Walter Dirks, er sei „in Unschuld verstockt"[166]. Andererseits blieb es eben diesem Schumacher vorbehalten, der stark auf die aktuellen materiellen Herausforderungen bundesdeutscher Politik konzentrierten Regierungserklärung Adenauers im September 1949 entgegenzutreten, weil sie in ihren Passagen „über die furchtbare Tragödie der Juden ... zu schwach" gewesen sei[167]. Zudem war ganz unübersehbar, daß Sozialdemokraten bald zu einer treibenden Kraft

---

[165] Etwas holzschnittartig ist dagegen die These, kritische Journalisten und Intellektuelle seien auf der einen Seite gestanden, auf der anderen „die konservative Bundesregierung, deren Vergangenheitspolitik von der Mehrheit der Bevölkerung unterstützt wurde". Frei, Karrieren im Zwielicht, S. 301.
[166] Frankfurter Hefte, 3/1950, S. 543.
[167] Reichel, Vergangenheitsbewältigung, S. 83.

5. Linksopposition und Pazifismus 131

der „Vergangenheitsbewältigung" wurden, sei es aus Überzeugung, weil sie vom NS-Terror noch häufiger und stärker persönlich betroffen gewesen waren als die Christdemokraten, sei es darüber hinaus aus taktischen Erwägungen, weil sie sich ein wenig Konjunktur für ihr mühsames Oppositionsgeschäft gegen den Patriarchen Adenauer versprachen, wenn sie bei passender Gelegenheit „Fälle" von „Ehemaligen" publizistisch hochzogen, deren Karrieren im unionsgeführten Regierungs- und Staatsapparat angesichts ihrer Belastung aus dem Dritten Reich wirklich oder vermeintlich zu weit gegangen waren.

In Japan dagegen löste die Wiederkehr der „Ehemaligen" selbst bei den Linksparteien „keine moralische Entrüstung aus"[168], teils aus Furcht, durch einen Verstoß gegen den gesellschaftlichen Schweigekonsens die Chancen auf einen Ausbruch aus dem 30%-Turm noch weiter zu schmälern, teils wohl auch, weil sie die im Volksglauben allgemein verbreitete Vorstellung teilten, jeder Mensch könne nun einmal – wie in eine Naturkatastrophe – in schicksalhafte Verstrickungen hineingeraten, sich aber danach auch ändern. „Ostasiatische Völker vergessen schneller als europäische", hat Hans Wilhelm Vahlefeld das Phänomen des unterschiedlichen Vergangenheitsbezugs der japanischen und deutschen Gesellschaft auf den Begriff zu bringen versucht[169]. Hinzu kam allerdings, daß „nationalistischer Geist" sich in Japan keineswegs auf die (extreme) Rechte beschränkte. Selbst die Kommunisten gingen hier einen „Weg ohne Peking und Moskau"[170] und wiederholten den Slogan „Für das Vaterland und das Volk" lange Zeit wie „ihr Vaterunser"[171]. Auch bei den Sozialisten als der größten Partei auf der Linken herrschte das Gefühl, die komplette Unterordnung unter die US-amerikanische Politik schade der Nationalmoral[172], wobei sich dieses Verständnis von Patriotismus mit einem stark ausgeprägten Pazifismus fest verband.

Anders als die Konservativen hatten die japanischen Linksparteien den im Zuge der „Vergangenheitsbewältigung" in breiten Bevölkerungskreisen vollzogenen Wertewandel vom Militarismus zum Pazifismus nicht nur selbst verinnerlicht; sie waren auch bereit, ihn konsequenter in operative Politik umzusetzen. So zählebig die alten nationalen und religiösen Werte den Bruch von 1945 ansonsten vielfach überdauerten, in der Einstellung zu Krieg und Frieden sollte sich tatsächlich auf breiter Front Entscheidendes ändern, wenn auch die Gründe für diese Entwicklung schwer zu gewichten sind. Zum einen war der gesellschaftliche Nimbus der bis dahin als quasi

---

[168] Vgl. Erlinghaben, Japan, S. 72.
[169] Vahlefeld, Japan, S. 279. Mit wieviel Vorsicht derartige Völkerpsychologie zu interpretieren ist, zeigt aber schon der Blick etwa auf die koreanische Opfernation, die keineswegs schnell vergessen hat, was ihr von den japanischen Nachbarn angetan worden war.
[170] So auch der Untertitel der Studie von M. Pohl, Die Kommunistische Partei Japans.
[171] Mishima, Generationswechsel, S. 348.
[172] Hicks, Japan's War Memories, S. 20.

unbesiegbar geltenden kaiserlichen Soldaten durch die Niederlage im Kern getroffen und hatte die Bekämpfung des Militarismus von Anfang an im Zentrum der amerikanischen Besatzungspolitik gestanden. Zum anderen aber – und dies dürfte im Blick auf die Entwicklung der japanischen Friedensbewegung noch wichtiger gewesen sein – hatte sich die Katastrophe von Hiroshima und Nagasaki aufs tiefste ins politische Bewußtsein des Volkes eingebrannt. Nicht aus einer kritischen Auseinandersetzung mit den Verbrechen der eigenen Armee also wuchs der japanische Nachkriegspazifismus vor allem, sondern aus der Erinnerung an die eigene Rolle als erstes Opfer der Atomwaffen[173].

Daran änderten auch Bücher z. B. von Gomikawa Jumpei und Tominaga Shozo wenig, die mit Berichten über japanische Kriegsverbrechen in China – nicht zuletzt über die verbreitete Abhärtung von Rekruten durch den Initiationsritus des Köpfens von mindestens einem Gefangenen durch das Schwert – in den Jahren 1956 und 1957 die Öffentlichkeit schockierten[174]. Der Bewältigungsschub war dadurch ausgelöst worden, daß ein Jahrzehnt nach Kriegsende japanische Soldaten aus chinesischer Kriegsgefangenschaft heimkehrten und ihre Erlebnisse nicht selten publizierten. Eine Dokumentation unter dem Titel *Sankô*, der auf einen chinesischen Begriff für die Politik des „alles umbringen, alles verbrennen, alles plündern" zurückgeht, fand in zwei Monaten nicht nur mehr als 50000 Käufer, sondern auch ein sehr kritisches Echo, das „hysterische Ausmaße" annahm. Auf massiven Druck der extremen Rechten erging schließlich ein Verkaufsverbot. Doch die kritischen Heimkehrer ließen sich durch diesen Vorfall nicht zum Schweigen bringen; einige von ihnen gründeten vielmehr die „Vereinigung der China-Rückkehrer", die schon 1958 mit neuen atemverschlagenden Bekenntnissen über Massaker an der Zivilbevölkerung aufhorchen ließ[175]. Ihre Publikationen dokumentieren, wie vielschichtig auch der japanische Erinnerungsdiskurs verlief[176].

Charakteristischer waren aber doch Aktivitäten wie die des Japanischen Vereins zum Gedenken an gefallene studentische Soldaten, bekannt unter dem Namen *Wadatsumikai*. Der Verein entstand in der pazifistischen Bewegung der frühen 1950er Jahre und setzte sich zum Ziel, das Andenken der im Dezember 1943 zwangsweise eingezogenen Studenten zu pflegen, die – für die Front gänzlich unvorbereitet – bei Japans letzten, teilweise selbstmörderischen Angriffen buchstäblich verheizt worden waren. In der Erinnerungskultur des Landes lebten die rächenden Seelen dieser gefallenen Stu-

---

[173] Zu den historischen Wurzeln des japanischen Pazifismus, der an der Wende zum 20. Jahrhundert maßgeblich durch die christliche Minderheit geprägt worden war, vgl. Zahl, Die politische Elite Japans, S. 196 f.
[174] Hicks, Japan's War Memories, S. 26.
[175] Buchholz, Demokratisierung der Erinnerung, S. 46 f.
[176] Dies betont auch Conrad, Erinnerungspolitik in Japan, S. 7.

5. Linksopposition und Pazifismus

denten in der Luft, im Meer und in den Bergen und riefen die Irdischen auf, sich dem Frieden zu widmen, um eine Wiederholung des tragischen Geschehens zu verhindern. Für viele Japaner hatte diese Interpretation der Kriegstoten eine hohe Bedeutung, „denn sie gab der Niederlage einen Sinn als Weg zu einem neuen Japan, das von ‚Frieden und Demokratie' gekennzeichnet war, dem Mantra der Nachkriegsjahre."[177]

Nachdem sich bereits gegen den „ungleichen" Sicherheitsvertrag mit den USA 1952 erbitterter und gewalttätiger Protest geregt hatte und dann immer wieder gegen amerikanische Militärstützpunkte demonstriert worden war, führte der Strahlentod des Funkers eines japanischen Fischereiboots, das vom Fallout der ersten Wasserstoffbombenexplosion der USA auf dem Bikini-Atoll eingeholt worden war, 1954/55 zu einer gewaltigen Welle des Widerstandes gegen die militärische Nutzung der Atomenergie. Auf Initiative einer Gruppe japanischer Frauen wurden bemerkenswerte 30 Millionen Unterschriften für die Ächtung von A- und H-Waffen gesammelt. In dieser Zeit kam, im November 1954, nicht nur der Science-Fiction-Film *Godzilla* in die Kinos, in dessen Mittelpunkt ein Monster stand, das infolge einer nuklearen Katastrophe entstanden war; auch anspruchsvollere Filme griffen die Angst vor der atomaren Vernichtung auf. Ebenso wurden ein Friedensmuseum und ein Friedenspark in Hiroshima 1955 eingeweiht[178]. Selbst die beiden konservativ beherrschten Häuser des Parlaments sowie 42 Präfekturversammlungen sahen sich veranlaßt, eine Erklärung zur Ächtung von A- und H-Waffen zu verabschieden.

Dennoch begann die Regierung im Ergebnis des Mutual Security Act (MSA)-Abkommens mit den USA vom Juni 1954 mit der Bildung von „Selbstverteidigungsstreitkräften"[179]. Zwar entsprach Tokio nicht dem ursprünglichen, vom Korea-Krieg ausgelösten Wunsch Washingtons, eine Truppe von 300 000 bis 350 000 Mann aufzustellen. Doch auch die zugesagte 180 000 Mann starke Armee war schwerlich mit Artikel 9 der Verfassung zu vereinbaren, selbst wenn einige kosmetische Maßnahmen dies verdecken sollten. So wurde auf die Schaffung eines nominellen Verteidigungsministeriums zugunsten einer „Agentur für Selbstverteidigung" verzichtet und auch kein Verteidigungsminister berufen, sondern die Führung der Behörde einem „Generaldirektor" übertragen. Den Grundstock der „Selbstverteidigungsstreitkräfte" hatte die 75 000 Mann starke „Nationale Polizeireserve" gelegt, die bereits nach dem Ausbruch des Koreakrieges 1950 aufgebaut worden war. Veteranen der Kaiserlichen Armee, darunter die dienstältesten Ex-Offiziere, wurden von der Regierung zu Tausenden aufgefordert, sich zur Verfügung zu stellen, und bildeten bald das Rückgrat der Truppe. Der

---

[177] Seraphim, Im Dialog mit den Kriegstoten, S. 19.
[178] Dower, The Bombed, S. 291.
[179] R. Hartmann, Geschichte des modernen Japan, S. 235 ff.

Wiederaufbau der Marine wurde Admiral Nomura Kichisaburo anvertraut, der zum Zeitpunkt des Angriffs auf Pearl Harbor japanischer Botschafter in den USA gewesen und mit größter Wahrscheinlichkeit „für die tödliche Verzögerung der japanischen Kriegserklärung verantwortlich" war[180].

Über ein halbes Jahrzehnt danach, 1960, löste abermals eine sicherheitspolitische Frage die bis dahin schwerste Krise der japanischen Nachkriegszeit aus. Ursache der Auseinandersetzungen war das Bemühen der Regierung, den „ungleichen" Sicherheitsvertrag von 1952 zu revidieren, der es den USA unter anderem erlaubte, im Falle von inneren Unruhen in Japan einzugreifen sowie Atomwaffen dort zu stationieren, ohne im Gegenzug eine besondere Verantwortung der USA zur Verteidigung Japans gegen einen Angriff von dritter Seite festzuschreiben[181]. Im Rahmen einer Revision dieses Vertrages hoffte die Regierung Kishi beide Länder als gleichberechtigte Partner zu definieren und wechselseitige Beistandsverpflichtungen zu verankern. Japan sollte so wieder in den Rang der führenden Nation Ostasiens gehoben werden.

Obwohl von Kishis Initiative zunächst keineswegs angetan, gingen die USA unter dem Eindruck des Sputnik-Schocks und der heftigen Opposition gegen die amerikanischen Militärbasen auf Okinawa teilweise darauf ein. Die Eisenhower-Administration erklärte sich bereit, die gewünschte Beistandsverpflichtung im Falle eines Angriffs von außen abzugeben, und sie verzichtete vor allem auch auf ihr Interventionsrecht in Japan. Der am 19. Januar 1960 in Washington unterzeichnete revidierte Sicherheitsvertrag führte aber nicht zu vollständiger Gleichberechtigung zwischen beiden Ländern, sondern ging inhaltlich weiterhin von Japan als einem strategischen Außenposten der USA aus. Ein von Sozialisten dominierter „Volksrat" nahm den Kampf nicht nur gegen diesen „ungleichen", sondern auch gegen jedweden anderen gleichberechtigten Sicherheitspakt auf, konnte die Revision des Vertrages aber auch mit Hilfe mehrerer Generalstreiks, an denen über fünf Millionen Japaner teilnahmen, und einem Sit-in der linken Abgeordneten im Parlament schließlich nicht verhindern[182]. Auf der anderen Seite gelang es auch den Konservativen jetzt und später nicht mehr, darüber hinaus den Friedensartikel der Verfassung im Sinne größerer militärpolitischer Flexibilität zu ändern.

Vor dem Hintergrund der ohnehin beträchtlichen Schwierigkeiten mit dem pazifistischen Potential im Lande wird plausibel, weshalb die herrschenden Konservativen der Versuchung widerstanden, die Erinnerung an Hiroshima zur Betonung der japanischen Opferrolle stärker zu pflegen. Ganz im Gegenteil wurde die Frage der Entschädigung und medizinischen

---

[180] Harries, Sheathing the Sword, S. 235, 238 (Zitat).
[181] Vgl. hierzu Igarashi, Bodies of Memory, S. 133 f.
[182] Ebd., S. 135.

5. Linksopposition und Pazifismus

Versorgung der Betroffenen lange Zeit nicht befriedigend gelöst[183]. Mußte eine andere, an den Opfern orientierte Politik nicht die Verbesserung der Beziehungen zu Washington erschweren? Und manifestierte sich nicht in der Asche von Hiroshima das Versagen des viel beschworenen japanischen Geistes vor der überlegenen westlichen Technologie – ein Versagen, an das man ungern erinnert werden wollte? Jedenfalls hatte wenige Tage nach der Explosion der Atombomben 1945 eine führende Zeitung geschrieben: „Wir haben gegen die Wissenschaft des Feindes verloren"[184]. Selbst die starke, LDP-geführte Regierung sah sich indes außerstande, die Erinnerung an Hiroshima dauerhaft zu ignorieren; zumal die politische Linke mit dem „Japanischen Rat gegen Atom- und Wasserstoffbomben" eine bald von der KP dominierte Bürgerbewegung schuf. Um das Thema nicht dem gegnerischen Lager zu überlassen, konterte die LDP 1961 mit der Gründung eines „Volksrates für Frieden und gegen Kernwaffen", doch dauerte es noch einmal fast zehn Jahre, bis 1970 Satô als erster Premierminister Hiroshima besuchte. Satô prägte bei diesem Anlaß den Topos von „Japan als erstem und einzigen Land, das von der Atombombe getroffen wurde". Seine Argumentation, Japan sei durch die Atombomben „zumindest in gleichem, wenn nicht in weit höherem Ausmaß ein Opfer von ‚Verbrechen gegen die Menschlichkeit'" geworden, als es „je Täter eines solchen Verbrechens in den von ihm besetzten Ländern hätte sein können", war aber in der öffentlichen Debatte schon seit den 1950er Jahren „nicht selten auch explizit" als „Gegenrechnung" aufgemacht worden[185].

Die Gefühle von über dreihunderttausend Überlebenden der Atombombenabwürfe und ihre gesamtgesellschaftlichen Auswirkungen bildeten schon früh einen gewichtigen friedenspolitischen Faktor. Nach einer Umfrage der *Asahi* sprachen sich 1968 nur 19 Prozent der Befragten für eine Änderung des Antikriegsartikels der Verfassung aus, während 64 Prozent dagegen waren. Noch etwas höher sogar fiel der Anteil jener aus, die den amerikanischen Nuklearschirm für eine Bedrohung ihres Landes hielten. Die Zahlen verwundern kaum, wenn man bedenkt, daß ziemlich genau 50 Prozent selbst die Führung eines Verteidigungskrieges für unzulässig hielten[186]. In bezug auf das Militär fiel die „Vergangenheitsbewältigung" in Japan während der ersten beiden Dekaden nach 1945 also um einiges radikaler aus als in der Bundesrepublik, was sich übrigens auch in einem nicht einmal halb so hohen Anteil der japanischen Verteidigungsausgaben am Gesamthaushalt ausdrückte. Zwar hatten beide Völker Millionen Soldaten und Zi-

---

[183] Vgl. auch Dower, The Bombed, S. 284.
[184] Zit. nach Coulmas, Japanische Zeiten, S. 190. Zur Bedeutung Hiroshimas für die japanische Erinnerungskultur vgl. auch Schwentker, Täter oder Opfer?, vor allem S. 157 ff., sowie Hogan, Hiroshima in History and Memory, und Yoneyama, Hiroshima Traces.
[185] Hijiya-Kirschnereit, „Kriegsschuld, Nachkriegsschuld", S. 332.
[186] Vgl. Ishida, Japanese Political Culture, S. 128 f.

vilisten im Krieg verloren, doch die alliierten Luftangriffe gegen Dresden und Hamburg hatten – auch angesichts der Vorgeschichte deutscher Bombardements auf Warschau, Rotterdam oder Coventry – erinnerungskulturell keine Wirkung zu entfalten vermocht, die der Schockwirkung der neuartigen Atombomben auf Hiroshima und Nagasaki annähernd vergleichbar gewesen wäre[187].

Schon im Grundgesetz der Bundesrepublik war 1949 lediglich das individuelle Recht auf Kriegsdienstverweigerung, nicht aber der staatliche Verzicht auf eigene Streitkräfte verankert worden. Als verfassungswidrig stufte Artikel 26 GG Handlungen ein, „die geeignet sind und in der Absicht unternommen werden, das friedliche Zusammenleben der Völker zu stören"; CDU und FDP hatten jedoch mit Verweis auf die Nürnberger Urteile durchgesetzt, daß explizit nur die Vorbereitung eines „Angriffskrieges" unter Strafandrohung gestellt, die Führung eines Verteidigungskrieges aber nicht ausgeschlossen wurde[188]. An den im Zuge der Wiederbewaffnung nötig werdenden Änderungen, der „Wehrverfassung", wirkte 1956 die oppositionelle SPD ebenso mit wie vorher schon bei der Gründung des Personalgutachterausschusses, der die einzustellenden Obersten und Generäle auf ihre persönliche Eignung – und nicht zuletzt auf ihre Vergangenheit hin – überprüfte. In dem Ausschuß und bei den Vätern der Bundeswehr insgesamt repräsentierte sich „personell nachdrücklich" das Erbe des Widerstands gegen den Nationalsozialismus[189]. Vielleicht auch deshalb fiel die Opposition gegen die – in linken Gewerkschafts- oder evangelischen Kirchenkreisen polemisch so genannte – „Remilitarisierung" in der Bundesrepublik insgesamt deutlich schwächer aus als in Japan, obwohl der Protest aus den Sorgen um eine Verewigung der deutschen Teilung potentiell sogar besonders viel – nationale – Nahrung beziehen konnte.

Auf anderen Politikfeldern aber gelang es der erinnerungskulturell engagierten Linken – und einigen mit ihr sympathisierenden Kräften im bürgerlichen Lager[190] – in Westdeutschland immer wieder, ihre Sorge vor einer Wiederkehr des Vergangenen mit Hilfe wachsamer Journalisten öffentlichkeitswirksam zur Geltung zu bringen und in einigen Fällen Fehlentwicklungen durch publizistischen Protest und Demonstrationen zu korrigieren. Die Kritiker wirklicher oder auch nur vermeintlicher Bewältigungsdefizite profitierten dabei entscheidend von dem in Westdeutschland nach 1945 sehr viel weiter als in Japan gegangenen Wandel des Mediensystems. Ad illu-

---

[187] Der japanische Überfall auf Pear Harbor hatte ebenso noch zu einer anderen Kategorie der Kriegsführung gezählt wie die schweren Luftangriffe amerikanischer Bomber im Frühjahr 1945 auf die Großstädte Nagaoka, Kobe oder Tokio.
[188] Jahrbuch des öffentlichen Rechts der Gegenwart, Neue Folge/Band 1, 1951, S. 235–243.
[189] So zählten im „Amt Blank" Graf von Schwerin, Johann Adolf Graf von Kielmansegg, Wolf Graf von Baudissin, Axel von dem Bussche und Achim Oster zum ehemaligen Umkreis des Widerstandes. Reichel, Vergangenheitsbewältigung, S. 99.
[190] Vgl. hierzu Fröhlich/Kohlstruck (Hg.), Engagierte Demokraten.

5. Linksopposition und Pazifismus

strandi causa sei nur der besonders spektakuläre und frühe Fall des niedersächsischen FDP-Politikers Leonhard Schlüter im Juni 1955 erwähnt, der bei der Bildung einer neuen Koalition aus CDU, DP, BHE und FDP zum Kultusminister ernannt worden war.

Da in einem Verlag Schlüters unlängst Bücher des ersten Gestapo-Chefs sowie des Hauptschriftleiters des SS-„Ahnenerbes" erschienen waren, traten Rektor und Senat der Universität Göttingen aus Sorge um Entwicklung und Ansehen der deutschen Hochschulen im Ausland demonstrativ zurück. Studenten brachten vor dem Auditorium Maximum Schriftblöcke „Schlüter" mit SS-Runen an. Die örtlichen Parteien von der SPD bis zur CDU unterstützten den Protest ebenso wie gesellschaftliche Gruppen vom DGB bis zum Ensemble des „Deutschen Theaters". Nationale und internationale Presse verstärkten den Druck derart, daß Schlüter schon nach wenigen Wochen zurücktreten mußte[191].

Der in diesem Fall und bei vielen ähnlichen Anlässen ziemlich breite gesellschaftliche Konsens bezüglich der Abwehr neonazistischer Tendenzen, der häufig auf Initiative von links zustande kam, hat seinen Teil dazu beigetragen, die „schleichende Machtübernahme"[192] durch ehemalige Nationalsozialisten zu verhindern – eine Entwicklung, wie sie übervorsichtige Journalisten des Bayerischen Rundfunks in einer Radio-Sendung Mitte 1955 als Schreckgespenst für die Bundesrepublik an die Wand gemalt hatten. Daß demgegenüber in Japan Repräsentanten des vergangenen ultranationalistischen Regimes häufiger an die Schalthebel von Politik, Wirtschaft und Gesellschaft gelangten, hing nicht zum wenigsten mit der Schwäche der permanenten Opposition zusammen, die Politikwissenschaftler dazu veranlaßt hat, von einem „Anderthalb-Parteien-System" zu sprechen[193]. Die Opposition fand zwar im Protest gegen neuerliche militaristische Tendenzen – oder dem, was sie dafür hielt – breiteren gesellschaftlichen Rückhalt, nicht aber in der Kritik an Defiziten der nationalen Erinnerungskultur. Den im Sinne der „Vergangenheitsbewältigung" engagierten Bürgern in der frühen Bundesrepublik wurde ihre Arbeit allerdings auch dadurch erleichtert, daß sie bei Bedarf immer wieder von außen durch die internationale Öffentlichkeit Unterstützung erfuhren.

---

[191] Eine eingehende Analyse des Falles Schlüter bei Marten, Der niedersächsische Ministersturz.
[192] Vgl. den Bericht in der Süddeutschen Zeitung vom 10. Juni 1955 sowie Hammerschmidt/Mansfeld, Der Kurs ist falsch, S. 54.
[193] So Tsuneishi, Japanese Political Style, S. 124. Die herrschende LDP habe die Macht monopolisiert und als einzige gewußt, wie man regiert, während die Opposition als permanente Minorität zeitweise regelrecht Angst vor der Macht gehabt zu haben scheine. Ähnliches läßt sich von der SPD in der Bundesrepublik nicht behaupten. Auch wenn sie erst 1966, nach über anderthalb Jahrzehnten Oppositionsarbeit, als Juniorpartner an einer Bundesregierung beteiligt wurde, regierte sie vorher doch zahlreiche, auch wichtige Länder und übte so auf dem Wege des Bundesrates einigen Einfluß aus.

X. Die Studentenbewegung der 1960er Jahre

Hatte der Prozeß der „Vergangenheitsbewältigung" in Japan in den eineinhalb Dezennien nach Hiroshima vor allem vermehrten Pazifismus hervorgebracht, während eine Thematisierung der ultranationalistischen Kriegspolitik und -verbrechen weitgehend vermieden worden war, so fanden diese erinnerungskulturellen Spezifika auch im Charakter der nationalen Studentenbewegung ihren Niederschlag. Diese erreichte recht eigentlich bereits 1960 ihren frühen Höhepunkt, als sie einen Beitrag zum Massenprotest gegen den japanisch-amerikanischen Sicherheitsvertrag leistete und mit der Studentin Kanba Michiko, die beim Versuch, die Bannmeile des Parlamentsgebäudes zu durchbrechen, am 15. Juni ums Leben kam, auch eine Märtyrerin zu beklagen hatte[1]. In den folgenden Jahren speiste sich die Studentenbewegung weiterhin vor allem aus einem antiamerikanisch grundierten Pazifismus. Die kritische gesellschaftliche Auseinandersetzung mit Nanking und den anderen Schreckensorten der japanischen Militärgeschichte wurde dagegen nicht vorangetrieben. Vielmehr wirkte das politische Engagement der Studenten in dieser Hinsicht spätestens nach Beginn des Vietnam-Krieges Mitte der 1960er Jahre sogar zunehmend kontraproduktiv. Denn es verstärkte die in der Öffentlichkeit ohnehin verbreitete Tendenz, den aktuellen Indochina-Konflikt als Waffe zur Exkulpation Japans zu gebrauchen[2] und die amerikanischen Richter des Tokioter Prozesses nunmehr selbst auf die Anklagebank zu setzen[3]. Mit dieser Entwicklung ging eine Welle des Mitleids für die Opfer der Kriegsverbrechertribunale einher, die eine Basis für den später sich einbürgernden relativierenden Vergleich zwischen Japans „15-jährigem Krieg" (1931–1945) und dem zehnjährigen, amerikanischen Krieg in Vietnam bildete[4].

In seiner tatsächlichen mentalen und auch erinnerungskulturellen Bedeutung schwer einzuschätzen, ist das – nicht nur sportliche – Großereignis der Olympischen Spiele von 1964, das als „Achsenjahr" der japanischen Nachkriegsgeschichte bezeichnet worden ist. Im Jubel der Sportler und zehntausender Zuschauer auf den Tribünen sei die Vergangenheit zu Ende gegangen. Japan, in die Gemeinschaft der Völker wiederaufgenommen, habe „zu

---

[1] Vgl. Krauss, Japanese Radicals Revisited, S. 2; Igarashi, Bodies of Memory, S. 139.
[2] Hijiya-Kirschnereit, Post-World War II Literature: the Intellectual Climate in Japan, S. 105.
[3] Tsurumi, A Cultural History of Postwar Japan, S. 22.
[4] Ebd., S. 21 f.

sich selbst zurück" gefunden, „konnte wieder aufrecht gehen, brauchte sich nicht mehr zu schämen."[5] Von hoher Symbolkraft war jedenfalls, daß ausgerechnet Washington Heights, der Wohnbezirk des US-Militärpersonals in Tokio, zum Olympischen Dorf umgestaltet wurde. Damit war, um für die internationale Großveranstaltung Platz zu schaffen, das Wahrzeichen der japanischen Niederlage und der amerikanischen Besatzung aus dem Stadtbild entfernt[6].

Die bereits genannten Höhepunkte der restaurativen LDP-Politik fielen nicht zufällig in diesen Zeitraum Mitte der 1960er Jahre – bis hin zu der vom Erziehungsministerium an die Schulen verschickten Fibel über „Das Bild des wünschenswerten Japaners". Das Handbuch propagierte eine Besinnung auf konfuzianische und shintôistische Werte, ermahnte, den Kindern Fleiß, Patriotismus und Stolz auf Japan beizubringen und empfahl das Hissen des Sonnenbanners Hinomaru sowie das Singen der Nationalhymne Kimigayô an schulischen Feiertagen[7]. Hatten die Olympischen Spiele 1964 bis zu einem gewissen Grade nationalen Konsens gestiftet und die marxistische Linke zurückgedrängt, so zeigte sich doch auch bald, daß die Probleme des Landes damit nicht einfach gelöst waren und es der Wirkung des Sportereignisses als erinnerungskulturelles „Gegengift zur Bewegung gegen den Sicherheitsvertrag von 1960"[8] an Nachhaltigkeit mangelte.

Die fortdauernde militärische Besetzung Okinawas durch die USA, die die Insel als Basis für den Vietnam-Krieg nutzten, die Finanzierung von Hochschulprojekten durch das US-Militär, die Teilnahme von Angehörigen der japanischen Streitkräfte an Universitätsseminaren und letztlich immer auch die Existenz des Sicherheitsvertrags selbst wurden zur Zielscheibe studentischen Protests und verbanden sich mit den „nicht-pazifistischen", in der ganzen westlichen Welt diskutierten Themen der inneren Strukturreformen an den Universitäten (stärkere studentische Mitbestimmung, weniger Leistungsdruck etc.)[9]. Das schwer in Bedrängnis geratende konservative Kabinett warf den radikalen Studenten schon bald vor, die im internationalen Vergleich sehr erfolgreiche japanische Bildungspolitik als „Werkzeug der Revolution" mißbrauchen zu wollen[10]. In ihren schlimmsten Befürchtungen sah sich die Regierung bestätigt, als die Zahl der „Zwischenfälle" an den Hochschulen 1965 signifikant anschwoll. Der Klimax des Konflikts wurde während der Jahre 1968/69 erreicht, d.h. in der Zeit nach dem sogenannten ersten „Haneda-Zwischenfall" Ende 1967, als mit Helmen und

---

[5] So Vahlefeld, Japan, S. 232.
[6] Igarashi, Bodies of Memory, S. 145 f.
[7] Vahlefeld, Japan, S. 274.
[8] Igarashi, Bodies of Memory, S. 145.
[9] Vgl. Pempel, Patterns of Japanese Policymaking, S. 114 ff.
[10] So bereits der Tenor einer vielbeachteten Rede Premierminister Ikedas im Unterhaus 1962. Pempel, Policy and Politics in Japan, S. 192.

Stöcken armierte Studenten den Abflug des Ministerpräsidenten Satô zu Gesprächen nach Südvietnam gewaltsam zu verhindern suchten und wiederum ein Todesopfer zu beklagen war. Darüber hinaus kam es zu 58 Verhaftungen und über 600 Strafanzeigen[11]. Weitere Krawalle ähnlicher Art folgten, genannt seien nur die Protestaktionen gegen das Anlegen des US-Flugzeugträgers Enterprise im Hafen von Sasebo oder gegen Züge im Shinjuku-Bahnhof, die angeblich Öl für die US-Vietnam-Truppen transportierten.

Auch wenn man zu dem Schluß kommen mag, die japanische Studentenbewegung habe eine „historische Rolle" gespielt, weil sie schon 1960 im Bündnis mit den Gewerkschaften als Pionier „massenrevolutionärer Aktion in einem industrialisierten Land" auftrat, „Jahre bevor diese in Europa und Amerika erreicht wurde"[12], so bleibt unverkennbar, daß nicht einmal auf dem extrem linken Flügel der japanischen „68er", bei der nationalen Studentenorganisation des *Zengakuren*[13], der Rekurs auf die „faschistische" Vergangenheit Japans im Zweiten Weltkrieg ein tragendes oder auch nur verbaliter besonders vorgeschobenes Motiv des Protests bildete. Gewiß der trotzkistisch und maoistisch inspirierte *Zengakuren*, der 1958 endgültig mit der Kommunistischen Partei gebrochen und den Bund der Kommunisten (*BUNTO/Kyôsandô*) gegründet hatte, rechnete „Sensibilität gegenüber der Geschichte" immerhin in der Theorie zu den Faktoren, die die Studenten zur Ausübung einer Vorreiterrolle im gemeinsamen Kampf mit der Arbeiterklasse gegen den Imperialismus befähigte[14]. Doch die hinter diesem Ansatz steckende Überzeugung von der „geistigen Unversehrtheit" der – nicht mit der nationalistischen *kokutai*-Ideologie der Vorkriegszeit infizierten – Studenten, spielte in der Praxis und in den Aktionsformen des antikapitalistischen Kampfes des *Zengakuren* eine ganz und gar marginale Rolle. Und das konnte wohl schon deshalb kaum anders sein, weil das Thema in der politischen Sozialisation dieser jungen Generation so gut wie keine Bedeutung gehabt hatte, weil Schule und Medien, Regierung und Parlament – anders als in der Bundesrepublik während der 1950er und 1960er Jahre – in der Sache wenig Problembewußtsein vermittelt hatten.

Denkt man diesen logischen Zusammenhang zwischen „Vergangenheitsbewältigung" und Protestmotivation der Studentenbewegung weiter und überträgt ihn auf die Bundesrepublik, so nährt dies Zweifel an dem von westdeutschen „68ern" geschaffenen Erklärungsmuster, ihr Protest sei vor allem auch eine Antwort auf die Verdrängungspraxis der Adenauer-Ära ge-

---

11 Pempel, Patterns of Japanese Policymaking, S. 115. Vgl. auch Caute, Sixty-Eight, S. 16–19 sowie S. 354 ff.
12 Halliday, Students of the World Unite, S. 298.
13 Harada, The Anti-Ampo-Struggle.
14 Als weitere Faktoren galten generationsbedingte Progressivität und Kampfbereitschaft. Derichs, Japans Neue Linke, S. 71.

wesen. Hermann Lübbe hat in diesem Kontext ohnehin darauf hingewiesen, daß nicht Opposition gegen die „nachkriegsdeutsche Verdrängungspraxis" am Anfang der westdeutschen 68er-Bewegung gestanden habe, sondern ein ideologiepolitisches Interesse, den kapitalistischen „Erzmakel" des (bundes-)deutschen Gesellschaftssystems anzuprangern, das sich 1949 eine bürgerlich-liberale statt eine sozialistische Verfassung gegeben hatte. Ging es 1968 mithin in erster Linie um die faschismustheoretische Delegitimierung des gesellschaftlichen Systems der Bundesrepublik, in dem gleichsam der Kapitalismus das Dritte Reich überlebt hatte?[15] Ulrich Herbert hat in diesem Zusammenhang bemerkt, daß im Umfeld der Studentenbewegung und der Neuen Linken die Auseinandersetzung mit der Geschichte der NS-Herrschaft „durchaus keinen Schwerpunkt" gebildet habe[16]. Doch auch wenn man eine aktuell-politische antikapitalistische Stoßrichtung für den dominanten Impuls des 68er-Antifaschismus hält und nicht die „moralische Empörung über verdrängungsbeflissene Schweigsamkeit der Väter"[17], so ist die Studentenbewegung dennoch nur als „Nachgeschichte der NS-Zeit" zu verstehen[18], allerdings in einem anderen Sinne, als dies Norbert Frei getan hat, indem er das Problem der „unbewältigten Vergangenheit" zum tragenden Motiv der studentischen Bewegung verklärt und ihr zugutehält, wesentlich erst zur Festigung der deutschen Demokratie und ihrer Verankerung in der westlichen Zivilisation beigetragen zu haben[19].

Die Hoffnung aber, die Bundesrepublik durch den Nachweis von Kontinuitäten zur „faschistischen" Vergangenheit zu erschüttern, konnte sich offensichtlich kaum aus der Wahrnehmung speisen, die politisch interessierte Öffentlichkeit stehe der verbrecherischen NS-Geschichte vollständig blind und fühllos gegenüber, sondern nur aus dem hohen Grad an Aufmerksamkeit, den der Komplex, wenn auch nicht permanent, so doch in immer neuen Schüben seit Gründung der Bundesrepublik erzeugt hatte. Wäre die Bereitschaft, sich mit der jüngsten Vergangenheit auseinanderzusetzen, vor 1968 tatsächlich so verschwindend gering gewesen, wie die schärfsten Kritiker der „düsteren" 1950er Jahre jetzt in Akademien landauf landab zu predigen begannen[20], dann hätte auch die 68er-Bewegung selbst in Westdeutschland einen ganz anderen Charakter getragen und wäre – wie in Japan – vermutlich im wesentlichen ohne erinnerungskulturelle Begründungen ausgekommen.

---

[15] So die Argumentation von Hermann Lübbe, Der Mythos der „kritischen Generation", S. 18 f.
[16] Herbert, Legt die Plakate nieder.
[17] Vgl. Lübbe, Der Mythos der „kritischen Generation", S. 18.
[18] Vgl. dagegen Sontheimer, Gegen den Mythos der 68er.
[19] Frei, Ertrotzte Aufklärung.
[20] Die sich in dem Schlagwort „Restauration" verdichtende Kritik von Intellektuellen habe, so hat es Hans-Peter Schwarz zugespitzt, schon „die ganze Adenauer-Ära begleitet wie mißtönendes Möwenkrächzen die Fahrt eines großen Schiffes". Schwarz, Die Ära Adenauer. Gründerjahre der Republik, S. 448.

X. Die Studentenbewegung der 1960er Jahre

Auf der anderen Seite ist zur Erklärung des spezifisch „bundesdeutschen '68" zu berücksichtigen, daß der Prozeß der „Vergangenheitsbewältigung" in Westdeutschland zwar günstiger als in Japan, aber doch ebenfalls alles andere als unproblematisch verlaufen war. Durch Radikalität konnte er unter den Auspizien der Massendemokratie und des endlich gesicherten Rechtsstaates, aber auch des totalitären Charakters der zu überwindenden Diktatur keineswegs gekennzeichnet sein, vielmehr durch ein Maß an (personal-)politischem Pragmatismus, das gerade manchen moralisch sensiblen (intellektuellen) Zeitgenossen als ein Übermaß erschien und Abwehrreaktionen hervorrief[21] – zumal in einem gesellschaftlichen Klima, das sich nicht erst in den Tagen vor „1968", sondern tiefgreifender schon seit dem Ende der 1950er Jahre spürbar gewandelt hatte. Wie aber hatten die Vorboten dieses Wetterumschwungs in der Mitte der Ära Adenauer ausgesehen?

Zunächst war seit 1957/58 der Eindruck eines „aus der Latenz heraustretenden Antisemitismus" entstanden, nachdem eine Kette von Beleidigungsfällen und Friedhofsschändungen oder auch die Verbreitung von Hetzschriften nicht abreißen wollte, wobei umstritten blieb, ob dem tatsächlich eine statistische Häufung an Vorkommnissen zugrunde lag „oder ob sich nur die öffentliche Resonanz darauf verändert hatte"[22]. Jedenfalls verband sich diese Wahrnehmung von gegenwärtigem Antisemitismus seit 1958 in der gesellschaftlichen Debatte mit Skandalen der „Vergangenheitsbewältigung" vor allem um den ehemaligen Buchenwalder KZ-Arzt Hans Eisele bzw. den Ulmer Einsatzgruppenprozeß, die auf erhebliche Mängel bei der justitiellen Ahndung von NS-Verbrechen aufmerksam machten. Der aus der Gründung der Ludwigsburger Zentralen Stelle Ende 1958 resultierende Nachdruck in der weiteren Verfolgung von NS-Verbrechen erzeugte eine erinnerungskulturelle Dynamik, wobei der von Ulrich Herbert als „rechtspolitischer Kurswechsel" gedeutete Vorgang bereits auf vorhergehende Wandlungen „in der Einstellung von Teilen der westdeutschen Bevölkerung gegenüber der NS-Diktatur und den nationalsozialistischen Massenverbrechen" zurückverwies[23]. Zwar war die Auseinandersetzung mit der Erblast des Dritten Reiches auch Anfang und Mitte der 1950er Jahre nie zum Erliegen gekommen, doch in der politischen Prioritätenskala eindeutig nach hinten gerutscht. Nunmehr rückte sie wieder nach vorne, weiter als je zuvor, und sie konnte es auch deshalb, weil die Gesellschaft der Bundesrepublik nach den ersten Erfolgen des Wiederaufbaus, nach dem Erreichen der politischen und militärischen Westintegration und dem Ende des Besatzungsstatuts sich mehr und mehr als gefestigt wahrnahm.

---

[21] Die Mechanismen waren im übrigen ganz ähnlich wie später nach 1989/90 bei der SED- und Stasi-Vergangenheit.
[22] Bergmann, Antisemitismus in öffentlichen Konflikten, S. 190. Dort (S. 192 ff.) auch eine Analyse der besonders spektakulären „Fälle" Zind und Nieland.
[23] Herbert, Best, S. 493.

Damit war gleichsam die Bühne für einen Bewältigungsschub bereitet, der an Stärke alle seine Vorgänger weit übertraf[24]. Ausgelöst wurde der Schub, als junge Rechtsradikale in der Christnacht 1959 die Kölner Synagoge besudelten und damit eine weltweite, bald Amerika und Australien erreichende Lawine von Hakenkreuzschmierereien lostraten. Die Vorwürfe auch in der Presse der westlichen Verbündeten gingen bis zu der Behauptung, es lohne sich nicht, zwischen Deutschen und Nazis zu unterscheiden. Nicht nur in New York demonstrierten jüdische Organisationen vor dem deutschen Generalkonsulat, auch in London protestierten zunächst Kommunisten mit gelben Armbinden und Davidsternen, dann 15 000 Mitglieder des Verbandes jüdischer Veteranen. In der britischen Regierung ließ sich Premierminister Harold Macmillan sogar von der Idee seines Außenministers Selwyn Lloyd begeistern, den in der Berlin-Frage so hartnäckig auf deutschlandpolitische Rechtspositionen pochenden Adenauer weiter in Verlegenheit zu bringen: Der Bundesrepublik sollte in einer konzertierten Aktion mit den amerikanischen und französischen Verbündeten klar gemacht werden, daß die nazistischen „Infektionsherde" zu beseitigen seien. Adenauer müsse also vor allem Kanzlerberater Hans Globke, die Minister Gerhard Schröder, Theodor Oberländer und Hans-Christoph Seebohm sowie belastete Richter und Polizisten aus dem Verkehr ziehen. Zwar erwog man zumindest in Washington, den Bundeskanzler auf das Problem der Belasteten anzusprechen, doch letztlich zeigten sich Londons Alliierte nicht geneigt, den englischen Vorstoß aufzugreifen, zumal die Deutschen bald selbst daran gingen, die nötigen Schritte in die Wege zu leiten[25].

Auch ohne von diesen internen Überlegungen der Westmächte zu wissen, stellte sich in der Bundesrepublik damals schockartig die Erkenntnis ein, es werde „lange dauern, ehe der Schatten der Gaskammern von unserem Land weicht..."[26]. Angesichts dessen hielt es die Bundesregierung für besser, vorliegende geheimdienstliche Informationen über die hinter der Kölner Sudelaktion steckende Initiative der DDR-Staatssicherheit[27] nicht herauszustellen. Vielmehr sahen sich die schon in den Jahren vor den Schmierereien wegen vorhandener Defizite bundesdeutscher Erinnerungskultur zunehmend in die Kritik geratenen Institutionen – von der Politik über die Justiz bis zu den Schulen – in dieser Lage veranlaßt, ihre bisherigen Bemühungen um die „Vergangenheitsbewältigung" noch sehr viel mehr zu verstärken. Dies betraf vor allem die von den Kultusministern der Länder 1960 beschlossenen politisch-pädagogischen Anstrengungen zur vermehrten Aufklärung über die NS-Zeit an den Schulen und Universitäten durch abermals verbesserte Lehrpläne, neue Professuren etc.

[24] Vgl. hierzu Kittel, Peripetie der Vergangenheitsbewältigung.
[25] Brochhagen, Nach Nürnberg, S. 302 ff., 308, 311 ff.
[26] Christ und Welt, 28. Januar 1960.
[27] Zu den tatsächlichen Strategien der DDR vgl. Lemke, SED-Kampagnen gegen Bonn.

X. Die Studentenbewegung der 1960er Jahre

Symptomatisch war es auch, daß mit Oberländer im April 1960 erstmals ein Bundesminister zum Rücktritt gezwungen wurde, der sich Vorwürfen wegen seines Verhaltens in der Zeit des Nationalsozialismus ausgesetzt sah. Die Ambivalenzen und Widersprüche seiner Vergangenheit hatte Adenauer in unnachahmlicher Prägnanz auf die Formel gebracht: „Er war einer von den Anständigeren – nicht von den Anständigen"[28]. Seit 1953 wußte man um die biographischen Stationen des vom BHE zur CDU wechselnden Vertriebenenpolitikers, der als Achtzehnjähriger mit Hitler auf die Feldherrnhalle marschiert war und verdächtigt wurde, später mit dem „Bataillon Nachtigall" an NS-Gewaltverbrechen in Lemberg beteiligt gewesen zu sein, der aber auch immer wieder mit den Machthabern in Konflikt geraten war. Jetzt schien er nicht mehr tragbar, da die gegenwärtige Distanzierung von der NS-Ideologie, die seit Gründung der Bundesrepublik zu den konstitutiven Merkmalen der neuen Demokratie gezählt hatte, nunmehr nicht mehr hinreichte, sondern die Öffentlichkeit auch Distanzierung von moralisch fragwürdigen NS-Vergangenheiten einforderte. So wurde der Fall Oberländer – wie Philipp Christian Wachs zugespitzt formuliert hat – für die westdeutsche Gesellschaft ein „medienwirksamer Katalysator [...], sich in ihrem Selbstverständnis und Selbstbewußtsein von den Resten einer nationalsozialistischen Volksgemeinschaft in die Gesellschaft der Bundesrepublik zu verwandeln."[29]

In diesem Kontext ist auch ein Gesetz zu sehen, das der Deutsche Bundestag im Juni 1961 einstimmig verabschiedete, um endlich an die 150 Richter und Staatsanwälte zum Amtsverzicht zu drängen, die wegen ihrer Mitwirkung an Todesurteilen im Dritten Reich mit begründeten Vorwürfen aus der Vergangenheit rechnen mußten. Kein geringerer als Bundesanwalt Wolfgang Fränkel, der im Dritten Reich bei der Reichsanwaltschaft am Leipziger Reichsgericht an drakonischen Todesurteilen mitgewirkt hatte, mußte schließlich auf Vorschlag des Bundeskabinetts vom Bundespräsidenten in den einstweiligen Ruhestand entlassen werden[30]. Berücksichtigt man zudem die hohen Wellen, die der Prozeß gegen den vom israelischen Geheimdienst aufgespürten Adolf Eichmann (1961) schlug und bald darauf der Frankfurter Auschwitz-Prozeß (1963–65), aber auch die große Verjährungsdebatte des Jahres 1965, so ist in der Analyse der langen Vorgeschichte von 1968 zweifelsohne zu betonen: „the public sphere in West Germany became increasingly absorbed with the past"[31].

---

[28] Wachs, Der Fall Theodor Oberländer, S. 497.
[29] Ebd., S. 500.
[30] Die Amtsenthebung Fränkels führte zu scharfer publizistischer Kritik an der Entwicklung der bundesdeutschen Justiz. Ernst Müller-Meiningen jr. nannte die Karriere des Generalbundesanwalts in der Süddeutschen Zeitung (v. 11. Juli 1962) „eine Schande".
[31] Marcuse, The Revival of Holocaust Awareness, S. 424.

Dabei ließ nicht nur der Kommentar radikal-antikapitalistischer „68er" zu den in der ersten Hälfte der 1960er Jahre einsetzenden Vorlesungsreihen über Wissenschaft und Nationalsozialismus, mit denen auch die deutschen Hochschulen ihre historischen Verwicklungen verstärkt aufzuarbeiten begannen („hilfloser Antifaschismus"), kaum den Schluß zu, ihnen gehe es bloß um eine andere Art von Erinnerungskultur. Denn selbst Opfer nationalsozialistischer Verfolgung, die ihren Widerstand aus anderen als marxistischen Überzeugungen geleistet hatten, mußten es nun ertragen, „objektiv" faschistischen Wirkungszusammenhängen zugerechnet zu werden. Die Störung akademischer Feiern zum Gedenken an die Geschwister Scholl dokumentierte dies ebenso wie im Sommer 1968 der Skandal um eine Zusammenkunft von ehemaligen (vielfach belgischen und französischen) Dachauer KZ-Häftlingen, die teils in NATO-Stäben Karriere gemacht hatten. Der militärische Rahmen ihrer Zeremonie erschien den linken Protestierenden als Ignoranz gegenüber der „antiimperialistischen Lektion der Nazi-Aggression", die Teilnahme des Regierenden Bürgermeister von Berlin, Klaus Schütz, den sie für den Tod Benno Ohnesorgs mit verantwortlich machten, als zusätzliche Provokation. So hielten sie es für angebracht, während der Rede des SPD-Politikers Spruchbänder zu entrollen bzw. Parolen zu skandieren wie „Wir kämpfen gegen Faschismus, NATO und Imperialismus" oder „Dachau grüßt Hitlers Nachfolger". Schließlich kam es sogar zu einem Handgemenge zwischen „alten Antifaschisten und jungen Radikalen"[32].

Auch wenn vieles darauf hindeutet, daß es 1968 nicht hauptsächlich um eine „moralisch-kritische Aneignung vermeintlich verdrängter Väter-Vergangenheit" ging, sondern um die Delegitimierung des politischen Systems der Bundesrepublik, so ist damit noch kein Gesamturteil über „die Studentenbewegung"[33] gewonnen. Die Parolen hartgesottener marxistischer Gesellschaftsveränderer und Kämpfer für eine „andere Republik" bedurften offensichtlich des Resonanzkörpers derer, die – auch ohne ähnlich kämpferische Antikapitalisten zu sein – aufgrund der Medienberichte einfach zutiefst vom Mißlingen der bisherigen „Vergangenheitsbewältigung" im „CDU-Staat" Bundesrepublik überzeugt waren und die endlich eine neue Zeit moralisch unangreifbarer Erinnerungskultur anbrechen sehen wollten. Ihnen kamen die immer neuen Fälle der „Ehemaligen" wie ein Symbol für die Kontinuität autoritärer Strukturen über 1945 hinaus vor, die es jetzt zu überwinden galt, um mehr Demokratie wagen zu können. Der entscheidende Punkt war letztlich gar nicht, ob die bundesdeutsche Gesellschaft bei der „Aufarbeitung" der NS-Zeit zu viel Zaghaftigkeit an den Tag gelegt

---

[32] Ebd., S. 427. Vgl. auch ders., Legacies of Dachau, S. 320 ff.
[33] Lübbe, Der Mythos der „kritischen Generation", S. 18 bzw. 19.

X. Die Studentenbewegung der 1960er Jahre

hatte oder noch legte[34], sondern daß sich dieser Eindruck bei meinungsstarken Gruppen festsetzte. Vor diesem Hintergrund gewann die nationalsozialistische Vergangenheit im Stil und in der Substanz der politischen Auseinandersetzung um 1968 eine ganz neue Bedeutung.

Dies zeigte sich zunächst im Streit um die Notstandsgesetze, mit denen die Große Koalition einer Auflage der Alliierten aus dem Deutschlandvertrag von 1954 nachkam, um gestützt auf ihre Zweidrittelmehrheit legislative Vorkehrungen für den Notstandsfall zu treffen. Der Hinweis der Regierungsparteien auf die anderen westlichen Demokratien, die sämtlich Regelungen für einen Staatsnotstand kennten, vermochte angesichts des ideologischen Umgangs junger Radikaler mit der jüngsten deutschen Vergangenheit keine durchschlagende Argumentationskraft mehr zu gewinnen, propagierten diese außerparlamentarischen Gegner der „NS-Gesetze"[35] doch in traumatischer Erinnerung an die Endzeit von Weimar, man stehe erneut an der Schwelle zwischen Demokratie und Diktatur und müsse mit aller Kraft gegen ein neues Ermächtigungsgesetz kämpfen. Und sie fanden dabei Gehör auch in keineswegs linksextremen, sondern eher (links-)liberalen Kreisen. Die Fixierung auf das Dritte Reich wurde bis in die Formen des Protests hinein deutlich, wenn etwa die Verkleidung der Demonstranten als KZ-Häftlinge eindeutige Assoziationen wecken sollte[36].

Eine begrenzte japanische Parallele zu dem bundesdeutschen Protest gegen die Notstandsgesetze mag man in der 10 Jahre früher, Ende 1958, geführten Auseinandersetzung um ein Polizeigesetz sehen, mit dem die Regierung Kishi prophylaktisch Maßnahmen im Bereich von Fahndung, Verhaftung und Verhör treffen wollte, um den erwarteten Widerstand gegen die geplante Revision des Sicherheitsvertrags brechen zu können. Allerdings waren es vor allem die von den Sozialisten millionenfach zum Streik mobilisierte Arbeiterbewegung sowie einige einflußreiche Abweichler in den Reihen der regierenden LDP selbst, die das Polizeigesetz zu Fall brachten. Zwar gaben Intellektuelle die Parole „minshu ka dokusai ka" („Demokratie oder Diktatur") aus, um die Strategie Kishis zu durchkreuzen, der unter biographischer Anspielung als *yôkai*, d. h. Monster, der Shôwa-Zeit attackiert wurde[37]; und viele in der Protestbewegung akzeptierten den Appell, den Streit um das Gesetz auf einen Kampf zwischen demokratischer Gegenwart und autokratischer Vergangenheit zu reduzieren. Hosaka Masayasu, der als Student an der Protestbewegung gegen den Sicherheitsvertrag teilge-

---

[34] So Berghoff, Zwischen Verdrängung, S. 111, 114, der den 68er-Protest aufgrund der erinnerungskulturellen Defizite der bundesdeutschen Gesellschaft nicht nur für legitim hält, sondern sogar für Identitätsfindung und Festigung der bundesdeutschen Demokratie unentbehrlich.
[35] So etwa die Formulierung einer SDS-Delegiertenkonferenz im September 1968. Vgl. Schneider, Demokratie in Gefahr?, S. 272.
[36] Kielmansegg, Lange Schatten, S. 80 ff., 85 f.
[37] Igarashi, Bodies of Memory, S. 136 f.

nommen hatte, interpretiert sie gar als eine Art „Volksgerichtshof" gegen Kishi, mit dem die japanische Nation 15 Jahre nach dem Tokioter Militärtribunal selbst einem der Verantwortlichen für den Pazifischen Krieg den Prozeß machte. Das Volk sei empört darüber gewesen, daß mit Kishi ausgerechnet ein Politiker so sehr die Interessen der USA vertrat, der ihnen 1941 als Mitglied des Tôjô-Kabinetts noch den Krieg erklärt hatte[38].
Ob die von Hosaka vorgenommene Deutung nicht doch eine sehr „kühne Hypothese" ist – wie er sie selbst nennt –, fragt man sich unweigerlich, zumal die LDP bei den Wahlen im November 1960, wenige Monate nachdem sie den Sicherheitsvertrag durch das Parlament gedrückt hatte, abermals breiten Rückhalt in der Wählerschaft fand. Hatte der Teilerfolg der Protestbewegung – immerhin war Kishi 1960 zurückgetreten und hatte Eisenhowers Besuch verhindert werden können – den Teilnehmern nicht doch nur ein Alibi geliefert, „for accepting material prosperity, patterned after the lifestyle of the former enemy"[39]? Andere Interpretationen betonen demgegenüber, die Opposition gegen die Regierung Kishi habe vor allem ein Ventil für den – antiamerikanisch akzentuierten – Nationalismus geöffnet, der seit eineinhalb Jahrzehnten „in einer dunklen Ecke" Nachkriegsjapans schlummerte[40]. Wie immer man den nationalen Protest gegen Polizeigesetz und Sicherheitsvertrag auch deuten mag, offensichtlich ist, daß er sich in seinen Demonstrationsformen keinesfalls solch drastischer Metaphern der Vergangenheit bediente wie die in KZ-Häftlingskluft gegen „NS"-Gesetze auftretenden bundesdeutschen „68er".
Auch die Wirkungsgeschichte der gesellschaftlichen Protestbewegungen in Japan und Westdeutschland der 1960er Jahre war höchst unterschiedlich. Man vergleiche nur die anhaltenden Verhärtungen im japanischen Geschichtsunterricht mit den teils überschießenden bildungspolitischen Reformprozessen in der Bundesrepublik. So entwarfen die im sozialdemokratischen Musterland Hessen und andernorts erlassenen Rahmenrichtlinien für den gemeinschaftskundlichen Schulunterricht Anfang der 1970er Jahre ein pädagogisches Programm, das „Herrschaft" schlechthin stigmatisierte, ohne hinreichend zwischen anerkennungswürdigen und nicht akzeptablen politischen Ordnungen zu unterscheiden[41]. Diese Kulturpolitik ließ sich indes nur zu einem kleineren Teil durch die „kräftige Einwirkung marxisti-

---

[38] Ebd., S. 142.
[39] Ebd.
[40] Ebd., S. 138.
[41] Hatte die Sozialdemokratie als Juniorpartner der Großen Koalition 1966–69 noch selbst manchen Pfeil der APO-Kritik auf sich gezogen, so ließen einige der folgenden kulturpolitischen Entwicklungen die Frage aufkommen, ob sie nicht selbst – auch im Zuge des vom radikalen Flügel der 68er-Bewegung angekündigten „Marschs durch die Institutionen" – in Teilen von einer ideologisierten Sicht auf die deutsche Geschichte beeinflußt wurde. Unterschätzt wird dies wohl in der ideologisch gefärbten Darstellung von W. Weber, Die „Kulturrevolution" 1968, S. 221.

schen Denkens" erklären, im wesentlichen handelte es sich um „eine Form der Auseinandersetzung mit der Vergangenheit ... Der Staatsbürger der Rahmenrichtlinien ist nicht für den demokratischen Verfassungsstaat, er ist gegen die Vergangenheit entworfen."[42] Konservativere Zeitgenossen in der Bundesrepublik klagten bald immer häufiger darüber, daß es „den 68ern" vor allem auch gelang – begünstigt durch eine eher geringe medien- und hochschulpolitische Aufmerksamkeit im „bürgerlichen Lager" –, zahlreiche Lehrstühle, Schul- und Redaktionsstuben zu besetzen, im öffentlichen Diskurs dominant zu werden, ja – wie Graf Kielmannsegg betont hat – die „rechten" Gegner in einer ganzen Reihe von Themenfeldern (Deutschland-, Asyl- oder Ausländerpolitik etc.) „in den Schatten der Vergangenheit" und damit „vom gemeinsamen Legitimitätspodest hinunter" zu stoßen[43].

Die erinnerungskulturellen Wirkungen der 68er-Bewegung insgesamt – das sei noch einmal betont – sind nur vor dem Hintergrund des schon Ende der 1950er Jahre ausgelösten, innergesellschaftlich vor allem auch von den evangelischen Kirchen mitgetragenen Klimawandels in der „Vergangenheitsbewältigung" möglich geworden, der in einem engen Zusammenhang mit der Deutschlandpolitik stand. Offensichtlich wurde dies bei der breiten Akzeptanz der sozialliberalen Ostverträge 1972. Diese schrieben den Verlust der Heimat von 10 Millionen Deutscher jenseits von Oder und Neiße, der nicht zuletzt durch die Ostdenkschrift der EKD bereits moralisch sanktioniert worden war, nur noch rechtlich fest[44].

Bemerkenswert ist der Verzicht auf die über 100000 Quadratkilometer großen deutschen Ostgebiete in komparativer Perspektive insofern, als er mit der hartnäckigen Verteidigung der japanischen Gebietsansprüche auf die 5000 Quadratkilometer kleinen Südkurilen-Inseln scharf kontrastiert[45]. Die bis 1945 von 17000 Japanern bewohnten Eilande waren am Ende des Krieges von der UdSSR besetzt worden, und der Friedensvertrag von San Francisco hatte die Frage nicht klar geregelt. Man wird in der Annahme kaum fehl gehen, daß der jahrzehntelange Widerstand Tokios gegen die Annexion nicht wesentlich schwächer ausgefallen wäre, wenn die Sowjetunion selbst zu den Opfern des ultranationalistischen Aggressionskrieges gezählt hätte. An dem Anspruch Japans auf territoriale Integrität änderte sich vielmehr auch deshalb nichts, weil ein tiefgreifender erinnerungskultureller Transformationsprozeß in den 1960er Jahren, anders als in der Bundesrepu-

---

[42] Kielmansegg, Lange Schatten, S. 85 f.
[43] Ebd., S. 94.
[44] Eine Mehrheit von 49% der Bundesbürger hielt im August 1972 die Anerkennung der Oder-Neiße-Linie für richtig (dagegen sprachen sich nur 25% aus); etwa ebenso viele (47% gegen 10%) zeigten sich infolge der neuen Ostpolitik schon im Januar 1971 überzeugt, daß Deutschland „heute in der Welt mehr geschätzt wird als vor einem Jahr". Noelle/Neumann, Jahrbuch der öffentlichen Meinung 1968–1973, S. 526, 531.
[45] Vgl. R. Hartmann, Der Streit um die Kurilen, v.a. S. 758 ff.; zur völkerrechtlichen Problematik Sauerland, Der russisch-japanische Territorialstreit.

blik, nicht stattgefunden hatte und sich die Bereitschaft, einen Preis für die Schandtaten des Ultranationalismus zu entrichten, nicht einstellen wollte. Ebenfalls anders als in Westdeutschland, wo die konservativeren Parteien auch für ihren hinhaltenden Widerstand gegen die sogenannte Neue Ostpolitik vom Wähler abgestraft wurden, vermochte sich die LDP in Japan noch zwei weitere Jahrzehnte an der Macht zu halten[46].

Nachdem der 1959/60 einsetzende Paradigmenwechsel von einer mit zahlreichen Problemen behafteten politisch-pragmatischen Phase der „Vergangenheitsbewältigung" in der Ära Adenauer zu einer auf andere Weise problematischen „moralpolitischen" Phase im Zuge der 68er-Bewegung seinen Abschluß gefunden hatte[47] und fortan die politische Kultur der Bundesrepublik maßgeblich prägte, lagen die inneren Rezeptoren für die „Vergangenheitsbewältigung" in Japan und Deutschland weiter auseinander als je zuvor. Die unterschiedlichen äußeren Rahmenbedingungen hatten auch diese Entwicklung wieder stark beeinflußt. Der Konflikt um die Revision des japanisch-amerikanischen Sicherheitsvertrags und der folgende Vietnam-Krieg waren eher geeignet, antiamerikanische Empfindungen in Nippon zu nähren und sogar eine Welle des Mitleids mit den beim Tokioter Kriegsverbrecherprozeß – von Amerikanern – Verurteilten auszulösen, als ein Klima des Nachdenkens über die historische Schuld der eigenen Nation zu erzeugen. Der erinnerungskulturelle Anpassungsdruck, der Anfang der 1970er Jahre von der Annäherung zwischen Japan und Rotchina ausging (im Kielwasser der US-Politik nach dem sog. „Nixon-Schock"), war unendlich geringer als jener, der seit den frühen 1960er Jahren auf der Bundesrepublik lastete, nachdem Washington die Zeiger des Ost-West-Konflikts auf Détente gestellt hatte.

Denn der notwendig werdende Ausgleich mit den Hauptopfern des nationalsozialistischen Lebensraumkrieges im Osten, mit Polen und der Sowjetunion, warf mit dem endgültigen Verzicht auf große, seit Jahrhunderten angestammte Siedlungsgebiete der Deutschen ganz andere Fragen auf, auch Fragen von historischer Schuld und Sühne, die sich in Japan aus dem eher geringfügigen Kurswechsel von Taipeh auf Peking so nicht ergaben. Dennoch, als Tokio 1972 Taiwan als integralen Bestandteil der Volksrepublik China anerkannte und diplomatische Beziehungen mit Peking aufnahm, erklärte die japanische Regierung immerhin erstmals in dieser Form, daß sie die während des Krieges dem chinesischen Volk zugefügten großen Schäden

---

[46] Auf die viel weniger starken (partei-)politischen Wirkungen der japanischen Studentenbewegung verweist auch Caute, Sixty-Eight, S. 354.
[47] Schon in der Folge der Schmierwelle von 1959/60 hatte etwa der SPD-Pressedienst einen „Sieg des Moralischen in der Politik" erkannt, und auch *Die Zeit* sah eine Ära der „Moralpolitik und politischen Moral" über Deutschland heraufdämmern. Kittel, Die Legende, S. 371. Ulrich von Hehl (Kampf um die Deutung, S. 416) beschreibt die Phase als „Wendung zur Betroffenheit".

„zutiefst bedauere" und „die Verantwortung dafür schmerzlich trage"[48]. Bemerkenswert war dies auch insofern, als bei einer Umfrage noch 1967 nur 17 Prozent der befragten Japaner den Krieg in China als falsch erachtet hatten und dieser Prozentsatz bis 1972 erst auf 26 Prozent gestiegen war. Nach wie vor hielt also die große Mehrheit den Krieg für richtig oder zumindest unvermeidlich. Eine gewisse Bewegung schien sich aber doch abzuzeichnen. Kurze Zeit vorher (1970) hatte nämlich eine Aufsatzserie von Honda Katsuichi in der *Asahi* über seine „Reisen durch China" dem Nanking-Massaker wieder mehr öffentliche Aufmerksamkeit verschafft, und längerfristige Wirkungen entfaltete vor allem das folgende, millionenfach verkaufte Buch des Top-Reporters der *Asahi* zum gleichen Thema[49].

Natürlich wäre schon die Frage nach der Berechtigung des nationalsozialistischen Ostfeldzuges in der Bundesrepublik damals als so absurd empfunden worden, daß die Allensbacher Demoskopen sie erst gar nicht stellten. Statt dessen interessierte die Meinungsforscher, wie viele Bundesbürger Deutschland am Zweiten Weltkrieg für schuldig hielten, was bereits 1959 von fünfzig Prozent der Bevölkerung, 1967 von 62 Prozent bejaht wurde[50]. Gefragt nach den Gründen, weshalb die Deutschen in der Welt unbeliebt seien, hatten 1955 erst 13 Prozent den Krieg und das Dritte Reich genannt (ungefähr ebenso viele wie Rechthaberei oder schlechtes Benehmen im Ausland); der Anteil derer, die die NS-Zeit nannten, sollte sich aber – bei sonst etwa gleich bleibenden Nennungen – bis 1969 auf 38 Prozent verdreifachen, also mit weitem Abstand an der Spitze rangieren[51].

Zweifelsohne hatten die gegensätzlichen Befunde damit zu tun, daß in Japan immer noch eine ganz andere Frage, die nach der Schuld des Tennô, tabu war. In der Bundesrepublik dagegen hielt damals eine klare Mehrheit der Bevölkerung Hitler auch „ohne den Krieg" keineswegs für einen der größten deutschen Staatsmänner[52] – und unter Berücksichtigung der Jahre 1939 bis 1945 fiel das Urteil über ihn vernichtend aus. So bildeten sich in den demoskopischen Zahlen zum Geschichtsbewußtsein der Deutschen und Japaner letztlich die extremen Divergenzen beider Erinnerungskulturen ab, nachdem gerade in den 1960er Jahren von innen wie von außen höchst gegensätzliche Kräfte der „Vergangenheitsbewältigung" auf die beiden Gesellschaften eingewirkt hatten.

---

[48] Inoue, Geschichte Japans, S. 625. Zur historischen Tanaka-Reise nach China vgl. auch Kapur, Chine – Japon.
[49] Hicks, Japan's War Memories, S. 33, 36. Yang, The Malleable and the Contested, S. 59.
[50] 1951 waren es erst 32 Prozent gewesen, 1955 lag die Zahl bei 43 Prozent. Noelle/Neumann, Jahrbuch der öffentlichen Meinung 1965–1967, S. 146.
[51] Noelle/Neumann, Jahrbuch der öffentlichen Meinung 1968–1973, S. 221.
[52] Ebd., S. 204.

XI. Ausblick: Später Klimawandel in der japanischen Erinnerungskultur und „Amerikanisierung des Holocaust" in der Bundesrepublik

Markierten die 1960er Jahre für die Bundesrepublik Deutschland eine Phase tiefgreifenden erinnerungskulturellen Wandels, so änderte sich das Klima in Japan erst im Gefolge eines großen Schulbuchstreits 1982 spürbarer. Allerdings hatten die von dem Professor an der Pädagogischen Hochschule in Tokio, Ienaga, 1965 bzw. 1967 eingereichten Klagen gegen den Staat bzw. das Erziehungsministerium u. a. wegen der Verletzung der verfassungsmäßig garantierten Meinungsfreiheit durch die staatliche Lehrbuchkontrolle 1970 und 1974 zu erstinstanzlichen (Teil-)Siegen Ienagas geführt[1]. Dies trug eine Zeit lang zur „Liberalisierung der Geschichtsdarstellung"[2] in Schulbüchern bei und machte etwa die Darstellung der Eroberung von Nanking seit 1974 wieder möglich. Nicht nur in der rechtsgerichteten Publizistik, sondern auch in der regierenden LDP formierte sich aber bald Widerstand gegen „Nanking-Lüge" und „tendenziöse Geschichtsschreibung" – bis hin zur Gründung einer Art *Task force* der LDP gegen die Präsenz von Nanking in den Schulbüchern[3].

Zunächst ähnlich wie bei den periodisch aufgeflackerten Kontroversen um die Praxis der Lehrmittelzulassung ging es beim großen Schulbuchstreit 1982 im Kern um den von Japan in China geführten Krieg und vor allem auch um das Massaker von Nanking. Von „Invasion" oder „Aggression" zu reden, wie dies in einigen der diesmal zur Prüfung anstehenden Geschichtsbücher für die Oberschulen getan wurde, widersprach nach wie vor der Auffassung des *Monbushô* (Erziehungsministerium). Die Behörde wollte das Ereignis von Nanking in die Fußnoten verbannt wissen. Zudem verlangte sie Erklärungen, die das Vorgehen der japanischen Soldaten tendenziell entschuldigten. Auch die Kolonialpolitik in Korea sollte nach Ansicht der Tokioter Behörde in einem weniger schlechten Licht erscheinen, als dies in einigen Manuskripten der Fall war[4]. Nach wie vor also verstand das kon-

---

[1] Petersen, Die Schulbuchprozesse, S. 64f., 73.
[2] Ishida, Das Massaker von Nanking, S. 238.
[3] Ebd., S. 239.
[4] Fuhrt, Erzwungene Reue, S. 80–90.

servativ beherrschte Ministerium Schulbuchgestaltung in erster Linie als Beitrag zur Systemstabilisierung und lehnte eine „negative" Darstellung der Rolle Japans in den Aggressionskriegen ab[5].

Da diese Position hinlänglich bekannt und ausdiskutiert war, fanden die Eingriffe des Erziehungsministeriums in der japanischen Öffentlichkeit zunächst wenig Beachtung. Ganz anders aber als früher fiel die Reaktion in den Nachbarländern aus. Nach einem kritischen Artikel in dem chinesischen KP-Organ *Renmin Ribao* wurde dem japanischen Gesandten im chinesischen Außenministerium am 26. Juli 1982 eine förmliche Protestnote überreicht und deutlich gemacht, daß die vom Tokioter Ministerium vorgenommenen „Verfälschungen ... eindeutig eine Verzerrung historischer Tatsachen" darstellten, die „in keiner Weise gebilligt"[6] werden könnten. Pekings Entschlossenheit, den Verstoß gegen den Geist des Friedens- und Freundschaftsvertrags zwischen Japan und China nicht hinzunehmen, wurde durch die Ausladung des Erziehungsministers bekräftigt, der im September eigentlich nach China hatte reisen sollen.

Die Militärregierung in Südkorea, erst drei Jahre vorher durch einen blutigen Putsch an die Macht gelangt und international noch ziemlich isoliert, taktierte in der Hoffnung auf einen seit 1981 verhandelten japanischen Milliardenkredit zunächst zurückhaltender, sie geriet aber mehr und mehr unter den Druck der Japan-kritischen Presse und der auf den Straßen demonstrierenden Veteranenverbände. Die teils extremen antijapanischen Emotionen gipfelten in Steinwürfen auf das japanische Konsulat oder Boykottaktionen einheimischer Taxifahrer gegen japanische Touristen. So sah sich die Regierung in Seoul veranlaßt, einige Ventile zu öffnen und im August 1982 mittels einer diplomatischen Protestnote eine Änderung der umstrittenen Geschichtsbuchpassagen von Tokio zu fordern. Auch Staatspräsident Chun Doo-Hwan wies in seiner Rede zum Nationalfeiertag am 15. August die Darstellung des japanischen Erziehungsministeriums mit Nachdruck zurück, woraufhin sich die Lage in Südkorea selbst wieder etwas entspannte. Da aber in anderen Ländern Südostasiens, allen voran in Singapur mit seiner großen chinesischen Bevölkerungsgruppe, in der Öffentlichkeit ebenfalls massive Vorwürfe gegen die unzulängliche japanische „Vergangenheitsbewältigung" laut wurden, ja schwerer wiegend noch, Tokios militärischer Expansionsdrang von einst mit seiner Wirtschaftspolitik von heute argumentativ verknüpft wurde[7], sah sich die japanische Regierung mit der bisher wohl schwierigsten, historisch bedingten außenpolitischen Problemkonstellation seit 1945 konfrontiert.

---

[5] Foljanty-Jost, Schulbuchgestaltung als Systemstabilisierung, S. 126.
[6] Fuhrt, Erzwungene Reue, S. 94.
[7] Ebd., S. 95–99.

XI. Ausblick

Nachdem Tokio dem Ausland gegenüber jahrzehntelang mit einer Mischung halbherzig wirkender Erklärungen des Bedauerns und wirtschaftlicher Kooperationsbereitschaft ausgekommen war, während im Inneren gleichzeitig affirmative Rückschau auf die eigene Geschichte betrieben wurde[8], stand der Regierung nun kein geeignetes Instrumentarium zur Krisenbewältigung zu Gebote. Vor allem im Erziehungsministerium fehlte es an Verständnis dafür, daß von der schönfärberischen Darstellung der dunkelsten zeitgeschichtlichen Kapitel auch die Gefühle und Interessen jener Nachbarvölker berührt waren, die japanische Besatzung und Kolonialherrschaft erfahren hatten. Aus Furcht, durch nachträgliche Revisionen der vorgenommenen Schulbuchkorrekturen einen Präzedenzfall zu Gunsten der traditionell vergangenheitskritischen Lehrergewerkschaft zu schaffen, bemühte sich das *Monbushô* statt dessen verstärkt, seine Politik im In- und Ausland zu rechtfertigen. Da China- und Südkorea-freundliche Gruppen der LDP aber vor allem die außen- und wirtschaftspolitischen Weiterungen des Problems sahen, herrschte im Regierungslager insgesamt Uneinigkeit über das weitere Verfahren, so daß Ministerpräsident Suzuki Zenko wochenlang dilatorisch agierte.

Erst als im August 1982 die Gefahr offensichtlich geworden war, daß ohne eine Beilegung des Konflikts der für September geplante China-Besuch Suzukis anläßlich des zehnten Jahrestages des Normalisierungsvertrages zumindest schwer belastet werden würde, den der Regierungschef eigentlich zur Selbstdarstellung vor seiner Wiederwahl als LDP-Vorsitzender auf dem Parteitag im Oktober nutzen wollte, gab Suzuki in einer öffentlichen Erklärung am 23. August die Zusicherung, eine Korrektur der umstrittenen Schulbuchpassagen einzuleiten. Die Konkretisierung neuer Richtlinien für die Schulbuchzulassung wurde allerdings dem Erziehungsministerium anvertraut. Daß die Position des Ministerpräsidenten nicht etwa aus einem veränderten historischen Bewußtsein resultierte, sondern aus taktischen Überlegungen außenpolitischer Art, erhellte auch seine Antwort auf die Frage eines Journalisten, ob er für die militärischen Aktionen Japans vor 1945 den Ausdruck „Invasion" oder „Vorrücken" für angemessen halte: „Die Bewertung der Taten unseres Landes vor dem Krieg sollte dem Urteil der Historiker späterer Generationen vorbehalten bleiben", sagte Suzuki, aber es sei „eine Tatsache, daß es international, darunter auch in China, die strenge Bewertung, Beurteilung oder Einschätzung gibt, es sei eine Invasion gewesen. Dies müssen wir als Regierung hinreichend berücksichtigen"[9].

Seoul und Peking reagierten zwar mit Enttäuschung auf die eher beschwichtigende als nachgiebige Haltung des Kabinetts Suzuki, doch daß beide Regierungen im Herbst 1982 die Angelegenheit für beendet erklärten,

---

[8] So das treffende Urteil von Fuhrt, Erzwungene Reue, S. 137.
[9] Zit. nach ebd., S. 106.

verwies auf den entscheidenden machtpolitischen Hintergrund dieser bisher größten Kontroverse um die japanische „Vergangenheitsbewältigung": Die Kräfteverhältnisse in Ostasien hatten sich seit den 1960er Jahren, als Tokio bei seiner ablehnenden Haltung gegenüber koreanischen Wiedergutmachungsforderungen noch ganz auf die USA bauen konnte, zwar erheblich verschoben. Trotz dieses höher gewordenen Außendrucks kam der japanischen Regierung aber immer noch zugute, daß vor allem die Reformkräfte in China das Interesse an wirtschaftlicher Zusammenarbeit letztlich höher bewerteten als Fragen historischer Moral[10].

Wenn der Schulbuchstreit von 1982 dennoch zumindest als kleiner Paradigmenwechsel in der japanischen „Vergangenheitsbewältigung" interpretiert werden kann, so vor allem deshalb, weil Meinungsumfragen nunmehr belegten, daß die Stimmung in der Bevölkerung, gerade bei der jüngeren Generation, mehrheitlich zur Korrektur der umstrittenen Bücher neigte. Ein ähnliches Bild zeigte sich bald auch bei der Haltung in der Frage der „Wiedergutmachung". Während eine Verpflichtung der japanischen Regierung zur Entschädigung von Kriegsopfern in einer Umfrage (1993) von einer relativen Mehrheit (mehr als 40 Prozent) der über Fünfzigjährigen verneint wurde, erreichte die Zahl der Befürworter unter den Zwanzig- bis Dreißigjährigen fast 70 Prozent[11]. Die über Jahrzehnte nahezu eingefroren wirkende Vorstellung, japanisches Volk und Tennô seien Opfer einer Militärclique geworden, der die Rolle des Übeltäters allein zufalle – diese „heroische Erzählung" (C. Gluck) wurde jetzt doch zunehmend von einer nach 1945 geborenen Generation in Frage gestellt, die sich für die Frage der Kriegsverantwortung zumindest mehr zu interessieren begann, als dies unter den Älteren der Fall war[12].

Auch die Rolle der Medien hatte sich im Vergleich zu den ersten Jahrzehnten nach 1945 erheblich gewandelt, weil es reißerisch aufgemachten Wochenblättern, alternativen und ausländischen Zeitungen, deren Journalisten nicht zur In-Group der nationalen Presseclubs gehörten, mehr und mehr gelang, tabuisierte Themen auf die Agenda zu bringen und die von Chalmers Johnson als „Kopfkartelle" bezeichneten unsichtbaren Mauern zu durchbrechen[13]. Die Zeitungen verurteilten, wenn auch erst angesichts des wachsenden Außendrucks, nicht nur klar das Taktieren der Regierung,

---

[10] Vgl. Miyaoka, Foreign Pressure and the Japanese Policymaking Process, sowie Fuhrt, Erzwungene Reue, S. 109, 137.

[11] Vgl. Fuhrt, Erzwungene Reue, S. 126 f., S. 182.

[12] Die Umfrage, die *Asahi Shimbun* 1993 durchgeführt hatte, zeigte nämlich andererseits ein hohes Maß an Desinteresse der jüngeren Generation gegenüber der Entschädigungsfrage. Fuhrt, Erzwungene Reue, S. 182. Vgl. auch Gluck, The Past in the Present, S. 344; Hijiya-Kirschnereit, „Kriegsschuld, Nachkriegsschuld", S. 344; Mishima, Generationswechsel und Erinnerungskulturen in Japan.

[13] Vgl. Hijiya-Kirschnereit, „Kriegsschuld, Nachkriegsschuld", S. 343 f.; Pharr/Krauss, Media and Politics in Japan, S. 19–43.

XI. Ausblick

sondern sie begannen auch verstärkt, eine kontrollierende Funktion auszuüben, indem sie den immer zahlreicher werdenden Kritikern der Regierung ein breites Forum boten. In der Folge des Schulbuchstreits gründeten sich neue Gruppen von Eltern, Pädagogen, Schulbuchautoren und Intellektuellen, die sich der älteren Kritik von Lehrergewerkschaften, Historikerverbänden, Friedensgruppen und christlichen Gemeinschaften anschlossen und eine intensivere „Aufarbeitung" der japanischen Kriegspolitik anmahnten[14]. Auch die sozialistische Oppositionspartei entdeckte das Thema „Vergangenheitsbewältigung" als Chance, sich gegen die herrschenden Konservativen zu profilieren.

Weiter begünstigt wurde die intensivere Beschäftigung mit der Kriegsvergangenheit durch den Tod Kaiser Hirohitos am 7. Januar 1989. Nicht nur weil das Motiv der Rücksichtnahme auf den ebenso verehrten wie historisch verstrickten Tennô entfiel, sondern auch weil viele Japaner zur Kenntnis nehmen mußten, daß die internationale Presse kritische Nachrufe auf Hirohito, vor allem wegen seiner Rolle beim Überfall auf China 1931 und während des Pazifisch-Ostasiatischen Krieges, publizierte. Das niederländische Parlament sah sich gar veranlaßt, gegen die Teilnahme von Königin Beatrix am Begräbnis zu intervenieren, weil es den Kaiser selbst für die Greueltaten in Niederländisch Ostindien (Indonesien) verantwortlich machte[15]. In Japan hatte man sich also nach dem Ableben Hirohitos abermals – wie schon 1982 – der Einsicht zu stellen, daß die anderen Völker die militaristische Vergangenheit Japans nicht einfach vergessen hatten[16].

So wurde in China der als „direkte Antwort auf die Schulbuchrevision" 1983 begonnene Bau eines 25 000 Quadratmeter großen Erinnerungskomplexes für die – wie es auf einer Gedenkmauer heißt – „300 000" Opfer von Nanking anläßlich des 40. Jahrestags der japanischen Kapitulation am 15. August 1985 vollendet[17]. Dabei handelte es sich gleichsam um eine Gegenveranstaltung zu Nakasones offiziellem Besuch des Yasukuni-Schreins am gleichen Tag, der zudem in den großen chinesischen Städten von öffentlichen Protestdemonstrationen begleitet wurde[18]. In anderen ostasiatischen Nachbarländern Japans bewog die politische Liberalisierung viele der dort noch lebenden Kriegsopfer, vor allem die lange schweigenden „Trost-

---

[14] Fuhrt, Erzwungene Reue, S. 105, 132, 139. Der kurz nach Einreichung der ersten Klage Ienagas gegründete Nationale Verband zur Unterstützung der Schulbuchprozesse erlebte in den 1980er Jahren ein sprunghaftes Wachstum der Mitgliederzahlen und umfaßte 1992 etwa 25 000 Einzelmitglieder sowie 2100 Gruppenmitglieder, darunter vor allem Lehrer- und Verlagsgewerkschaften. Petersen, Die Schulbuchprozesse, S. 77 f.
[15] Coulmas, Das Land der rituellen Harmonie, S. 65.
[16] Murakami, Bleibt Deutschland weiterhin Japans Modell, S. 4; Sato (Japan und der Zweite Weltkrieg, S. 125) vertritt demgegenüber die These, der „Tod einer einzigen Person" habe eine „neue Ära" im Umgang mit der nationalen Geschichte eingeleitet.
[17] Yang, The Malleable and the Contested, S. 69.
[18] Hardacre, Shintô and the State, S. 151.

frauen", Anfang der 1990er Jahre endlich dazu, Entschädigungsansprüche gegen Tokio geltend zu machen. Unterstützt von einer engagierten Gruppe sozialistischer Abgeordneter, Bürgerrechtsgruppen, Anwaltsvereinigungen und großen Teilen der japanischen Medien gelang es ihnen zumindest, die anfängliche Strategie der LDP-Regierung zu durchkreuzen, die jede staatliche Beteiligung am System der Zwangsprostitution während des Zweiten Weltkriegs kategorisch abstritt. Doch obwohl die Sozialisten nach dem Ende der LDP-Alleinherrschaft ab 1994 sogar den Ministerpräsidenten in einer Dreiparteienkoalition stellten, vermochten sie sich mit ihrem Konzept der staatlichen Beteiligung an einer Stiftung für alle Opfer des Krieges und der Kolonialherrschaft gegenüber konservativem Regierungspartner und Beamtenapparat nicht durchzusetzen. Mit der „Asiatischen Friedensstiftung des Volkes für Frauen" kam 1995 schließlich nur ein privater Fonds zustande[19].

Das konservative Beharren auf einem nationalapologetischen Geschichtsbild, das sich auch in einer „unwürdigen Debatte" um die Resolution des Parlaments zum 50. Jahrestag des Kriegsendes niederschlug[20], hatte bereits in den Vorjahren mehrfach zu politischen Skandalen bis hin zum Ministerrücktritt (aus allerdings vor allem außenpolitischen Rücksichten) geführt, als etwa der ehemalige Leiter der Geheimpolizei, Okuno Seisuke, 1988 bei einem Besuch des Yasukuni-Schreins sein Unverständnis darüber äußerte, daß Japan des Militarismus und der Aggression bezichtigt würde, wo doch die weiße Rasse Asien zur Kolonie gemacht hätte[21]. Bereits 1986 war Erziehungsminister Fujio Masayuki entlassen worden, nachdem er die Zahl der Opfer von Nanking in Zweifel gezogen hatte[22], was im Mai 1994 Justizminister Nagano Shigeto nicht an der Behauptung hinderte, das Massaker von Nanking sei eine Erfindung westlicher Journalisten[23]. Ereignisse dieser Art machten wie schon der Verlauf der Schulbuchdebatte 1982 deutlich, daß sich die zunehmend kritische Haltung der Medien nicht einfach zu einem neuen politischen Konsens in Fragen mit zeitgeschichtlichem Bezug auswuchs, sondern nationalkonservative Politiker, Publizisten aber auch Wissenschaftler sich unvermindert vehement gegen die, wie sie es sahen, Verunglimpfung der japanischen Vergangenheit durch Thematisierung der Kriegsverbrechen zur Wehr setzten und dem den Wert der inneren Geschlossen-

---

[19] Fuhrt, Erzwungene Reue, S. 156, 162ff., 192f. Vertiefend Seraphim, Der Zweite Weltkrieg im öffentlichen Gedächtnis Japans.
[20] Kritische Beobachter hatten einmal mehr zu monieren, daß in einem offiziellen Papier zur jüngsten Vergangenheit nur von „aggressionsähnlichen Handlungen" Japans gesprochen und entschuldigend hinzugefügt wurde, nicht nur Japan, sondern alle Großmächte hätten sich durch „viele Akte von Kolonialherrschaft und Aggression in der Weltgeschichte" schuldig gemacht. Schwentker, Täter oder Opfer?, S. 162.
[21] Chang, Die Vergewaltigung von Nanking, S. 210.
[22] Glaubitz, Japan und China, S. 203.
[23] Schwentker, Täter oder Opfer, S. 143.

XI. Ausblick

heit und positiven Identität der Nation entgegensetzten. Die heutigen Japaner dürften in der Schule nicht als „Kinder von Verbrechern" behandelt werden, und auch die Medien, so ihr Appell, dürften aus Achtung vor dem Vaterland nicht immer wieder „die angeblich vor 50 Jahren begangenen Greueltaten der Vorfahren in sensationeller Aufmachung" anklagen[24]. Schon 1984 wurde wieder ein neues Geschichtsbuch zugelassen, „dessen Grundton ,erzkonservativ' war"[25].

Überdies hat der Tokioter Erziehungswissenschaftler Fujioka Nobukatsu, besessen von der abwegigen Vorstellung einer erinnerungskulturellen Hegemonie der Linken, in den letzten Jahren „Geschichten, von denen die Schulbücher schweigen" veröffentlicht und die historischen Heldentaten der Japaner im Zweiten Weltkrieg in über 800 000 Exemplaren verkauft. Daß der ultrarechte Pädagogikprofessor Fujioka keineswegs ein Außenseiter ist, erhellt schon aus der öffentlichen Unterstützung seiner Thesen durch 62 Abgeordnete der LDP sowie durch fast ebenso viele Sympathisanten im Lager der konservativen Neuen Fortschrittspartei, die noch vor wenigen Jahren als Hoffnungsträger einer liberalen Erneuerung Japans gehandelt wurde. Damit steht etwa ein Fünftel der Parlamentarier hinter Fujioka und gegen die zaghaften Bemühungen einiger Premierminister um einen sensibleren Umgang mit der dunklen Vergangenheit[26]. Von einem gesellschaftlichen Konsens bezüglich der Bewertung des Ultranationalismus, ja auch nur des Charakters der japanischen Militäraktionen als „Angriffskrieg" gegen seine asiatischen Nachbarn, wie ihn die Premiers Hosokawa und Murayama am 10. August 1993 bzw. am 15. August 1996 eingestanden[27], ist Japan aufs Ganze gesehen weit entfernt geblieben.

Der erinnerungskulturelle Paradigmenwechsel im Japan der 1980er Jahre griff jedenfalls viel weniger tief als in der Bundesrepublik zwei Dekaden zuvor, nicht zuletzt, weil er von einer viel niedrigeren Ebene auszugehen gehabt hatte. Im Grunde genommen trat die japanische „Vergangenheitsbewältigung" erst jetzt in eine politisch-pragmatische Phase ein, wie sie – cum grano salis – bereits nahezu die ganze Ära Adenauer gekennzeichnet hatte, ohne jedoch auch nur annähernd den hohen moralpolitischen Grat zu erreichen, auf dem die Bundesrepublik seit den 1960er Jahren immer weiter vorankam. Versucht man, einen Überblick über diese (west-)deutsche Entwicklung zu gewinnen, so lassen sich positive wie negative Veränderungen gegenüber dem Umgang mit der NS-Erblast in der Ära Adenauer feststellen.

Erfreulich waren zunächst die Impulse, die von der Herausforderung durch die „68er" auf die deutsche Geschichtswissenschaft ausgingen. Sie

---

[24] Fuhrt, Erzwungene Reue, S. 123 (Zitat), 138.
[25] Ishida, Das Massaker von Nanking, S. 239.
[26] Mishima, Generationswechsel und Erinnerungskulturen, S. 356 f.; Lourdes Martínez, Zwangsprostitution und Entschädigung, S. 38.
[27] Yagyû, Der Yasukuni-Schrein, S. 246.

schlugen sich in neuen Untersuchungen zum Verhältnis von Politik, Wirtschaft und Gesellschaft in der Zeit des Dritten Reiches oder zum System der Konzentrationslager nieder sowie bald auch in einem verstärkten Interesse zahlreich sich gründender „Werkstätten" an der Alltags- und Lokalhistorie des Dritten Reiches oder in der Einrichtung neuer bzw. Erweiterung bestehender KZ-Gedenkstätten zwischen Hamburg/Neuengamme (1981) und dem Oberen Kuhberg bei Ulm (1985). Auch Städte wie Nürnberg oder Berlin wurden jetzt aktiver, die in der Zeit des Nationalsozialismus eine exponierte Rolle gespielt, nach 1945 aber trotz ihrer meist sozialdemokratischen Ratsmehrheiten wohl aufgrund der spezifischen „Volksnähe" der Kommunalpolitik diese Vergangenheit jahrzehntelang nicht gerade intensiv „aufgearbeitet" hatten.

Zu den Ursachen für diese neuen Entwicklungsschübe der bundesdeutschen Erinnerungskultur zählten nicht nur moralpolitische Impulse von innen, sondern einmal mehr starke Einflüsse von außen. Denn eine Initialfunktion für das vermehrte Engagement vor allem auch einer jüngeren Generation, die sich die „Schuldfrage" nicht mehr selbst stellen mußte, sondern sie an Väter und Großväter richtete, hatte der emotional erschütternde US-Fernsehfilm „Holocaust", den Ende Januar 1979 auch über 16 Millionen Deutsche sahen. Erst in der Folgezeit wurde der Begriff „Holocaust" und dann auch „Auschwitz" zum Synonym des Grauens, das Deutsche während der Hitler-Zeit über die Welt gebracht hatten[28]. Die Entstehung und Wirkung des Films in den USA – und mittelbar dann auch in Deutschland – hatte sich einem Klima verdankt, das mit der These von der „Amerikanisierung des Holocaust" beschrieben worden ist. Danach wurde der Holocaust im Kontext der israelisch-arabischen Kriege 1967 und 1973 zu einem jüdisch-amerikanischen Deutungsmuster, das sich auf den Nahost-Konflikt übertragen ließ und die israelische Politik durch die Gleichsetzung von Palästinensern mit „Nazis" vor Kritik abschirmte[29]. Die zum Bau des *Holocaust Memorial Museum* in Washington führende Initiative hatte 1978 – auf einer Feier zum 30. Jahrestag der israelischen Staatsgründung – tatsächlich US-Präsident Jimmy Carter ergriffen, nachdem der Verkauf von F-15 Kampfflugzeugen an Saudi-Arabien und Andeutungen über ein *national home* für die Palästinenser ihm seitens jüdischer Organisationen den Vorwurf der Äquidistanz zum arabischen und israelischen Lager eingetragen hatte[30].

---

[28] Winkler, Der lange Weg, S. 440.
[29] Vgl. hierzu neben der erwähnten Studie von Novick, Nach dem Holocaust, S. 195–263: Berenbaum, The Americanization of the Holocaust; Junker, Die Amerikanisierung des Holocaust, sowie die Diskussion um Norman Finkelsteins Buch über „Die Holocaustindustrie", in dem zentrale Thesen Novicks in provokativer und teils inakzeptabler Weise zugespitzt wurden. Piper, Gibt es wirklich eine Holocaust-Industrie?; Steinberger, Die Finkelstein-Debatte.
[30] Vgl. Novick, Nach dem Holocaust, S. 278f., der vor allem auch darauf verweist, daß „die Ju-

XI. Ausblick

Der Holocaust rückte jetzt rasch vom Rand in das Zentrum der politischen Kultur Amerikas vor, mit der Folge, daß es zwischenzeitlich in jeder größeren Stadt ein Holocaust-Museum gibt, aber auch Phänomene der „Trivialisierung und Vermarktung des ‚Shoah-Business'" zu beobachten sind. Zu den wesentlichen Bedingungen für die Möglichkeit dieser Entwicklung zählte es, daß die „Amerikanisierung des Holocaust" als „ständige Konfrontation mit dem absolut Bösen" den US-Bürgern die Chance bot, „das Böse zu externalisieren und zugleich die Notwendigkeit der eigenen Mission, der freiheitlich-demokratischen Sendung, zu erneuern"[31]. Parallel dazu setzte ein „olympischer Wettbewerb um die Goldmedaille für die größte Leidensgeschichte" ein (P. Novick), in dem die amerikanischen Juden „so lange einen uneinholbaren Vorsprung" behaupteten, wie sie ihr Land von der „Einzigartigkeit" und „Unvergleichlichkeit" des Holocaust überzeugen konnten[32].

Die für massenkulturelle Einflüsse aus den USA generell weit offene, „westernisierte" deutsche Gesellschaft[33] war auch für die „Amerikanisierung des Holocaust" empfänglich. Allerdings bedeuteten diese Impulse keinen neuerlichen Paradigmenwechsel in der „Vergangenheitsbewältigung". Vielmehr verstärkten sie nur noch die ohnehin wachsende Binnendynamik der bundesdeutschen Erinnerungskultur. Auf das Drängen der im Mentalitätswandel nach 1968 entstandenen grünen Partei[34] war es etwa zurückzuführen, daß in den 1980er Jahren und vor allem dann nach dem Untergang des Sowjetblocks 1990 das Schicksal von Opfergruppen auf die politische Agenda in der Bundesrepublik kam, die bislang aus unterschiedlichen Gründen relativ wenig Aufmerksamkeit erfahren hatten, von den sogenannten „Asozialen" bis zu den Zwangsarbeitern aus den osteuropäischen Ländern. Die Zwangsarbeiter waren zuerst dem Nationalsozialismus, dann aber dem Kalten Krieg zum Opfer gefallen, so daß im Sommer 2000, als der Bundestag nach mehreren vergeblichen Anläufen endlich mit großer Mehrheit eine „Stiftung Erinnerung, Verantwortung, Zukunft" beschloß, von den über 20 Millionen Betroffenen nur noch etwa jeder zehnte am Leben war. Die eher symbolischen Entschädigungssummen betrugen zwischen 5000 und 15000 Mark[35].

---

den traditionell einen beträchtlichen Teil zum Budget für den Bundeswahlkampf der Demokraten beisteuerten" (S. 279), sowie Shafir, Die Rolle der Amerikanisch-Jüdischen Organisationen, S. 70.
[31] Junker, Die Amerikanisierung des Holocaust.
[32] Ebd.
[33] Vgl. Doering-Manteuffel, Wie westlich sind die Deutschen?
[34] Vgl. hierzu Assmann/Frevert, Geschichtsvergessenheit, S. 262f.
[35] Vgl. Reichel, Vergangenheitsbewältigung, S. 94ff. Zur parteipolitischen Debatte um die Entschädigung von NS-Zwangsarbeitern in den 1980er Jahren aus „grüner" Sicht vgl. Saathoff, Die politischen Auseinandersetzungen, S. 55ff.

Ob wesentliche Ergebnisse der zweiten bundesdeutschen Bewältigungsphase auch ohne den moralpolitischen Paradigmenwechsel der 68er-Zeit einfach infolge der Überwindung des Ost-West-Konflikts erzielt worden wären, muß Spekulation bleiben. Evident sind einige gravierende Folgen für die politische und wissenschaftliche Kultur. So begann der „Faschismusverdacht" mancher „Betroffener" nun schon bei „rechten" Sozialdemokraten, was zu der kritischen Einschätzung auch von SPD-Politikern wie Klaus von Dohnanyi beigetragen haben mag, die Geschichte der NS-Zeit sei im politischen Tageskampf allzu oft „in fragwürdiger Weise bemüht" worden[36], etwa gegen Forderungen, türkischen Zuwandererkindern das Erlernen der deutschen Sprache zur Pflicht zu machen („rassistisch", „Zwangsgermanisierung"[37]), oder gegen die Volkszählung, weil angeblich die Nationalsozialisten ohne entsprechende öffentliche Register nicht in der Lage gewesen wären, die jüdischen Bewohner aufzuspüren[38]. Obwohl es also eigentlich gerade zu den Folgen der NS-Katastrophe in (West-)Deutschland gehörte, daß Demokratie und Verfassungsstaat zum ersten Mal in der Geschichte der Nation „Gemeingut linker und rechter Demokraten geworden" waren, konnte nun der Eindruck entstehen, „Vergangenheitsbeschwörung" würde mehr und mehr in den Dienst einer „La démocracie c'est nous"-Attitüde[39] gestellt.

In dem entstandenen gesellschaftlichen Klima führte der normale politische Vorgang der Ablösung der SPD-FDP-Regierung durch ein liberal-konservatives Kabinett 1982 mancherorts zu starker Besorgnis um den Fortbestand des zwischenzeitlich gewonnenen „kulturellen Hegemonieanspruchs"[40]. Hans Mommsen erkannte in den Plänen des CDU-Bundeskanzlers Helmut Kohl zur Errichtung historischer Museen in Berlin und Bonn, an dem namhafte Historiker wie Lothar Gall, Klaus Hildebrand, Horst Möller und Hans-Peter Schwarz beteiligt waren, den Versuch, den Deutschen zu neuem „Nationalstolz" zu verhelfen und den Nationalsozialismus zu relativieren[41], obwohl etwa Horst Möller keinen Zweifel daran ließ, daß es bei der Suche nach der historischen Identität der Bundesrepublik „nicht um Verdrängung der NS-Epoche aus unserem Geschichtsbild" gehe[42]. Heftige Kritik zogen auch Ausführungen des CDU/CSU-Fraktionsvorsitzenden Alfred Dregger zur Bedeutung eines deutschen Patriotismus auf sich, weil sie bei manchen den Eindruck erweckten, mit der Wende in Bonn sei ein tragendes Element der politischen Kultur der Bundesrepu-

---

[36] Dohnanyi, Hat uns Erinnerung das Richtige gelehrt?, S. 8.
[37] Ebd., S. 11.
[38] Ebd., S. 10.
[39] So eine vorsichtig, in Frageform formulierte These Kielmanseggs, Lange Schatten, S. 94.
[40] Hehl, Kampf um die Deutung, S. 425.
[41] Mommsen, Neues Geschichtsbewußtsein, S. 175.
[42] Allerdings könne diese Identität „heute nicht mehr nur" mit der Abkehr von der NS-Epoche begründet werden, sondern müsse auch positive Traditionen, die älter seien als der Nationalsozialismus, mit einbeziehen. Möller, Schuld und Verhängnis, S. 231, 234.

XI. Ausblick

blik allmählich aufgegeben worden: der Konsens, daß die Erinnerung an den Nationalsozialismus zu bewahren sei[43].
Tatsächlich aber erreichte die von der Führung des westdeutschen Staates parteiübergreifend seit den Gründerjahren vorgenommene Distanzierung vom Dritten Reich gerade jetzt um den vierzigsten Jahrestag der Kapitulation Hitler-Deutschlands eine neue Stufe, als der christdemokratische Bundespräsident Richard von Weizsäcker in seiner Rede zum 8. Mai 1985 in aufrüttelnd klarer Sprache das Leiden der jüdischen Bürger im Dritten Reich und die Mitwisserschaft der Deutschen schilderte. Auch der erzwungene Rücktritt des Bundestagspräsidenten Philipp Jenninger nach einer Rede zum fünfzigsten Jahrestag der sogenannten „Reichskristallnacht" am 10. November 1988, die zwar rhetorisch verunglückt, inhaltlich aber so untadelig war, daß sie Ignaz Bubis bei einer anderen Gelegenheit – und ohne irgendwelches Aufsehen zu erregen – selbst halten konnte, sprach nicht für eine nachlassende Erinnerung der bundesdeutschen Gesellschaft an den Nationalsozialismus[44]. Vielmehr setzte sich gerade Mitte der 1980er Jahre, wenn vielleicht auch nicht – wie Heinrich August Winkler urteilt – „im allgemeinen Bewußtsein"[45], so doch in einflußreichen Teilen der Gesellschaft endgültig die Auffassung durch, nicht nur den Verlust der Ostgebiete, sondern nun auch die Teilung Deutschlands selbst als Strafe und Sühne für die deutsche Schuld, für die Entfesselung des Zweiten Weltkriegs und für den Holocaust dauerhaft akzeptieren zu müssen[46], d. h. nicht mehr nur realpolitisch als Unterpfand für das Gleichgewicht der beiden Blöcke und den Weltfrieden im Atomzeitalter. Daß man die apokalyptische Dimension des Holocaust durchaus sehen, es aber dennoch für moralisch unvertretbar halten konnte, allein die Deutschen in der DDR durch den dauerhaften Entzug elementarer Freiheitsrechte für die Verbrechen des Dritten Reiches büßen zu lassen, beschrieb eine Position wiedervereinigungspolitischen Idealismus', die jetzt als nicht mehr recht salonfähig, wenn nicht sogar „ewig gestrig" galt. Auch der sogenannte Historikerstreit lieferte hierfür manches Anschauungsmaterial[47].

---

[43] Benz, Zum Umgang mit der nationalsozialistischen Vergangenheit, S. 56.
[44] Dies zeigte sich nicht zuletzt auch in der erbitterten Kontroverse, die Bundeskanzler Kohl auslöste, als er gemeinsam mit Ronald Reagan 1985 den Soldatenfriedhof Bitburg besuchte, wo 2000 deutsche Soldaten, darunter 49 Angehörige der Waffen-SS begraben lagen, oder in der Debatte um Helmut Kohls Wendung von der „Gnade der späten Geburt", die teilweise „bewußt fehlinterpretiert" wurde. Hehl, Kampf um die Deutung, S. 426.
[45] Vgl. Winkler, Der lange Weg, S. 439f., Zitat S. 440.
[46] Auschwitz, so der grüne Politiker Joseph Fischer wenige Tage nach dem Fall der Berliner Mauer, mache eine Selbstbestimmung der Deutschen auf Generationen hinaus unmöglich. Taz, 16. 11. 1989. 1989 wies im SPD-Parteivorstand der Historiker und Regierende Bürgermeister von Berlin, Walter Momper, Klaus von Dohnanyis Forderung nach entschlossener Vereinigungspolitik mit einem Generalverdikt über das Bismarck-Reich zurück. Dohnanyi, Erinnerung, S. 26.
[47] Nach den fragwürdigen Thesen Ernst Noltes in der *Frankfurter Allgemeinen Zeitung* (v.

Der enge Nexus zwischen Erinnerungskultur und Deutschlandpolitik blieb bis in die Tage der deutschen Revolution im Herbst 1989 hinein spürbar. So sah sich nach dem Fall der Berliner Mauer der SPD-Ehrenvorsitzende Willy Brandt veranlaßt, vor dem Bundesparteitag am 18. Dezember 1989 die Vorstellung zurückzuweisen, „noch so große Schuld einer Nation" könne durch „willige Selbstbeschränkung oder gar Selbstverleugnung" politisch gesühnt werden[48]. Sein politischer Enkel Oskar Lafontaine, für den die „Wurzeln [der Bundesrepublik]) in Auschwitz"[49] lagen, erweckte allerdings als Kanzlerkandidat im Herbst 1990 den Eindruck, dem vollzogenen Wiedervereinigungsprozeß nach wie vor ablehnend gegenüberzustehen.

Ausländische Deutschland-Kenner haben schon im Kontext der Nachrüstungsdebatte der frühen 1980er Jahre eine Fixierung der deutschen „Vergangenheitsbewältigung" auf Auschwitz registriert; dagegen bleibe die Problematik der westlichen Appeasement-Politik nach 1933 und des Verzichts auf einen Präventivkrieg gegen Hitler in der Erinnerungskultur der Bundesrepublik weitgehend ausgespart[50]. Nachdem der grüne Bundestagsabgeordnete Joseph Fischer 1983 die Logik der nuklearen Abschreckung in einen Zusammenhang mit der nach Auschwitz führenden „Systemlogik der Moderne" gebracht hatte, löste der CDU-Generalsekretär Heiner Geißler einen Sturm der Entrüstung aus, als er der „Friedensbewegung" vorwarf, erst der Pazifismus und die Beschwichtigungspolitik der demokratischen Staaten gegenüber Hitler hätten Auschwitz möglich gemacht. Kanzler Kohl sprang Geißler bei, indem er im Parlament ausführlich aus dem Buch „The Gathering Storm" von Winston Churchill vorlas, der entschieden die Auffassung vertreten hatte, daß eine präventive Besetzung Hitler-Deutschlands 1938 die weitaus größere Katastrophe des Zweiten Weltkriegs und des Holocaust hätte verhindern können. Doch die folgende öffentliche Debatte dokumentierte, daß das von britischen und amerikanischen Liberalen immer noch sehr geschätzte Buch Churchills „im intellektuellen Leben Deutschlands nach dem Krieg nur eine sehr geringe Rolle gespielt"[51] hatte.

---

6. Juni 1986) zum „Klassenmord" der Bolschewiki als logischem und faktischem Prius des „Rassenmords" der Nationalsozialisten replizierte der Philosoph Jürgen Habermas nicht nur scharf auf den seines Erachtens von Nolte unternommenen Versuch, die Hypotheken der deutschen Vergangenheit abzuschütteln; er warf zudem weiteren eher konservativen Historikern vor, gleichsam im Dienste der Regierung Kohl das deutsche Nationalbewußtsein wiederbeleben zu wollen. Mittels der nationalapologetischen „Geschichtspolitik" Noltes, so fürchteten andere, sollten wohl auch die in jener Zeit verstärkt erhobenen Forderungen des FAZ-Mitherausgebers Joachim Fest nach einer Wiedervereinigung Deutschlands untermauert werden. Um die Wiederherstellung des Deutschen Reiches fordern zu können, müsse „die Geschichte in der Tat umgeschrieben werden", dürfe das NS-Regime „nicht mehr als das erscheinen, was es war: das menschenfeindlichste der Geschichte..." Winkler, Der lange Weg, S. 445.

[48] Assmann/Frevert, Geschichtsvergessenheit, S. 65.
[49] Lafontaine, Die Gesellschaft der Zukunft, S. 189.
[50] Herf, Die Appeaser, sowie ders., Demokratie auf dem Prüfstand, S, 24f.
[51] Herf, Die Appeaser.

XI. Ausblick

Die seit den 1980er Jahren unverkennbare Fokussierung der deutschen Erinnerungskultur auf Auschwitz hat – über parteipolitische Grenzen hinweg – auch Kritiker gefunden, die es für riskant halten, ein bestimmtes Geschichtsbild „zum Moralfundament einer Gesellschaft zu erklären", und die an Jürgen Habermas' Diktum zweifeln, die Kulturnation der Deutschen habe erst „nach und durch Auschwitz" eine in Überzeugung verankerte Bindung an universalistische Verfassungsprinzipien ausgebildet. So richtete Dieter Langewiesche an Habermas' kategorische Ablehnung eines identifikatorischen Zugriffs auf die nationale Geschichte die Frage, ob die Verfassungen von 1849 und 1919 etwa nicht dazu taugten, in den „öffentlichen Gebrauch" von Geschichte einzugehen[52]? Karl Heinz Bohrer hat anläßlich der Einrichtung der neuen Heidelberger Gadamer-Professur ebenfalls kritisiert, daß der Raum des deutschen Geschichtsbewußtseins „auf das Davor und Danach des Zivilisationsbruchs" geschrumpft sei; nachdem der „moralisierende Umgang mit der Geschichte ... seit den sechziger Jahren einen triumphalen Erfolg erlebt" habe, besitze Deutschland heute in Europa „das breiteste zeitgeschichtliche und das kürzeste historische Gedächtnis"[53]. Auf eine weitere, internationale Kehrseite der Amerikanisierung des Holocaust hat der US-Germanist Mark M. Anderson verwiesen und bedauert, daß sich das Interesse an Deutschland in den USA auf „Hitler und den Holocaust" weitestgehend reduziere[54].

Gewiß wäre es problematisch, wenn die – wie Eckhard Fuhr es ausdrückte – „fast libidinösen Beziehungen zur Schuldgeschichte Deutschlands"[55] in Teilen der Gesellschaft wirklich einem gleichsam „negativen Nationalismus" in der Bundesrepublik Auftrieb gäben, einem „Gemeinschaftsgefühl mit pseudoreligiösen Zügen"[56], das die Idee des auserwählten Volkes durch Wendung ins Negative noch einmal bestätigte und den deutschen Sonderweg für alle Ewigkeit besiegelte. Diese Haltung des deutschen „Schuldstolzes"[57] hat auch Aleida Assmann analysiert: „Kontaminiert mit dem absolut Bösen in ihrer Geschichte" von den Befreiungskriegen über die

---

[52] Antworten auf Jürgen Habermas, in: Frankfurter Allgemeine Zeitung, 18. Juni 1999.
[53] Moralschmelze. Karl Heinz Bohrer liest: Attacke auf die Erinnerungskultur, in: Frankfurter Allgemeine Zeitung, 31. Mai 2001.
[54] Anderson belegt dies mit Beispielen aus seinen New Yorker Lehrveranstaltungen. Vgl. Mark M. Anderson, Atlantisches Zerrbild, in: Die Zeit, 4. Oktober 2001. Die deutschen Nachbarländer hätten es sich, so kommentierte der niederländische Publizist Paul Scheffer den Sachverhalt, „mit einer gewissen Hingabe im Schatten der Untaten, die in deutschem Namen begangen wurden, bequem gemacht" – teilweise auch, um von schwarzen Blättern im Buch der eigenen Geschichte abzulenken. Paul Scheffer, Das Vertrauenskapital schwindet. Die Walser-Bubis-Kontroverse zeigt, daß die Zeit der Vormundschaft über Deutschland vorbei ist, in: Frankfurter Allgemeine Zeitung, 12. Dezember 1998, S. 11.
[55] Eckhard Fuhr, Westen, was sonst?, in: Frankfurter Allgemeine Zeitung, 8. Juni 1994.
[56] Winkler, Der lange Weg, S. 446.
[57] Vgl. zu diesem Begriff die während einer Kontroverse um Martin Walser im *Merkur* publizierte Kritik von Cora Stephan, Schuldstolz.

Reichsgründung bis zum Holocaust, so die dahinter steckende Vorstellung, hielten die Deutschen „einen Negativrekord gegenüber allen anderen Nationen"[58]. Die Frage bleibt allerdings, welchen gesamtgesellschaftlichen Stellenwert diese extreme Ausbuchtung moralpolitisch geprägter Erinnerungskultur in der pluralistischen Demokratie Deutschlands tatsächlich erreicht hat. Wenn eine evangelische Landesbischöfin ein Vorwort zu einem Buch mit pädagogischen Anleitungen für den Holocaust-Unterricht im Kindergarten beisteuert, findet sie hierfür jedenfalls nicht nur Zustimmung[59]. Überdies bleibt abzuwarten, wie sich die „Rückkehr ... der deutschen Opfererinnerung"[60] auswirken wird, die nach Günter Grass' Novelle über den Untergang der „Wilhelm Gustloff"[61] oder Jörg Friedrichs Buch über den alliierten Bombenkrieg gegen Deutschland[62] in letzter Zeit verstärkt zu beobachten ist[63].

Wer die deutsche Entwicklung von den 1970er Jahren bis in die Gegenwart mit den Vorgängen in Japan vergleicht, wird nur mit Einschränkungen konstatieren können, die Formen der „Vergangenheitsbewältigung" in beiden Ländern hätten sich – nach dem extremen Divergieren in den 1960er Jahren – wieder angenähert. Denn der – sehr stark durch wachsenden Außendruck bedingte – Aufholprozeß in Japan verlief derart ambivalent, blieb so sehr im Politisch-Pragmatischen stecken, daß es in der deutschen Erinnerungskultur wohl eines Rückschritts bedurft hätte, um wirklich von einer Annäherung zwischen beiden Ländern sprechen zu können. Tatsächlich aber gab es in der Bundesrepublik im Bereich der „Vergangenheitsbewältigung" keinen gesellschaftlichen Stillstand, sondern eine innere moralpolitische Eigendynamik, die zudem weiterhin durch äußere Impulse, jetzt durch die in den 1970er Jahren einsetzende „Amerikanisierung des Holocaust", gespeist worden ist. Vielleicht kann es als Symbol dieser Entwicklung gelten, daß der Bau des zentralen Berliner Holocaust-Mahnmals mit dem brillanten Architekten Peter Eisenmann einem Angehörigen der jüdisch-amerikanischen Bevölkerungsgruppe anvertraut wurde[64].

---

[58] Assmann/Frevert, Geschichtsvergessenheit, S. 66.
[59] Jäger, Das Leid, der Kitsch und das Geld.
[60] Frevert, Geschichtsvergessenheit, S. 9.
[61] Grass, Im Krebsgang.
[62] Friedrich, Der Brand.
[63] Frevert, Geschichtsvergessenheit, S. 10, betont allerdings auch, daß Bombenkrieg und Vertreibung in der deutschen Erinnerungsgeschichte vorher nicht stets vollständig tabuisiert waren. Offensichtlich ist aber doch – wie es die langjährige Warschau-Korrespondentin der Wochenzeitung *Die Zeit*, Helga Hirsch, ausgedrückt hat –, daß es „nach 1968 ... als politisch unkorrekt" galt, „über Deutsche als Opfer zu sprechen". Hirsch, Flucht und Vertreibung, S. 25.
[64] Zu den Mahnmalsentwürfen von Eisenmann und der Debatte um sie vgl. etwa Kirsch, Nationaler Mythos oder historische Trauer?, S. 288ff.

XII. Resümee: Äußerer Druck und innere Rezeptoren in der Erinnerungskultur

Lassen sich aus den so unterschiedlichen Prozessen der „Vergangenheitsbewältigung" in Japan und (West-)Deutschland generalisierende Schlüsse ziehen für ein globales Modell von Erinnerungskultur? Oder erweist sich der mentale Graben zwischen derart entfernten Zivilisationen – trotz ihrer gemeinsamen demokratischen Grundlagen – hierfür letztlich doch als zu tief? Um den Blick für die möglichen Antworten auf diese Frage zu schärfen, sollen die wesentlichen Ergebnisse der Untersuchung zunächst noch einmal zusammenfassend gedeutet werden.

Der japanische Umgang mit der Erblast der ultranationalistischen und militaristischen Vergangenheit war über mindestens drei Dekaden hinweg durch ein schwaches Unrechtsbewußtsein gekennzeichnet, eine lange „Phase der Ignoranz"[1], während der „ausgeprägtes Opferbewußtsein"[2] auf der Grundlage der Hiroshima-Erfahrung dominierte und sich der Diskurs über historische Schuld vor allem gegen die Verantwortlichen jenes Regimes richtete, das die Katastrophe der militärischen Niederlage, weniger den Krieg als solchen, zu verantworten hatte. In klarem Kontrast dazu stand die entschiedene Distanzierung vom Nationalsozialismus und das frühe öffentliche Bekenntnis von Kollektivscham in Westdeutschland – auch wenn es anfänglich noch recht diffus und kaum konkret auf den Holocaust selbst bezogen war und auch wenn vor allem Millionen mehr oder weniger stark in das NS-Unrechtssystem verstrickter Deutscher der Frage nach individueller Verantwortung oft auswichen. Dabei gewann die Erinnerung an positive Erfahrungen im Dritten Reich – vom Abbau der Arbeitslosigkeit bis zum KdF-Tourismus – einen im historisch-objektiven Blick auf die Gesamtepoche ganz und gar unangemessenen Stellenwert, und es mangelte lange auch an der Fähigkeit, sich mit den unbeschreiblichen Schrecken des Holocaust über dämonisierende Formeln der Bestürzung hinaus ganz konkret und im Blick auf antisemitische Traditionen in der deutschen Gesellschaft auseinanderzusetzen. Dennoch ging die klare Distanzierung vom überwundenen Nationalsozialismus – ebenso wie die scharfe Abgrenzung von dem anhal-

---

1 Fuhrt, Erzwungene Reue, S. 188. Vgl. auch das Urteil von Charles S. Maier, wonach die Japaner, anders als die Deutschen, von der Leugnung ihres Verhaltens während des Weltkriegs zu Selbstgerechtigkeit und Konformität übergegangen seien. Maier, Foreword, S. VIIff.
2 Fuhrt, Erzwungene Reue, S. 189.

tend bedrohlichen Kommunismus – in einen neuen, von der SPD bis zu DP und BHE reichenden antitotalitären Grundkonsens der Gesellschaft ein[3]. Die im Vergleich zum japanischen Fall von Anfang an viel tiefer greifende Form der westdeutschen „Vergangenheitsbewältigung" war durch eine Reihe zusammenwirkender Faktoren bedingt.

Zunächst sind die Spezifika der zu bewältigenden Verbrechenskomplexe zu sehen. Das nationalsozialistische Gewaltverbrechen „Holocaust" hatte wegen der Art seiner Planung und seiner – teilweise industriellen – Durchführung viel stärker die Dimension einer Apokalypse der Moderne als dies für die japanischen „Kriegsverbrechen" gilt, die trotz ihrer unermeßlichen Grausamkeit und ihres partiell ebenfalls genozidalen Charakters letztlich konventioneller erschienen. Die davon ausgehenden erinnerungskulturellen Effekte wurden noch dadurch verstärkt, daß die japanischen zivilen Opfer infolge der Atombombenexplosion von Hiroshima und Nagasaki eine ganz andere Wirkung auf die nationale wie auf die Weltöffentlichkeit entfalteten als die deutschen zivilen Opfer des systematischen alliierten Bombenkriegs und des vom Umfang her „größte[n] Vertreibungsgeschehen[s] der Weltgeschichte"[4]: Dresden und Nemmersdorf waren nicht Hiroshima[5], und Nanking war nicht Auschwitz.

Auch vor diesem Hintergrund fielen die (personellen) Entnazifizierungsmaßnahmen der Besatzungsmächte in Deutschland – unter dem zumindest kurzfristig wirksamen Schock der Befreiung der Konzentrationslager – durchgreifender aus als die Entmilitarisierung in Japan; zumal der Oberkommandierende General MacArthur erfolgreich verhinderte, daß die dem japanischen, „gelben" Hauptkriegsgegner gegenüber besonders feindlichen Empfindungen der Bürger und Politiker im fernen Amerika besatzungspolitisch durchschlugen. Vor allem sorgte der eigenwillige US-Prokonsul maßgeblich dafür, den Tennô Hirohito nicht vor das Tokioter Militärtribunal für den Fernen Osten zu bringen, sondern ihn auf dem Thron zu halten, um mit seiner Hilfe die besonders schwierige Aufgabe der Demokratisierung eines „orientalischen Volkes" besser lösen zu können.

Bald zeitigten auch die Konstellationen des Kalten Krieges in Europa und im Fernen Osten erinnerungskulturell ganz gegensätzliche Folgen. Im Kampf um die Bewahrung der Freiheit gegen die kommunistische Bedro-

---

[3] Der von Winkler in diesem Zusammenhang gebrauchte Begriff des „liberalen Grundkonsenses" (Winkler, Der lange Weg nach Westen, S. 439) scheint mißverständlich, da dieser Konsens in seinen wesentlichen Elementen nicht nur von liberalen und linken, sondern auch von konservativen Demokraten mitgetragen wurde.
[4] Pfeil, Zentrum, S. 124. Im bedauerlichen Streit um ein europäisch ausgerichtetes „Zentrum gegen Vertreibungen" in Berlin sind die Folgen dieses Phänomens noch heute zu besichtigen; vgl. Kittel, Preußens Osten in der Zeitgeschichte, vor allem S. 446f., 462. Vgl. auch Hirsch, Flucht und Vertreibung, vor allem S. 14, 25.
[5] Vgl. dagegen den reißerischen Untertitel des Buches von McKee, Dresden 1945, der von einem „deutschen Hiroshima" spricht.

hung entstand in Westeuropa unter Einschluß der Bundesrepublik eine wirtschafts- und verteidigungspolitische Staatengemeinschaft, die dem westdeutschen Staat Rücksicht auf internationale Empfindlichkeiten, nicht zuletzt in bezug auf die NS-Vergangenheit, ins Stammbuch schrieb, während Japan nach 1945 seinen nationalen Sonderweg – wenn auch jetzt unter ausschließlicher Anlehnung an die USA – als einziges großes Bollwerk gegen den Kommunismus in Ostasien weitergehen konnte oder mußte. Zudem blieb die staatliche Einheit Japans erhalten, während die Teilung Deutschlands bzw. das Festhalten am schwierigen Ziel der Wiedervereinigung und den damit verknüpften Rechtspositionen die Bundesrepublik gegenüber äußerem Druck seitens der alliierten Mächte besonders anfällig machte. Japan sah sich dagegen viel geringerem Außendruck ausgesetzt.

Das im Krieg am stärksten geschädigte chinesische Volk war durch den in der Gründung Taiwans verstetigten Gegensatz zwischen kommunistischer und nationalistischer Regierung bis 1972 daran gehindert, erfolgreich erinnerungskulturelle Forderungen geltend zu machen – gerade auch im zentralen Bereich der „Wiedergutmachung" für die Opfer von Verbrechen gegen die Menschlichkeit. Versuche Südkoreas, der zweiten großen Opfernation, Japan zur Anerkennung seiner historischen Verantwortung zu bewegen, scheiterten ebenfalls. Weder unterstützten die USA als wichtigster Bündnispartner beider Staaten die Forderungen des weit kleineren Südkorea hinreichend, noch gab es auf japanischer Seite wirkungsvolle Akteure, die den von Seoul ausgeübten Außendruck gleichsam von innen verstärkt hätten – so wie das etwa bei der Frage der „Wiedergutmachung" in der Bundesrepublik seitens engagierter Kräfte aus verschiedenen politischen Lagern mit den Ansprüchen der *Jewish Claims Conference* geschah.

War die Bundesrepublik schon objektiv höherem Außendruck durch Vertreter der größten Opfergruppe des NS-Rassenwahns ausgesetzt – nicht nur, aber auch infolge der Wachsamkeit amerikanisch-jüdischer Organisationen –, so wurde deren Einfluß auf Konzeption und Durchführung der US-Deutschlandpolitik in den 1950er Jahren in der subjektiven Wahrnehmung bundesdeutscher Zeitgenossen noch dadurch vermehrt, daß sie ihn unter der Nachwirkung völkisch-antisemitischer Propaganda beträchtlich überschätzten. Denn tatsächlich vermochten sich die Anliegen der jüdischen Minderheit in der pluralistischen Demokratie der Vereinigten Staaten, deren Interessen vor allem auf das Bestehen des Kalten Krieges gerichtet waren, vor dem Einsetzen der Ost-West-Entspannung und dem Eskalieren des Nahost-Konflikts 1967/73 lange nicht stärker Geltung zu verschaffen. Andererseits ist unübersehbar, daß eine dem – zu relativierenden – Einfluß der jüdisch-amerikanischen Verbände irgendwie ähnliche, auch nur potentielle Druckkulisse von der winzigen chinesischen oder gar koreanischen Minderheit in den USA nicht aufgebaut werden und folglich auch keine Wirkungen auf Japan entfalten konnte.

Die genannten außenpolitischen Bedingungsfaktoren waren in der Bundesrepublik für das erinnerungskulturelle Engagement der von 1949 bis 1969 regierungsführenden Unionsparteien kaum weniger wichtig als die offensichtliche innere Wandlung des deutschen Konservativismus aufgrund der Erfahrung des NS-Regimes. Denn parteipolitisch setzte sich dieser nur gebrochen fort und verschmolz mit christlich-sozialen und liberalen Elementen in CDU und CSU zu einer bürgerlichen Sammlungspartei der Mitte, deren erste Garde im Dritten Reich oft genug persönlich verfolgt worden war und die nationale Zukunft fürderhin in europäischer Integration und Westbindung suchte. Ähnliche Erfahrungen hatten die japanischen Konservativen in einem Land ohne Widerstand während des Ultranationalismus so gut wie überhaupt nicht gemacht und als um so stärker erwiesen sich hier die geistigen Kontinuitäten. Was für den regierenden Konservativismus gilt, zeigt sich auch beim Vergleich der (linken) Opposition in Japan und Westdeutschland. Denn zur einmütigen Distanzierung der politischen Klasse vom Nationalsozialismus trug die Haltung der Sozialdemokratie, in deren Reihen besonders viele Ex-Verfolgte für eine gründliche „Vergangenheitsbewältigung" stritten, erheblich bei, während die japanische Linke nicht nur politisch insgesamt schwächer, sondern auch erinnerungskulturell passiver war, sei es, weil sie aus den einschlägigen Themata wahltaktisch wenig Kapital schlagen zu können meinte, sei es, weil sie einen antiamerikanisch-nationalistisch grundierten Pazifismus ausbildete, für den die – eigenen – Opfer von Hiroshima im Mittelpunkt standen, nicht aber irgendwelche Verbrechen, die im Ausland gegen Fremde begangen worden waren.

Die Reichweite linksoppositioneller Bewältigungskritik war von vornherein auch dadurch begrenzt, daß die Medien in Japan nach 1945 qua Besatzungspolitik viel weniger stark neuausgerichtet worden waren als in der Bundesrepublik. Zudem hatte die zeitgeschichtliche Forschung – nicht nur aus archivalischen Gründen – unter wesentlich schwierigeren Bedingungen beginnen müssen. Darüber hinaus erwies sich die Dominanz der Marxisten innerhalb der japanischen Historikerschaft nach 1945 in doppelter Hinsicht als erinnerungskulturell kontraproduktiv. Zum einen wegen der Binnenfixierung auf sozioökonomische Fehlentwicklungen des japanischen Sonderwegs, die allenfalls noch die gesellschaftlichen Bedingungen der Kolonialpolitik, nicht aber die genozidale Kriegsführung in China zu einem wichtigen Untersuchungsgegenstand werden ließ; zum anderen wegen der allzu weiten Entfernung der nationalkritischen marxistischen Historiker vom zutiefst konservativen Geleitzug der japanischen Gesellschaft. Ein Umstand, der vor allem im Vergleich zur Bundesrepublik ins Auge fällt, wo die dominierenden konservativen Geschichtswissenschaftler auch deshalb viel mehr Einfluß hatten, weil sie im gesellschaftlichen „Mainstream" blieben, die Vorstellung von einem Sonderweg ins Dritte Reich zurückwiesen, die Diskontinuität zwischen der nationalen Außenpolitik Bismarcks oder Stresemanns und dem nationalsozialistischen Lebensraumwahn Hitlers stark betonten, sich aber gleichzeitig auch scharf vom System des Dritten Reiches und seinen Verbrechen distanzierten und dadurch zu dessen Stigmatisierung beitrugen. Dies wurde auch in den Schulbüchern der Bundesrepublik im Laufe der 1950er Jahre immer spürbarer, während in Japan nach dem Abzug der USA 1952 in einer gegenläufigen Entwicklung ein erinnerungskultureller Rückfall erfolgte und die Konfrontation mit den Schatten der Vergangenheit in den Bildungsanstalten immer weniger Platz fand.

Nachdem Schule und Medien, Regierung und Parlament in Japan kaum zeithistorisches Problembewußtsein vermittelten und „Vergangenheitsbewältigung" in der politischen Sozialisation der jungen Generation während der 1950er und 1960er Jahre wenig Bedeutung hatte, bildete nicht einmal auf dem extrem linken Flügel der japanischen „68er", bei der nationalen Studentenorganisation des *Zengakuren*, der Rekurs auf den japanischen „Faschismus" und seine Verbrechen ein inhaltlich tragendes oder auch nur taktisch vorgeschobenes Motiv des Protests. Viel wichtiger für die Studentenbewegung, die schon 1960 im Kampf gegen eine unzureichende Revision des „ungleichen" amerikanisch-japanischen Sicherheitsvertrages ihren ersten Höhepunkt erlebte, waren Motive rein pazifistischer Art.

Der Zusammenhang zwischen der geringen gesamtgesellschaftlichen Aufmerksamkeit für die ultranationalistische Vergangenheit und der mangelnden erinnerungskulturellen Protestmotivation der Studentenbewegung in Japan hat seine Logik. Überträgt man sie auf die Bundesrepublik, so nährt dies Zweifel an dem archaischen Deutungsmuster, der Protest der westdeutschen „68er" sei vor allem die Antwort auf eine reale Verdrängungspraxis in der Zeit vorher gewesen. Denn die Hoffnung, die Bundesrepublik durch den Nachweis von Kontinuitäten zur „faschistischen" Vergangenheit erschüttern zu können, vermochte sich offensichtlich kaum aus der Wahrnehmung zu speisen, die politisch interessierte Öffentlichkeit stünde der verbrecherischen NS-Geschichte vollständig blind und fühllos gegenüber, sondern ganz im Gegenteil nur aus dem hohen Grad an Aufmerksamkeit, den der Komplex, wenn auch nicht permanent, aber doch in immer neuen Schüben seit Gründung der Bundesrepublik – vor allem dann infolge der antisemitischen „Schmierwelle" um 1959/60 und der großen NS-Prozesse – erzeugt hatte.

Die öffentliche Auseinandersetzung mit der Vergangenheit war tatsächlich oft mit individueller Verdrängung auf der privaten Ebene einhergegangen, d. h. mit dem Beschweigen bestimmter Kapitel der eigenen Biographie oder der des Nächsten. Ein „weitverbreitetes Verstummen um den Holocaust" kennzeichnete im übrigen während des ersten Jahrzehnts nach der Staatsgründung 1948 auch Israel, das „Land der Opfer", wobei die vielschichtigen Gründe hierfür anders lagen als im „Land der Täter"[6]. Doch kann für die Bundesrepublik von „privater Diskretion" gegenüber der NS-Zeit keineswegs auf die Gesamtentwicklung geschlossen werden, zumal „eine öffentliche Wirkung von den publizierenden, nicht den privatisierenden Kreise[n] ausgeht."[7]. So problematisch die „Vergangenheitsbewältigung" in der Ära Adenauer vor allem hinsichtlich der Karrieren allzu stark Belasteter aus dem Kreis der ehemaligen „NS-Eliten" in Justiz und Polizei partiell auch war[8], so wenig gab es zu einer Politik der Integration aufs Ganze gesehen doch eine Alternative. Ob Hans-Ulrich Wehlers davon abweichende Äußerung, die riesige Zahl der NS-Mitläufer hätte „an den Rand der Gesellschaft" gedrängt werden sollen[9], mit dem Ziel vereinbar gewesen wäre, ein demokratisches Gemeinwesen aufzubauen, ist zweifelhaft[10]. Schließlich legte wohl gerade die Akzeptanz des „geduckten Opportunismus" der einstigen Führungsgruppe des Dritten Reiches durch die neue Demokratie bei nicht wenigen die „Grundlage zu einem tatsächlichen Einstellungswandel"[11].

Es ist bemerkenswert, daß der japanischen Demokratie selbst eine viel weitergehende Integration der Ehemaligen nicht existentiell geschadet hat, auch wenn ihre anhaltend paternalistisch-oligarchisch-bürokratischen Strukturen wohl nur im Ergebnis der eher oberflächlichen personellen und ideellen „Vergangenheitsbewältigung" zu erklären sind. Immerhin aber haben die Erfahrung von Hiroshima und der Prozeß der Entmilitarisierung im Lande der Samurai pazifistische Grundideen feste Wurzeln schlagen lassen und insofern eine tiefgreifende Veränderung der politischen Kultur bewirkt. Das Urteil, Japans Umgang mit der Vergangenheit sei einfach „infantil"[12], kann jedenfalls nicht überzeugen, weil es zu stark aus der Perspektive abendländischer Erinnerungspolitik argumentiert.

Der wesentliche Grundtatbestand, daß in Japan kein „Holocaust" aufzuarbeiten war, sondern vor allem eine konventioneller wirkende „Dreistrahlen"-Kriegführung gegen China, und daß Hiroshima eine ganz andere Ausprägung des Bewußtseins bewirkte, selbst Opfer gewesen zu sein, als dies in Westdeutschland der Fall war, vermag die Unterschiede der „Vergangenheitsbewältigung" zwischen beiden Ländern nicht ganz zu erklären. Man kann selbst zweifeln, ob der ebenfalls stark ins Gewicht fallende Faktor des divergierenden Außendrucks letztlich entscheidend war. Denn selbst in der

---

[6] Vgl. Zuckermann, Zweierlei Holocaust, v.a. S. 177f.
[7] Fröhlich/Kohlstruck (Hg.), Engagierte Demokraten, S. 16.
[8] Am Beispiel der Resozialisierung von NS-Kriminalisten, deren defensive „Traditionslügen nur als dreist und moralisch unerträglich erscheinen" konnten, hat dies jetzt Patrick Wagner untersucht. Wagner, Die Resozialisierung der NS-Kriminalisten, S. 213.
[9] Wehler, in: Broszat u. a., Deutschlands Weg in die Diktatur, S. 359.
[10] So auch Kielmansegg, Lange Schatten, S. 22f.
[11] Herbert, NS-Eliten in der Bundesrepublik, 114f.
[12] Buruma, Erbschaft der Schuld, S. 365f.

Phase des wachsenden *gaiatsu*[13] seit den 1980er Jahren scheint sich zumindest im breiten konservativen Meinungsspektrum Japans weithin keine innere Wandlung zu einem offeneren Umgang mit dem Ultranationalismus vollzogen zu haben. Daß Außendruck vielmehr auch innerer Rezeptoren in den betroffenen Ländern selbst bedarf, um voll wirksam werden zu können, zeigt die westdeutsche Entwicklung paradigmatisch. Ohne Zweifel wäre hier im Falle einer anderen internationalen Konstellation „vieles liegen geblieben"[14]. Doch es gab nicht nur zahlreiche Felder der Erinnerungskultur, wo der Hinweis auf das hellhörige (westliche) Ausland zur aktivitätsbegründenden Standardformel gehörte, sondern andererseits auch eine Reihe von Themen, die überwiegend ohne Schielen nach draußen von den Bundesdeutschen selbst angepackt wurden. Wie entscheidend auch der inländische, nationale Wille zur „Aufarbeitung" der jüngsten Vergangenheit war, zeigt sich am nachdrücklichsten bei der Verfolgung von Gewaltverbrechen, die in Westdeutschland – trotz mancher Unterlassungen und Versäumnisse – im Ganzen jahrzehntelang und mit außerordentlicher Wirkung auf das zeithistorische Bewußtsein geleistet wurde. Die Gründung der Ludwigsburger Zentralstelle zur Aufklärung von NS-Verbrechen 1958, mitten in der Ära Adenauer, erfolgte im wesentlichen nicht etwa auf äußeren Druck hin[15], sondern auf Initiative besorgter Staatsanwälte und Justizpolitiker im eigenen Lande; und auch in der vorhergehenden Phase, in den am stärksten von Wiederaufbau und Westintegration, Wiederbewaffnung und „Gnadenfieber" geprägten frühen 1950er Jahren kam die Strafverfolgung nie ganz zum Erliegen, waren der sogenannten „Vergangenheitspolitik"[16] stets Grenzen gesteckt. Der Unterschied zu Japan könnte gerade im Bereich der strafrechtlichen Verfolgung kaum größer sein.

Wenn also auch dem nationalen Willen zur „Vergangenheitsbewältigung" selbst und den zur Verstärkung von Außendruck notwendigen inneren Rezeptoren personeller wie institutioneller Art ein so hohes erinnerungskulturelles Gewicht zukommt, wird man abschließend fragen müssen, weshalb es damit in Japan und Deutschland so unterschiedlich bestellt war. Die Spezifika der Verbrechenskomplexe, die Folgen von Auschwitz, Nanking – und Hiroshima –, so scheint es, verstärkten nur noch die ohnehin sehr gegensätzlichen Dispositionen beider Gesellschaften zur „Vergangenheitsbewältigung". Die Erinnerungskulturen in Japan und Deutschland entwickelten sich dabei gleichsam in „Gefängnissen langer Dauer" (Fernand Braudel): Sie

---

[13] Jap. für: Außendruck.
[14] Woller, Der Rohstoff des kollektiven Gedächtnisses, S. 75.
[15] Die von Greve, Der justitielle und rechtspolitische Umgang, S. 52, angeführte Stellungnahme des Auswärtigen Amtes vom 20. Oktober 1958, das die Errichtung der zentralen Ermittlungsstelle ebenfalls begrüßte, greift als Gegenbeweis zu kurz.
[16] Verstanden als „Bewältigung der frühen NS-Bewältigung" (Frei, Vergangenheitspolitik, S. 13) während der Gründerjahre der Bundesrepublik.

wurden von Menschen gepflegt bzw. nicht gepflegt, deren Mentalitäten durch eine Jahrhunderte alte shintôistische bzw. christliche Tradition wesentlich mit geprägt waren. Tief sind die mentalen Unterschiede zwischen einer christlichen, vor allem auch protestantischen, von der Frage nach Schuld und Sühne beeinflußten, nach außen offenen deutschen Erinnerungslandschaft und einer japanischen, die von verschiedenen Elementen des Shintôismus, Buddhismus und Konfuzianismus geformt ist und wegen ihrer religiösen Sinngebung der Vergangenheit „den nationalen Rahmen nicht überschreitet"[17]; das heißt, sie heroisiert die eigenen Kriegsgefallenen, weil diese mit ihrem heldenhaften Opfer erst die erfolgreiche Entwicklung der Nachkriegsgesellschaft ermöglicht hätten, ja mehr noch, „nun als Gottheit für das Wohlergehen der Hinterbliebenen sorgten"[18], und ist aufgrund dieser Identifikation wohl außerstande, die Ahnen „auch in der Kategorie der Täter zu betrachten"[19].

Zu bedenken ist schließlich, daß Werte, und dies gilt auch für den Wert der Erinnerung, stets an Kulturen gebunden sind. Maßstäbe westlicher Nationen lassen sich an Japan nicht eins zu eins anlegen. Die von anderen Religionen hervorgebrachten Wertesysteme sind jedenfalls nicht weniger legitim als das abendländische, auch wenn über ihre Gültigkeit gewiß zu streiten wäre[20]. Der christlich geprägte Westen glaubt – anders als noch in der frühen Neuzeit – nach der Erfahrung der Weltkriege und unter dem Einfluß Freudscher Psychoanalyse besonders fest an den Wert irdischer Gerechtigkeit, an „Katharsis" und Läuterung und an die Notwendigkeit von Trauerarbeit, die einen Schutz vor Wiederholung des schrecklichen Vergangenen schaffe. Asiatischen Zivilisationen ist dieses Denken fremd. Sie fragen vielmehr „beharrlich nach dem Nutzen der irdischen Gerechtigkeit für die soziale Harmonie und die Wohlfahrt des Gemeinwesens. Sie schauen entschlossen nach vorn" und – sie lassen „die Vergangenheit ruhen"[21].

Wenn aber gesagt worden ist, Japan verlange christlich geprägten Völkern eine „kopernikanische Wende ihres moralischen Denkens ab"[22], so kann das nur heißen, die eigenen Maßstäbe nicht vorschnell absolut zu setzen und zu universalisieren, es kann aber nicht meinen, nun etwa das japanische „Modell" der Bundesrepublik ex post anzuempfehlen und die unbestreitbaren Vorzüge christlicher Moral im Bereich der „Vergangenheitsbewältigung" zu verkennen, die vor allem ungleich mehr Opfern der Diktatur ideelle und zumindest auch eine gewisse materielle Entschädigung eingebracht hat. Vielmehr wirft der Vergleich beider Entwicklungen die Frage auf, ob es bei der

---

[17] Shimada, Formen der Erinnerungsarbeit, S. 40.
[18] Ebd., S. 39.
[19] Ebd., S. 38.
[20] In diesem Sinne auch Lokowandt, Shintô, S. 91.
[21] Scharlau, Der General und der Kaiser, S. 140.
[22] Vahlefeld, Japan, S. 27.

Bewältigung von Ultranationalismus und Nationalsozialismus in Japan und Deutschland nicht auch andere Wege gegeben hätte, die im einen Fall weniger stark von shintôistischer Schamvermeidung und Gesichtswahrung geprägt gewesen wären und es im anderen vermieden hätten, vom notwendigen protestantischen Schuldbekenntnis teilweise zu problematischen Formen von „Schuldstolz" überzugehen.

Nachwort

Von Miyazawa Kôichi und Philipp Osten[1]

Die Studie Kittels ist der erste systematisch-vergleichende Blick der deutschen Geschichtswissenschaft auf ein zentrales Kapitel der japanischen Nachkriegshistorie, das in Deutschland bisher allenfalls facettenartig beleuchtet wurde. Daß eine komparatistische Analyse des Umgangs mit Unrechtsvergangenheit in Japan und Deutschland trotz naheliegender Parallelen auf deutscher Seite lange ausblieb, ist vorwiegend, aber nicht ausschließlich, auf die Sprachbarriere zurückzuführen. Weitere Gründe hängen mit der deutschen Wahrnehmung Japans zusammen und werden in der Arbeit Kittels dargestellt. Das große Verdienst seiner Studie besteht darin, daß sie die deutsch- und englischsprachige Literatur und Quellen zu diesem Problemfeld erstmals umsichtig auswertet.

Dies ist umso wichtiger, als die Folgen der von Kittel analysierten Defizite japanischer „Vergangenheitsbewältigung" in Gestalt ultranationalistischer Relikte – nicht nur auf der extremen Rechten – bis heute zu spüren sind. In Deutschland wird kaum zur Kenntnis genommen, wenn in Japan Individuen und Vereinigungen, die an dem alten Tennô-Kult festhalten, politische Skandale provozieren. Die Veröffentlichung der Erzählung *Fûryû Mutan* von Fukasawa Shichiro in der Zeitschrift *Chûô Kôrôn*, in der sich eine Szene über die (fiktive) Hinrichtung der kaiserlichen Familie findet, veranlaßte etwa ein 17-jähriges Mitglied der *Dai-Nippon Aikoku-tô* (Großjapanische Patrioten-Partei) dazu, im Februar 1961 in das Privathaus des Herausgebers (Chef der Verlagsgruppe) einzudringen, die Ehefrau des Herausgebers zu verletzen und das Dienstmädchen zu töten (sog. „Shimanaka-Vorfall"). Die „Großjapanische Patrioten-Partei" war auch für zahlreiche weitere (Mord-) Anschläge verantwortlich (z.B. die Ermordung des Vorsitzenden der Sozialistischen Partei Asanuma Inejiro am 12. Oktober 1960 oder das versuchte Attentat auf Ministerpräsident Ikeda Hayato und andere am 5. November 1963). Die japanischen Rechtsextremisten (Uyoku) sind

---

[1] Prof. Dr. Dr. h.c. mult. Miyazawa Kôichi ist Emeritus für Strafrecht und Rechtsphilosophie an der Keio-Universität zu Tokio.
Prof. Dr. Philipp Osten ist Assistenzprofessor für Strafrecht, Internationales Strafrecht und Deutsches Recht an der Keio-Universität zu Tokio und hat jüngst eine Studie publiziert unter dem Titel „Der Tokioter Kriegsverbrecherprozeß und die japanische Rechtswissenschaft" (Berlin 2003).

traditionell von einer haßerfüllten Abneigung gegen alle politischen Aktivitäten der Sozialistischen und der Kommunistischen Partei Japans geprägt. Insbesondere in der Periode der Nachkriegszeit, in der diese Parteien Beziehungen mit der Sowjetunion und China unterhielten und die Errichtung eines „sozialistischen Staates" propagierten, wurden zahlreiche Politiker der Sozialistischen und der Kommunistischen Partei Japans Opfer von Verleumdungskampagnen und Terroranschlägen.

Ein weiteres Betätigungsfeld der Rechtsextremisten bestand darin, als Handlanger bzw. verlängertes Sprachrohr der japanischen Regierung bzw. der regierenden Partei (LDP) zu fungieren. So wurden die außenpolitischen Forderungen der japanischen Regierung bzw. der regierenden Partei, die auf die Rückgabe der 1945 von der Sowjetunion annektierten Kurilen-Inseln abzielten, sowie die Weigerungshaltung der Regierung hinsichtlich der Leistung von Reparations- bzw. Entschädigungszahlungen an Kriegsopfer und Opferstaaten nicht offiziell verkündet, sondern mit Hilfe der Rechtsextremisten, die entsprechende politische Parolen mittels Lautsprecherwagen auf öffentlichen Straßen und Plätzen propagierten. Zugleich verübten rechtsextremistische Gruppen wiederholt Anschläge auf Zeitungen und Verlage, die diese regierungsoffizielle Politik kritisierten, insbesondere auf die linksliberale Tageszeitung *Asahi Shinbun*. Als Beispiele seien Proteste und gewaltsame Drohungen gegenüber der *Asahi Shinbun* aufgrund eines Leitartikels genannt, welcher die in einer anderen Zeitung abgedruckte Werbekampagne für die Rückgabe der nördlichen Inseln kritisierte (1977), sowie die Serie von Mordanschlägen auf Journalisten der *Asahi Shinbun* in den Jahren 1987 und 1988 als Racheakt für eine kritische Berichterstattung über rechtsextremistische Aktivitäten. In jüngster Zeit haben sich die Ziele der Rechtsextremisten verlagert: im Mittelpunkt steht nunmehr Nordkorea. Insbesondere seit dem Eingeständnis der nordkoreanischen Führung, japanische Bürger mittels Geheimdienstagenten nach Nordkorea entführt zu haben, häufen sich Anschläge mit selbstgebastelten Zeitbomben auf Vereinigungen von in Japan ansässigen Nordkoreanern sowie Kreditgenossenschaften (Banken), die unter dem Verdacht stehen, Geldwäsche für Nordkorea zu betreiben. Auch das Haus des Abteilungsleiters im Außenministerium, Tanaka, der für die Verhandlungen mit Nordkorea über das Schicksal der Entführten zuständig war, wurde von einer selbstgebastelten Zeitbombe heimgesucht. In jedem dieser Fälle fanden sich Bekennerschreiben von rechtsextremistischen Gruppen wie „Volk und Rasse", „Patrioten" oder „Blutrachebund".

Die von Rechtsextremisten begangenen Verbrechen sind meist entweder Taten von Individuen mit einer ultranationalistischen Weltanschauung oder von Vereinigungen, die als politischer Arm der „Organisierten Kriminalität" (Yakuza) fungieren. Diese Taten und ihr politischer Hintergrund unterscheiden sich jedoch grundlegend von den Ausprägungen des (Ultra-) Nationalismus der Kriegs- und Vorkriegszeit. Denn vor dem Krieg war die politische Kultur von einem staatlich vorgegebenen Nationalismus und Nationalchauvinismus geprägt. Kriegsgegner, Pazifisten und sog. „Defätisten" wurden während des Krieges und besonders in der Endphase des Krieges von der Politischen Polizei (Tokkô) und der Staatsanwaltschaft unterdrückt und verfolgt. Hingegen erhielten Verbrecher, die vor dem Krieg Attentate auf liberale Politiker verübten, ihre Pistolen und Bomben oftmals aus den Händen von Offizieren, die mit der ultranationalistischen Bewegung sympathisierten. Auch wenn die (offensichtliche) Beteiligung der Armee an diesen Attentaten offiziell geleugnet wurde, herrschte aufgrund der nationalistisch aufgeheizten politischen Kultur in weiten Teilen des Volkes die Ansicht vor, daß die Opfer ihr Schicksal selbst verschuldet hätten.

Die meisten politischen Attentate und Anschläge nach dem Krieg wurden dagegen mit Dolchen und selbstgebastelten Sprengstoffwaffen verübt; viele endeten im Versuchsstadium. Die Bürger im heutigen Japan verabscheuen diese Art politischen Terrors und betrachten derartige Verbrechen als Profilierungsversuche einer verschwindend geringen Minderheit bzw. als neues Betätigungsfeld der *Yakuza*. Es besteht daher nicht die Gefahr, daß der (Ultra-) Nationalismus wiederauflebt und in das politische Spektrum aufgenommen wird. Der Grund dafür, daß die japanische „Organisierte Kriminalität" unter dem Deckmantel politischer Vereinigungen pseudopolitisch-kriminellen Aktivitäten nachgeht, liegt darin, daß infolge des „Gesetzes gegen die Organisierte Kriminalität" (1991) die wirtschaftlichen Betätigungsfelder der Yakuza-Organisationen stark eingeschränkt und damit ihre „legalen" Einnahmequellen ausgetrocknet wurden. Die Organisierte Kriminalität hat sich daraufhin vielfach in das Gewand politischer Vereinigungen gekleidet, da (partei-) politische und religiöse Vereinigungen in Japan einen besonderen verfassungsrechtlichen Schutz genießen. Im Unterschied zu Deutschland gibt es in Japan kaum effiziente rechtliche Mittel, gegen politische und religiöse Vereinigungen vorzugehen, selbst wenn sich ihre Aktivitäten gegen die staatliche Grundordnung richten. Auch eine etwa mit der Pönalisierung der „Auschwitz-Lüge" in Deutschland vergleichbare Gesetzgebung wäre in Japan undenkbar. So ist beispielsweise das Abspielen von Militärmusik und Parolen aus dem Zweiten Weltkrieg durch Lautsprecherwagen von rechtsextremistischen Verbänden in ohrenbetäubender Lautstärke eine alltägliche Szene auf den Straßen Tokios. Hierbei handelt es sich nicht um den Versuch, die (unter der Lautstärke leidenden) Anwohner und Passanten politisch zu beeinflussen. Diese – in Japan unter dem Feigenblatt der Meinungsfreiheit unbehelligten – „politischen" Aktivitäten dienen vielmehr dem Zweck, einerseits „Schutzgelder" von Unternehmern, die derartige Lautsprecherwagen aus dem Umfeld ihres Firmen- oder Wohnsitzes entfernt sehen möchten, zu erpressen, andererseits „Spenden" von Unternehmen und Politikern einzutreiben, denen umgekehrt diese Parolen als indirekte Kritik an der von ihnen als „pazifistisch" angesehenen Regierung politisch entgegenkommen. Mit anderen Worten: der heutige (Ultra-) Nationalismus ist oft nichts anderes als eine neuartige Einnahmequelle für die „Organisierte Kriminalität".

Ein weiterer Grund dafür, daß diese japanischen „Neo-Nationalisten" weitgehend unbehelligt ihren kriminellen Betätigungen nachgehen können, besteht darin, daß sich unter den Abgeordneten der Regierungspartei LDP sowie zum Teil auch unter den Abgeordneten der Opposition Politiker befinden, die offensichtliche Sympathien für die nationalistische Ideologie der Kriegszeit hegen und denen die Rechtsextremisten und ihre gegen den Staat gerichteten Aktivitäten als „Sprachrohr" dienen. Da es zahlreiche Präzedenzfälle von Abgeordneten und Ministern gibt, die zum Rücktritt gezwungen wurden, weil sie öffentlich etwa das Massaker von Nanking bestritten, das Unrecht der japanischen Kolonisierung Koreas leugneten oder sonst japanische Kriegsverbrechen bestritten, nutzen einige der konservativen Politiker Japans die rechtsextremistischen Vereinigungen als willkommenes „Sprachrohr" und bezahlen diese Dienste über verschiedene Kanäle mit öffentlichen Geldern. Daß auf diese Weise die Außenpolitik und das Bild Japans in der Völkergemeinschaft, insbesondere in den asiatischen Nachbarländern, erheblichen Schaden erleiden, ist für diese Politiker von geringem Interesse. Denn einige dieser Abgeordneten finanzieren wiederum ihre politischen Aktivitäten mit Spenden von den einflußreichen Hinterbliebenen-, Kriegsopfer- und Veteranenverbänden Japans – das Leugnen des durch Japan verursachten Kriegs- und Besatzungsunrechts sowie die Rechtfertigung des japanischen Angriffskrieges bildet in diesen Fällen zugleich eine wichtige Voraussetzung für das Eintreiben von Wählerstimmen aus den Reihen dieser Verbände im Hinblick auf zukünftige Wahlen.

Nationalismus und Ultranationalismus im heutigen Japan weisen somit paradoxerweise eine ausgeprägt *gegen* den bestehenden Staat gerichtete Tendenz auf, werden aber staatlicherseits unter dem Einfluß der LDP (zumindest) toleriert. Dieses Paradoxon ist nicht zuletzt ein Ergebnis der – anders als in Deutschland – weitgehend unterbliebenen Auseinandersetzung Japans mit seiner Unrechtsvergangenheit. Es ist das Verdienst der Studie Kittels, diesen historischen Verdrängungsprozeß im kritischen Vergleich mit der deutschen Erinnerungskultur für das (deutsche) Fachpublikum zu beleuchten und die Schlüsselfunktion der nach dem Zweiten Weltkrieg in beiden Ländern jahrzehntelang dominierenden konservativen Regierungen für die divergierenden Prozesse der „Vergangenheitsbewältigung" ebenso herauszuarbeiten wie die erheblichen Unterschiede zwischen den Oppositionsparteien.

Abkürzungsverzeichnis

AA	Auswärtiges Amt
ApuZ	Aus Politik und Zeitgeschichte
BGB	Bürgerliches Gesetzbuch
BHE	Bund der Heimatvertriebenen und Entrechteten
CDU	Christlich Demokratische Union
CSU	Christlich Soziale Union
DIJ	Deutsches Institut für Japanstudien
DDR	Deutsche Demokratische Republik
DGB	Deutscher Gewerkschaftsbund
DM	Deutsche Mark
DP	Deutsche Partei
DRP	Deutsche Reichspartei
FAZ	Frankfurter Allgemeine Zeitung
FDP	Freie Demokratische Partei
Gestapo	Geheime Staatspolizei
GG	Grundgesetz
GuG	Geschichte und Gesellschaft
GWU	Geschichte in Wissenschaft und Unterricht
HJB	Historisches Jahrbuch
Hg.	Herausgeber
hg.	herausgegeben
HZ	Historische Zeitschrift
JCS	Joint Chiefs of Staff
KdF	Kraft durch Freude
KP	Kommunistische Partei
KZ	Konzentrationslager
LDP	Liberaldemokratische Partei

MSA	Mutual Security Act
NATO	North Atlantic Treaty Organization
NS	Nationalsozialismus
NSC	National Security Council
NSDAP	Nationalsozialistische Deutsche Arbeiterpartei
Pg	Parteigenosse (der NSDAP)
SBZ	Sowjetische Besatzungszone
SCAP	Supreme Commander for the Allied Powers
SD	Sicherheitsdienst (des Reichsführers-SS)
SDS	Sozialistischer Deutscher Studentenbund
SPD	Sozialdemokratische Partei Deutschland
SRP	Sozialistische Reichspartei
SS	Schutzstaffel
UdSSR	Union der sozialistischen Sowjetrepubliken
UN	United Nations
US	United States
USA	United States of America
VfZ	Vierteljahrshefte für Zeitgeschichte
ZfG	Zeitschrift für Geschichtswissenschaft

Literaturverzeichnis

Adenauer. Teegespräche 1950–1954, hg. von Rudolf Morsey und Hans-Peter Schwarz, bearb. von Hanns Jürgen Küsters, Berlin 1984
Adenauer: „Es mußte alles neu gemacht werden". Die Protokolle des CDU-Bundesvorstandes 1950–1953, bearb. von Günter Buchstab, Stuttgart 1986
Allison, John M., Ambassador from the Prairie or Allisons Wonderland, Boston 1973
Althoff, Martina, Kiesinger, die APO und der Nationalsozialismus. Zur Dynamik eines NS-Konflikts, in: Jahrbuch für Antisemitismus-Forschung 5 (1996), S. 211–232
Acharya, Amitav, The Quest for Identity. International relations of Southeast Asia, Oxford/New York 2000
Anthon, Carl C., Reeducation for Democracy. Introduction, in: Wolfe (Hg.), Americans as Proconsuls, S. 261–262
Antoni, Klaus, Der himmlische Herrscher und sein Staat. Essays zur Stellung des Tennô im modernen Japan, München 1991
Antoni, Klaus, Yasukuni und der „Schlimme Tod" des Kriegers, in: Ders., Der himmlische Herrscher und sein Staat, S. 155–189
Antoni, Klaus, Kokutai – Das „Nationalwesen" als japanische Utopie, in: Ders., Der himmlische Herrscher und sein Staat, S. 31–59
Archiv der Gegenwart, Deutschland 1949–1999, 10 Bde., St. Augustin 2000
Artzt, Heinz, Zur Abgrenzung von Kriegsverbrechen und NS-Verbrechen, in: Adalbert Rückerl (Hg.), NS-Prozesse. Nach 25 Jahren Strafverfolgung: Möglichkeiten – Grenzen – Ergebnisse, Karlsruhe 1971, S. 163–194
Asada Sadao, The shock of the atomic bomb and Japan's decision to surrender – A reconsideration, in: Pacific Historical Review 67 (1998), S. 477–512
Assmann, Aleida, Erinnerungsräume. Formen und Wandlungen des kulturellen Gedächtnisses, München 1999
Assmann, Aleida/Ute Frevert, Geschichtsvergessenheit – Geschichtsversessenheit. Vom Umgang mit deutschen Vergangenheiten nach 1945, Stuttgart 1999
Assmann, Jan, Das kulturelle Gedächtnis. Schrift, Erneuerung und politische Identität in frühen Hochkulturen, München 1992
Auftakt zur Ära Adenauer. Koalitionsverhandlungen und Regierungsbildung 1949, bearb. von Udo Wengst, Düsseldorf 1985
Austin, Lewis, Saints and Samurai – The Political Culture of the American and Japanese Elites, New Haven 1975
Awaya Kentarô, The Tokyo Trials and the BC Class Trials, in: Marxen/Miyazawa/Werle, Der Umgang mit Kriegs- und Besatzungsunrecht, S. 39–54
Baerwald, Hans H., The Purge of the Japanese Leaders under the Occupation, Berkeley/Los Angeles 1959
Baerwald, Hans H., The Purge in Occupied Japan, in: Wolfe (Hg.), Americans as Proconsuls, S. 188–197
Ball, William Macmahon, Japan. Enemy or Ally?, New York 1949
Baumgärtner, Ulrich, Reden nach Hitler. Theodor Heuss – Die Auseinandersetzung mit dem Nationalsozialismus, Stuttgart/München 2001
Baring, Arnulf/Masamori Sase, in Zusammenarbeit mit Manfred Görtemaker und Ulrich Lins (Hg.), Zwei zaghafte Riesen? Deutschland und Japan seit 1945, Stuttgart/Zürich 1977
Benedict, Ruth, The Chrysanthemum and the Sword, Boston 1989 (Paperback-Ausgabe der 1946 in Boston zuerst erschienenen Arbeit mit einem Vorwort von Ezra F. Vogel)

Benz, Wolfgang, Amerikanische Besatzungsherrschaft in Japan 1945-1947. Dokumentation, in: VfZ 26 (1978), S. 265-346

Benz, Wolfgang, Zum Umgang mit der nationalsozialistischen Vergangenheit in der Bundesrepublik, in: Jürgen Danyel (Hg.), Die geteilte Vergangenheit. Zum Umgang mit Nationalsozialismus und Widerstand in beiden deutschen Staaten, Berlin 1995, S. 47-60

Berenbaum, Michael, The Americanization of the Holocaust, in: Ilja Levkov (Hg.), Bitburg and Beyond, New York 1987, S. 700-710

Berg, Nicolas, Lesarten des Judenmords, in: Herbert (Hg.), Wandlungsprozesse, S. 91-139

Berg, Nicolas, Der Holocaust und die westdeutschen Historiker. Erforschung und Erinnerung, Göttingen 2003

Berghoff, Hartmut, Zwischen Verdrängung und Aufarbeitung. Die bundesdeutsche Gesellschaft und ihre nationalsozialistische Vergangenheit in den Fünfziger Jahren, in: GWU 49 (1999), S. 96-114

Bergmann, Werner, Sind die Deutschen antisemitisch? Meinungsumfragen von 1946-1987 in der Bundesrepublik Deutschland, in: Werner Bergmann/Rainer Erb (Hg.), Antisemitismus in der politischen Kultur nach 1945, Opladen 1990, S. 108-130

Bergmann, Werner, Antisemitismus in öffentlichen Konflikten. Kollektives Lernen in der politischen Kultur der Bundesrepublik 1949-1989, Frankfurt a. M./New York 1997

Besier, Gerhard, Die politische Rolle des Protestantismus in der Nachkriegszeit, in: APuZ Nr. 50 v. 8. Dezember 2000, S. 29-38

Bix, Herbert P., The showa Emperor's monologue and the problem of war responsibility, in: Journal of Japanese Studies 18 (1992), S. 295-363

Bix, Herbert P., Inventing the „symbol monarchy" in Japan, 1945-1952, in: Journal of Japanese Studies 21 (1995), S. 319-363

Bix, Herbert P., Hirohito and the Making of Modern Japan, 2000

Bock, Petra/Edgar Wolfrum (Hg.), Umkämpfte Vergangenheit. Geschichtsbilder, Erinnerung und Vergangenheitspolitik im internationalen Vergleich, Göttingen 1999

Bonwetsch, Bernd, Sowjetische Zwangsarbeiter vor und nach 1945. Ein doppelter Leidensweg, in: Jahrbücher für Geschichte Osteuropas N.F. 41 (1993), S. 532-546

Bork, Henrik, Geschichtsklitterung in Sprechblasen, in: Die Zeit, v. 11. März 1999, S. 8

Boyens, Armin, Das Stuttgarter Schuldbekenntnis vom 19. Oktober 1945. Entstehung und Bedeutung, in: VfZ 19 (1971), S. 374-397

Brackman, Arnold, The other Nuremberg. The Untold Story of the Tokyo War Crimes Trials, New York 1987

Braw, Monica, The Atomic Bomb Suppressed. American Censorship in Occupied Japan, Armonk (N.Y.) 1991

Brochhagen, Ulrich, Nach Nürnberg. Vergangenheitsbewältigung und Westintegration in der Ära Adenauer, Hamburg 1994

Broszat, Martin, Zeitgeschichte in Japan, in: VfZ 22 (1974), S. 287-298

Broszat, Martin, Siegerjustiz oder strafrechtliche „Selbstreinigung". Aspekte der Vergangenheitsbewältigung der deutschen Justiz während der Besatzungszeit 1945-1949, in: VfZ 29 (1981), S. 477-543

Broszat, Martin, u.a. (Hg.), Deutschlands Weg in die Diktatur. Referate und Diskussionen. Internationale Konferenz im Reichstagsgebäude zu Berlin zur nationalsozialistischen Machtübernahme, Berlin 1983

Buchholz, Petra, Demokratisierung der Erinnerung. Populare Erinnerungskultur in Japan, in: Conrad (Hg.), Geschichtspolitik in Japan, S. 43-57

Buckley, Roger, Occupation Diplomacy. Britain, the United States and Japan 1945-1952, Cambridge 1982

Buckley, Roger, Japan Today, Cambridge u.a. 1990

Bücker, Vera, Die Schulddiskussion im deutschen Katholizismus nach 1945, Bochum 1989

Bücker, Vera, Die Schulderklärungen der (deutschsprachigen) Kirchen zwischen Gewissen und Politik, in: Kirchliche Zeitgeschichte 11 (1998), S. 355-377

Burger, Rudolf, Die Irrtümer der Gedenkpolitik. Ein Plädoyer für das Vergessen, in: Europäische Rundschau 29 (2001), 2. Heft, S. 3-13

Buruma, Jan, The Wages of Guilt. Memories of war in Germany and Japan, London 1994; deut-

sche Ausgabe unter dem Titel: Erbschaft der Schuld. Vergangenheitsbewältigung in Deutschland und Japan, München/Wien 1994
Buschke, Heiko, Deutsche Presse, Rechtsextremismus und nationalsozialistische Vergangenheit in der Ära Adenauer, Frankfurt a. M./New York 2003
Butow, Robert J. C., Japan's Decision to Surrender, Stanford 1954
Butow, Robert J. C, Tojo and the Coming of the War, Stanford 1961
Caute, David, Sixty-Eight. The Year of the Barricades, London 1988
Chamberlin, Brewster S., Todesmühlen. Ein früher Versuch zur Massen-„Umerziehung" im besetzten Deutschland 1945–1946, in: VfZ 29 (1981), S. 420–436
Chan Sucheng, Entry Denied. Exclusion and the Chinese Community in America, 1882–1943, Philadelphia 1991
Chang, Iris, Die Vergewaltigung von Nanking. Das Massaker in der chinesischen Hauptstadt am Vorabend des Zweiten Weltkriegs, Zürich/München 1999
Cohen, Theodore, Remaking Japan. The American Occupation as New Deal, New York 1987
Committee for the Compilation of Materials on Damage Caused by the Atomic Bombs (Hg.), Hiroshima and Nagasaki: The Physical, Medical and Social Effects of the Atomic Bombings, trans. Eisei Ishikawa and David L. Swain, New York 1981
Conrad, Sebastian, Auf der Suche nach der verlorenen Nation. Geschichtsschreibung in Westdeutschland und Japan 1945–1960, Göttingen 1999
Conrad, Sebastian (Hg.), Geschichtspolitik in Japan, Periplus. Jahrbuch für außereuropäische Geschichte 11 (2001)
Conrad, Sebastian, Erinnerungspolitik in Japan, 1945–2001, in: Ders. (Hg.), Geschichtspolitik in Japan, S. 1–11
Conrad, Sebastian, Krisen der Moderne?, Faschismus und Zweiter Weltkrieg in der japanischen Geschichtsschreibung, in: Cornelißen/Klinkhammer/Schwentker (Hg.), Erinnerungskulturen, S. 168–180
Cornelißen, Christoph, Gerhard Ritter. Geschichtswissenschaft und Politik im 20. Jahrhundert, Düsseldorf 2001
Cornelißen, Christoph, Was heißt Erinnerungskultur? Begriff – Methoden –Perspektiven, in: GWU 54 (2003), S. 548–564
Cornelißen, Christoph/Lutz Klinkhammer/Wolfgang Schwentker, Erinnerungskulturen. Deutschland, Italien und Japan seit 1945, Frankfurt a. M. 2003
Coulmas, Florian, Das Land der rituellen Harmonie. Japan: Gesellschaft mit beschränkter Haftung, Frankfurt a. M./New York 1993
Coulmas, Florian, Japanische Zeiten. Eine Ethnographie der Vergänglichkeit, Reinbek bei Hamburg 2000
Dahlmann, Dietmar, Land und Freiheit. Machnovščina und Zapatismo als Beispiele agrarrevolutionärer Bewegungen, Stuttgart 1986
Daniels, Roger, The Politics of Prejudice, Berkeley 1962
Derichs, Claudia, Japans Neue Linke. Soziale Bewegungen und außerparlamentarische Opposition 1957–1994, Hamburg 1995
De Vos, George A., Japan's Outcasts – the Problem of the Burakumin, London 1971
Die Lage der Vertriebenen und das Verhältnis des deutschen Volkes zu seinen östlichen Nachbarn. Eine evangelische Denkschrift. Mit einem Vorwort von Präses D. Kurt Scharf, Hannover 1965
Diestelkamp, Bernhard, u.a. (Hg.), Zwischen Kontinuität und Fremdbestimmung. Zum Einfluß der Besatzungsmächte auf die deutsche und japanische Rechtsordnung 1945 bis 1950, Tübingen 1996
Doak, Kevin M., Building national identity through ethnicity: Ethnology in wartime Japan and after, in: Journal of Japanese Studies 27 (2001), S. 1–39
Doering-Manteuffel, Anselm, Wie westlich sind die Deutschen? Amerikanisierung und Westernisierung im 20. Jahrhundert, Göttingen 1999
Doehring, Karl/Bernd J. Fehn/Hans Günter Hockerts, Jahrhundertschuld, Jahrhundertsühne. Reparationen, Wiedergutmachung, Entschädigung für nationalsozialistisches Kriegs- und Verfolgungsunrecht, München 2001
Döscher, Hans-Jürgen, Verschworene Gesellschaft. Das Auswärtige Amt unter Adenauer zwischen Neubeginn und Kontinuität, Berlin 1995

Dohnanyi, Klaus von, Hat uns Erinnerung das Richtige gelehrt? Eine kritische Betrachtung der „Vergangenheitsbewältigung", Konstanz 2003
Doi Takeo, Amae, Freiheit in Geborgenheit. Zur Struktur japanischer Psyche, Frankfurt a. M. 1982
Dore, Ronald P., Land Reform in Japan, Oxford 1959
Dower, John W., War without Mercy. Race and Power in the Pacific War, New York 1986
Dower, John W., Empire and Aftermath: Yoshida Shigeru and the Japanese Experience, 1878–1954, Cambridge, Ma. 1988
Dower, John W., Yoshida in the scales of history, in: Ders., Japan in War and Peace. Selected Essays, New York 1993, S. 208–241
Dower, John W., The Bombed: Hiroshima and Nagasaki in Japanese Memory, in: Diplomatic History 19 (1995), S. 275–295
Dower, John W., Embracing Defeat. Japan in the Wake of World War II, London u. a. 1999
Dubiel, Helmut, Niemand ist frei von der Geschichte. Die nationalsozialistische Herrschaft in den Debatten des Deutschen Bundestages, München 1999
Dudek, Peter, „Vergangenheitsbewältigung". Zur Problematik eines umstrittenen Begriffs, in: APuZ 1–2/1992, S. 44–53
Duke, Benjamin C., Japan's Militant Teachers. A history of the Left-Wing Teachers' Movement, Honolulu 1973
Eberan, Barbro, Wer war schuld an Hitler? Die Debatte um die Schuldfrage 1945–1949, München 1985
Eckert, Andreas, Gefangen in der Alten Welt, in: Die Zeit, v. 26. September 2002
Eckert, Astrid M., Feindbilder im Wandel: Ein Vergleich des Deutschland- und des Japanbildes in den USA 1945 und 1946, Münster 1999
Eichmüller, Andreas, Die Verfolgung von NS-Verbrechen durch westdeutsche Justizbehörden seit 1945 – Inventarisierung und Teilverfilmung der Verfahrensakten. Ein neues Projekt des Instituts für Zeitgeschichte, in: VfZ 50 (2002), S. 507–516
Erker, Paul, Einleitung: Industrie-Eliten im 20. Jahrhundert, in: Paul Erker/Toni Pierenkemper (Hg.), Deutsche Unternehmer zwischen Kriegswirtschaft und Wiederaufbau. Studien zur Erfahrungsbildung von Industrieeliten, München 1999, S. 1–18
Erlinghaben, Helmut, Japan – ein deutscher Japaner über die Japaner, Stuttgart 1974
Eschenburg, Theodor, Jahre der Besatzung 1945–1949, Stuttgart 1983
Evans, Richard J., Rituale der Vergeltung. Die Todesstrafe in der deutschen Geschichte 1532–1987, Berlin 2001
Eykholt, Mark, Chinese Historiography of the Massacre, in: Joshua A. Fogel (Hg.), The Nanjing Massacre in History and Historiography, Berkeley u. a. 2000, S. 11–69
Fein, Elke, Geschichtspolitik in Rußland. Chancen und Schwierigkeiten einer demokratisierenden Aufarbeitung der sowjetischen Vergangenheit am Beispiel der Tätigkeit der Gesellschaft MEMORIAL, Hamburg/London 2000
Feldkamp, Michael F., Der Parlamentarische Rat 1948–1949. Die Entstehung des Grundgesetzes, Göttingen 1998
Ferreti, Maria, La mémoire refoulée. La Russie devant le passé stalinien, in: Annales. Histoire, Sciences Sociales 50 II (1995), S. 1237–1257
Finn, Richard B., Winners in Peace. MacArthur, Yoshida and Postwar Japan, Berkeley u. a. 1992
Fleiter, Rüdiger, Die Ludwigsburger Zentrale Stelle – eine Strafverfolgungsbehörde als Legitimationsinstrument? Gründung und Zuständigkeit 1958 bis 1965, in: Kritische Justiz 35 (2002), S. 253–272
Foljanti-Jost, Gesine, Schulbuchgestaltung als Systemstabilisierung in Japan, Bochum 1979
Frei, Norbert, Vergangenheitspolitik. Die Anfänge der Bundesrepublik Deutschland und die NS-Vergangenheit, München 1996
Frei, Norbert, Das Problem der NS-Vergangenheit in der Ära Adenauer, in: Heinrich Oberreuter/Jürgen Weber (Hg.), Freundliche Feinde? Die Alliierten und die Demokratiegründung in Deutschland, München/Landsberg am Lech 1996, S. 181–193
Frei, Norbert, Hitlers Eliten nach 1945 – eine Bilanz, in: Norbert Frei (Hg.), Karrieren im Zwielicht. Hitlers Eliten nach 1945, Frankfurt a.M./New York 2001
Frei, Norbert, Ertrotzte Aufklärung. „Achtundsechzig" als Nachgeschichte des Nationalsozialismus, in: Die Zeit, v. 1. Februar 2001

Freudiger, Kerstin, Die juristische Aufarbeitung von NS-Verbrechen, Tübingen 2000
Frevert, Ute, Geschichtsvergessenheit und Geschichtsversessenheit revisited. Der jüngste Erinnerungsboom in der Kritik, in: APuZ B 40–41/2003, S. 6–13
Frey, Marc, Drei Wege zur Unabhängigkeit. Die Dekolonisierung in Indochina, Indonesien und Malaya nach 1945, in: VfZ 50 (2002), S. 399–433
Friedrich, Jörg, Der Brand. Deutschland im Bombenkrieg 1940–1945, München 2002
Friedrich, Jan/Jörg Später, Britische und deutsche Kollektivschuld-Debatte, in: Herbert (Hg.), Wandlungsprozesse, S. 53–90
Fröhlich, Claudia/Michael Kohlstruck (Hg.), Engagierte Demokraten. Vergangenheitspolitik in kritischer Absicht, Münster 1999
Fromme, Friedrich Karl, Von der Weimarer Verfassung zum Bonner Grundgesetz, Tübingen 1960
Fuchs, Lawrence H., The American Kaleidoscope. Race, Ethnicity, and the Civic Culture. Hanover u.a. 1990.
Fuhrt, Volker, Von der Bundesrepublik lernen? Der Vergleich mit Deutschland in der japanischen Diskussion über Kriegsschuld und Vergangenheitsbewältigung, in: Japanstudien 8 (1996), S. 337–353
Fuhrt, Volker, Erzwungene Reue. Vergangenheitsbewältigung und Kriegsschulddiskussion in Japan 1952–1998, Hamburg 2002
Fujita Hisakazu, War Crimes in the Pacific War and the Problem of Compensation, in: Marxen/Miyazawa/Werle, Der Umgang mit Kriegs- und Besatzungsunrecht, S. 55–67
Fukui Haruhiro, Postwar Politics, 1945–1973, in: The Cambridge History of Japan, vol. 6, The Twentieth Century, Cambridge u.a 1988, S. 154–213
Gäthke, Hans-Hartmut, Ogata Taketora – Journalist und Politiker der Taisho- und Showa-Ära, Hamburg 1979
Gasteyger, Curt, Das außenpolitische Erbe der Besatzungszeit, in: Baring/Sase (Hg.), Zwei zaghafte Riesen?, S. 161–192
Glaubitz, Joachim, Japan und China. Zwischen Mißtrauen und Kooperation, in: Manfred Pohl/Hans Jürgen Mayer (Hg.), Länderbericht Japan. Geographie, Geschichte, Politik, Wirtschaft, Gesellschaft, Kultur, Bonn ²1998, S. 195–210
Gluck, Carol, The Past in the Present, in: Andrew Gordon (Hg.), Postwar Japan as History, Berkeley u.a. 1993, S. 64–95
Gluck, Carol, Das Ende der „Nachkriegszeit": Japan vor der Jahrtausendwende, in: Irmela Hijiya-Kirschnereit (Hg.), Überwindung der Moderne? Japan am Ende des 20. Jahrhunderts, Frankfurt a.M. 1996, S. 57–85
Gordon, Andrew, Postwar Japan as History, Berkeley u.a. 1993
Goschler, Constantin, Wiedergutmachung. Westdeutschland und die Verfolgten des Nationalsozialismus (1945–1954), München 1992
Graml, Hermann, Die verdrängte Auseinandersetzung mit der NS-Vergangenheit, in: Martin Broszat (Hg.), Zäsuren nach 1945, München 1990, S. 169–183
Grass, Günter, Im Krebsgang, Göttingen 2002
Greschat, Martin (Hg.), Die Schuld der Kirche. Dokumente und Reflexionen zur Stuttgarter Schulderklärung vom 18./19. Oktober 1945, München 1982
Greve, Michael, Der justitielle und rechtspolitische Umgang mit den NS-Gewaltverbrechen in den sechziger Jahren, Frankfurt a.M. 2001
Grosser, Alfred, Ermordung der Menschheit. Der Genozid im Gedächtnis der Völker, München/Wien 1990
Gruhl, Werner, The Great Asian-Pacific Crescent of Pain: Japan's War from Manchuria to Hiroshima, 1931 to 1945, in: Peter Li, The Search for Justice. Japanese War Crimes, New Brunswick/London 2003, S. 243–258
Haasch, Günther, Japan. Eine politische Landeskunde (hg. von der Landeszentrale für politische Bildungsarbeit Berlin), Berlin 1973
Haasch, Günther, Die Religionen des heutigen Japan, in: Wolfgang Greive/Meinfried Striegnitz, Religion in Japan und in der Bundesrepublik Deutschland. Ihre Rolle und Bedeutung in Wirtschaft und Gesellschaft, (Loccumer Protokolle), Loccum 1992, S. 33–48
Haasch, Günther, Bildung und Erziehung in Japan. Ein Handbuch zur Geschichte, Philoso-

phie, Politik und Organisation des japanischen Bildungssystems von den Anfängen bis zur Gegenwart, Berlin 2000

Hachmeister, Lutz, Ein deutsches Nachrichtenmagazin. Der frühe „Spiegel" und sein NS-Personal, in: Lutz Hachmeister/Friedemann Siering (Hg.), Die Herren Journalisten. Die Elite der deutschen Presse nach 1945, München 2002, S. 87–120

Hall, Whitney, A Monarch for Modern Japan, in: Robert E. Ward, Political Development in Modern Japan, Princeton 1968, S. 11–64

Halliday, Fred, Students of the World Unite, in: Alexander Cockburn/Robin Blackburn, Student Power. Problems, Diagnosis, Action, Middlesex u. a. 1969, S. 288–326

Halliday, John, Japan unter amerikanischer Besatzung: „Zwischenspiel" und Neuordnung, in: Ulrich Menzel (Hg.), Im Schatten des Siegers, Bd. 2, Staat und Gesellschaft, Frankfurt a. M. 1989, S. 99–185

Hammerschmidt, Helmut/Michael Mansfeld, Der Kurs ist falsch, Wien u. a. 1956

Hansen, Niels, Aus dem Schatten der Katastrophe. Die deutsch-israelischen Beziehungen in der Ära Konrad Adenauer und David Ben Gurion. Ein dokumentierter Bericht, Düsseldorf 2002

Harada Hisato, The Anti-Ampo-Struggle. Zengakuren: Japan's Revolutionary Students, Berkeley 1970

Hardacre, Helen, Shintô and the State, 1868–1988, Princeton/London 1989

Harries, Meirion und Susie, Sheathing the Sword: The Demilitarization of Postwar Japan, New York 1987

Harris, Sheldon H., Factories of Death. Japanese Biological Warfare 1932–45 and the American Cover-Up, London u. a. 1994

Hartmann, Christian, Verbrecherischer Krieg – verbrecherische Wehrmacht? Überlegungen zur Struktur des deutschen Ostheeres 1941–1944, in: VfZ 52 (2004), S. 1–75

Hartmann, Jürgen, Politik und Gesellschaft in Japan, USA, Westeuropa. Ein einführender Vergleich, Frankfurt a. M./New York 1983

Hartmann, Rudolf, Der Streit um die Kurilen. Eine historische Sicht, in: ZfG 40 II (1992), S. 750–760

Hartmann, Rudolf, Geschichte des modernen Japan. Von Meiji bis Heisei, Berlin 1996

Harvard Encyclopedia of American Ethnic Groups, hg. von Stephan Thernstrom, Cambridge u. a. 1980

Hata Ikuhiko, Japan unter amerikanischer Besatzung, in: Baring/Sase (Hg.), Zwei zaghafte Riesen, S. 193–227

Haupt, Heinz-Gerhard/Jürgen Kocka, Historischer Vergleich: Methoden, Aufgaben, Probleme. Eine Einleitung, in: Dies. (Hg.), Geschichte und Vergleich. Ansätze und Ergebnisse international vergleichender Geschichtsschreibung, Frankfurt a. M./New York 1996, S. 9–45

Hehl, Ulrich von, Kampf um die Deutung. Der Nationalsozialismus zwischen „Vergangenheitsbewältigung", Historisierungspostulat und „neuer Unbefangenheit", in: HJB 117 (1997), S. 406–436

Heidtmann, Günther, Hat die Kirche geschwiegen? Das öffentliche Wort der evangelischen Kirche aus den Jahren 1945–64, Berlin ³1964

Heimpel, Hermann, Über Geschichte und Geschichtswissenschaft in unserer Zeit, Göttingen 1959

Henke, Klaus-Dietmar, Die Trennung vom Nationalsozialismus. Selbstzerstörung, politische Säuberung, „Entnazifizierung", Strafverfolgung, in: Ders. und Hans Woller (Hg.), Politische Säuberung in Europa. Die Abrechnung mit Faschismus und Kollaboration nach dem Zweiten Weltkrieg, München 1991, S. 21–83

Hentschke, Felicitas, Demokratisierung als Ziel der amerikanischen Besatzungspolitik in Deutschland und Japan, 1943–1947, Hamburg 2001

Herbert, Ulrich, Best. Biographische Studien über Radikalismus, Weltanschauung und Vernunft. 1903–1989, Bonn ²1996

Herbert, Ulrich, Legt die Plakate nieder, ihr Streiter für die Gerechtigkeit, in: Frankfurter Allgemeine Zeitung, v. 29. Januar 2001

Herbert, Ulrich (Hg.), Wandlungsprozesse in Westdeutschland. Belastung, Integration, Liberalisierung 1945–1980, Göttingen 2002

Herbert, Ulrich, Liberalisierung als Lernprozeß. Die Bundesrepublik in der deutschen Geschichte – eine Skizze, in: Ders. (Hg.),Wandlungsprozesse, S. 7–49
Herbert, Ulrich, NS-Eliten in der Bundesrepublik, in: Wilfried Loth/Bernd-A. Rusinek (Hg.), Verwandlungspolitik. NS-Eliten in der westdeutschen Nachkriegsgesellschaft, Frankfurt a. M./New York 1998, S. 93–115
Herbst, Ludolf/Constantin Goschler (Hg.), Wiedergutmachung in der Bundesrepublik Deutschland, München 1989
Herde, Peter, Großostasiatische Wohlstandssphäre. Die japanische Besatzungspolitik auf den Philippinen und in Indonesien im Zweiten Weltkrieg und ihre Folgen, Stuttgart 2002
Herf, Jeffrey, Demokratie auf dem Prüfstand. Politische Kultur, Machtpolitik und die Nachrüstungskrise in Westdeutschland, in: VfZ 40 (1992), S. 1–28
Herf, Jeffrey, Die Appeaser. Schröder und Fischer haben nichts gelernt, in: Frankfurter Allgemeine Zeitung, v. 11. Februar 2003
Herzog, Peter J., Japan's Pseudo-Democracy, Sandgate/Folkstone 1993
Hertzberg, Arthur, Shalom, America! Die Geschichte der Juden in der Neuen Welt, München 1992
Hettler, Friedrich Hermann, Josef Müller („Ochsensepp"). Mann des Widerstandes und erster CSU-Vorsitzender, München 1991
Heuss, Theodor, Die großen Reden, Tübingen 1965
Hewes, Laurence I. Jr., Japan – Land and men. An account of the Japanese Land Reform Program 1945–51, Westport 1955
Hicks, George, The Comfort Women: Sex Slaves of the Japanese Imperial Forces, St. Leonhards 1995
Hicks, George, Japan's War Memories. Amnesia or concealment?, Aldershot u. a. 1998
Hildebrand, Klaus, Von Erhard zur Großen Koalition 1963–1969, Stuttgart/Wiesbaden 1984
Hijiya-Kirschnereit, Irmela, Post-World War II Literature: the Intellectual Climate in Japan, 1945–1985, in: Ernestine Schlant/J. Thomas Rimer, Legacies and Ambiguities. Postwar Fiction and Culture in West Germany and Japan, Washington D.C. 1991, S. 99–119
Hijiya-Kirschnereit, Irmela, „Nanking" in der japanischen Literatur, in: DIJ Newsletter, Oktober 1997, S. 1–2
Hijiya-Kirschnereit, Irmela, „Kriegsschuld, Nachkriegsschuld". Vergangenheitsbewältigung in Japan, in: Helmut König/Michael Kohlstruck/Andreas Wöll (Hg.), Vergangenheitsbewältigung am Ende des 20. Jahrhunderts (Leviathan Sonderheft 18/1998), S. 327–349
Hirsch, Helga, Flucht und Vertreibung. Kollektive Erinnerung im Wandel, in: APuZ B 40–41/2003, S. 14–26
Hockerts, Hans Günter, Zugänge zur Zeitgeschichte. Primärerfahrung, Erinnerungskultur, Geschichtswissenschaft, in: APuZ B 28/2001, S. 15–30
Hockerts, Hans Günter, Wiedergutmachung in Deutschland. Eine historische Bilanz 1945–2000, in: VfZ 49 (2001), S. 167–214
Hodenberg, Christina von, Die Journalisten und der Aufbruch zur kritischen Öffentlichkeit, in: Herbert (Hg.), Wandlungsprozesse, S. 278–311
Hoffmann, Christa, Stunden Null? Vergangenheitsbewältigung in Deutschland 1945 und 1989, Bonn/Berlin 1992
Hogan, Michel J. (Hg.), Hiroshima in History and Memory, Cambridge 1996
Holtschneider, K. Hannah, German Protestants remember the Holocaust. Theology and the Construction of Collective Memory, Münster u. a. 2001
Honda Katsuichi, The Nanjing Massacre. A Japanese Journalist Confronts Japan's National Shame, New York/London 1999
Hosokawa, Bill, Nisei: The Quiet Americans, New York 1969
Ida Makato, Strafverfolgung und Schuldauffassung der Japaner – ein Beitrag zur Kriegsschulddiskussion in Japan, in: Marxen/Miyazawa/Werle, Der Umgang mit Kriegs- und Besatzungsunrecht, S. 103–114
Ienaga Saburô, The Pacific War. World War II and the Japanese, 1931–1945, New York 1978
Igarashi Yoshikuni, Bodies of Memory. Narratives of War in Postwar Japanese Culture, 1945–1970, Princeton/Oxford 2000
Igari Hiromi, Die Schulbuchkontroverse um die Geschichtsdarstellung in Japan, in: Jahrbuch für Antisemitismusforschung 9 (2000), S. 270–280

Iritani Toshio, Group Psychology of the Japanese in Wartime, London 1991
Irije Akira/Warren I. Cohen (Hg.), The United States and Japan in the Postwar World, Lexington 1989
Ishida Takeshi, Japanese Political Culture. Change and Continuity, New Brunswick/London 1983
Ishida Takeshi/Ellis S. Krauss, Democracy in Japan, Pittsburgh 1989
Ishida Yuji, Der „totale Krieg" und die Verbrechen des japanischen Militärs 1931–1945, in: ZfG 47 I (1999), S. 430–444
Ishida Yuji, Die japanischen Kriegsverbrechen in China 1931–1945, in: Wolfram Wette/Gerd R. Ueberschaer (Hg.), Kriegsverbrechen im 20. Jahrhundert, Darmstadt 2001, S. 327–342
Ishida Yuji, Das Massaker von Nanking und die japanische Öffentlichkeit, in: Cornelißen/Klinkhammer/Schwentker (Hg.), Erinnerungskulturen, S. 233–242
Iwabuchi Tatsuji, Die Vergangenheitsbewältigung und die japanische Literatur, München 1997
Jäger, Lorenz, Das Leid, der Kitsch und das Geld. Norman G. Finkelsteins Angriff auf die „Holocaust-Industrie": Kam die Wiedergutmachung den Überlebenden zugute?, in: Frankfurter Allgemeine Zeitung, v. 14. August 2000
Jahrbuch des öffentlichen Rechts der Gegenwart, Neue Folge/Bd. 1, hg. von Gerhard Leibholz u. Hermann v. Mangoldt, Tübingen 1951
Japanologie an deutschsprachigen Universitäten, zusammengestellt von Klaus Kracht, Wiesbaden 1990
Jaspers, Karl, Die Schuldfrage, Heidelberg 1946
Jelinek, Yeshayahu A., Deutschland und Israel 1945–1965. Ein neurotisches Verhältnis, München 2004
Jesse, Eckhard, Lesebuch zur Demokratiegründung im Westen Deutschlands nach 1945: kundig, nüchtern und angemessen ambivalent, (Rezension) in: Zeitschrift für Parlamentsfragen, 3/1996, S. 528–530
Junker, Detlef, Die Amerikanisierung des Holocaust. Über die Möglichkeit, das Böse zu externalisieren und die eigene Mission fortwährend zu erneuern, in: Frankfurter Allgemeine Zeitung, v. 9. September 2000
Kapur, Harish, Chine – Japon : processus de normalisation et de rapprochement, in : Relations internationales 26 (1981), S. 185–197
Kastner, Klaus, Von den Siegern zur Rechenschaft gezogen. Die Nürnberger Prozesse, Nürnberg 2001
Kawai Kazuo, Japan's American Interlude, Chicago 1960
Kawasaki Ichiro, Japan Unmasked, Tokio 1969
Kawashima Takeyoshi, Die familiale Struktur der japanischen Gesellschaft, in: Karl Friedrich Zahl (Hg.), Japan ohne Mythos. Zehn kritische Essays aus japanischer Feder. 1946–1963 (zuerst erschienen in Sekai, Mai 1946), München 1988, S. 60–81
Kevenhörster, Paul, Das politische System Japans, Köln/Opladen 1969
Kielmansegg, Peter Graf, Lange Schatten. Vom Umgang der Deutschen mit der nationalsozialistischen Vergangenheit, Berlin 1989
Kinmonth, Earl H., Saito Takao, conservative critic of Japan's „Holy War" in China 1940, in: Journal of Japanese Studies 25 (1999), S. 331–360
Kirsch, Jan-Holger, Nationaler Mythos oder historische Trauer? Der Streit um ein zentrales „Holocaust-Mahnmal" für die Berliner Republik, Köln u.a. 2003
Kißener, Michael, Zwischen Diktatur und Demokratie. Badische Richter 1919–1952, Konstanz 2003
Kittel, Manfred, Die Legende von der „Zweiten Schuld". Vergangenheitsbewältigung in der Ära Adenauer, Berlin/Frankfurt a. M. 1993
Kittel, Manfred, Peripetie der Vergangenheitsbewältigung. Die Hakenkreuzschmierereien 1959/60 und das bundesdeutsche Verhältnis zum Nationalsozialismus, in: Historisch-Politische Mitteilungen 1 (1994), S. 49–67
Kittel, Manfred, Provinz zwischen Reich und Republik. Politische Mentalitäten in Deutschland und Frankreich 1918–1933/36, München 2000
Kittel, Manfred, Preußens Osten in der Zeitgeschichte. Nicht nur eine landeshistorische Forschungslücke, in: VfZ 50 (2002), S. 435–463

Kittel, Manfred/Daniela Neri/Thomas Raithel/Andreas Wirsching, Faktoren der Stabilität und Instabilität in der Demokratie der Zwischenkriegszeit, in: VfZ 46 (1998), S. 807–831
Kiyoshi Inoue, Geschichte Japans, Frankfurt a. M./New York 1993
Kleinmann, Hans-Otto, Kurt Georg Kiesinger, in: Zeitgeschichte in Lebensbildern, Bd. 7. Aus dem deutschen Katholizismus des 19. und 20. Jahrhunderts, hg. von Jürgen Aretz, Rudolf Morsey und Anton Rauscher, Mainz 1994, S. 245–263
Knigge, Volkhard/Norbert Frei (Hg.), Verbrechen erinnern. Die Auseinandersetzung mit Holocaust und Völkermord, München 2002
Kocka, Jürgen, Kontinuitäten und Wandlungen. Die Zäsur von 1945 in der deutschen Geschichte im Vergleich zu Japan, in: Petzina/Ruprecht (Hg.), Wendepunkt, S. 29–39
Koenen, Gerd, Das rote Jahrzehnt. Unsere kleine deutsche Kulturrevolution 1967–1977, Köln 2001
König, Helmut, Von der Diktatur zur Demokratie oder Was ist Vergangenheitsbewältigung, in: Helmut König/Michael Kohlstruck/Andreas Wöll (Hg.), Vergangenheitsbewältigung am Ende des 20. Jahrhunderts (Leviathan Sonderheft 18/1998), S. 371–392
König, Helmut, Die Zukunft der Vergangenheit. Der Nationalsozialismus im politischen Bewußtsein der Bundesrepublik, Frankfurt a. M. 2003
Konzentrationslager Bergen-Belsen. Berichte und Dokumente. Ausgewählt und kommentiert von Rolf Keller u. a., hg. von der Niedersächsischen Landeszentrale für politische Bildung, Göttingen 1995
Kornicki, Peter F., Religion in Japan. Arrows to heaven and earth, Cambridge u. a. 1996
Koshiro Yukiko, Trans-Pacific Racisms and the U.S. Occupation of Japan, New York 1999
Kosthorst, Erich, Von der „Umerziehung" über den Geschichtsverzicht zur „Tendenzwende". Selbstverständnis und öffentliche Einschätzung des Geschichtsunterrichtes in der Nachkriegszeit, in: Oswald Hauser (Hg.), Geschichte und Geschichtsbewußtsein, Göttingen/Zürich 1981
Koszyk, Kurt, Pressepolitik für Deutsche 1945–1949 (Geschichte der deutschen Presse, Teil IV), Berlin 1986
Kratoska, Paul H. (Hg.), Malaya and Singapore during the Japanese Occupation, Sondernummer des Journal of Southeast Asian Studies, Special Publications Series, No. 3 (1995)
Kratoska, Paul, Thailand-Burma Railways, London 2004
Kraushaar, Wolfgang, Die Protestchronik 1949–1959. Eine illustrierte Geschichte von Bewegung, Widerstand und Utopie, 4 Bde., Hamburg 1996
Kreiner, Josef, Religion in Japan, in: Manfred Pohl (Hg.), Japan, Stuttgart/Wien 1986, S. 378–392
Kreiner, Josef, The Impact of Traditional Thought on Present Day Japan, München 1993
Kreiner, Josef, Religionen heute, in: Manfred Pohl/Hans Jürgen Mayer (Hg.), Länderbericht Japan, Bonn ²1998, S. 525–529
Krauss, Ellis S., Japanese Radicals Revisited. Student Protest in Postwar Japan, Berkeley u. a. 1974
Kritzer, Peter, Wilhelm Hoegner. Politische Biographie eines bayerischen Sozialdemokraten, München 1979
Kroegel, Dirk, Einen Anfang finden! Kurt Georg Kiesinger in der Außen- und Deutschlandpolitik der Großen Koalition, München 1997
Kuhn, Dieter, Der Zweite Weltkrieg in China, Berlin 1999
Kurozawa Fumitaka, Das System von 1940 und das Problem der politischen Führung in Japan, in: ZfG 47 I (1999), S. 130–152
Lafontaine, Oskar, Die Gesellschaft der Zukunft, Hamburg 1988
Lang Francis, Timothy, To dispose of prisoners: The Japanese executions of the American Aircrew at Fukuoka, Japan, during 1945, in: Pacific Historical Review Nr. 66 (1997), S. 469–501
Leckie, Robert, Delivered from Evil: The Saga of the World War II, New York 1987
Lee Chong-Sik, Japan and Korea: The Political Dimension, Stanford 1985
Lemke, Michael, SED-Kampagnen gegen Bonn. Die Systemkrise der DDR und die West-Propaganda der SED 1960–1963, in: VfZ 41 (1993), S. 153–174
Lewis, John R., Uncertain Judgement: a Bibliographie of War Crimes Trials, Santa Barbara, Calif./Oxford 1979
Li, Peter (Hg.), The Search for Justice. Japanese War Crimes, New Brunswick/London 2003

Lins, Ulrich, Die Ômoto-Bewegung und der radikale Nationalismus in Japan, München/Wien 1976

Livingston, John/Joe Moore/Felicia Oldfather (Hg.), The Japan Reader 2: Postwar Japan. 1945 to the Present, New York 1973

Lokowandt, Ernst, Zum Verhältnis von Staat und Shintô im heutigen Japan, Wiesbaden 1981

Lokowandt, Ernst, Shintô. Eine Einführung, München 2001

Lourdes Martínez, Maria, Zwangsprostitution und Entschädigung. Zur Diskussion über die ‚Trostfrauen' in Japan, in: Conrad (Hg.), Geschichtspolitik in Japan, S. 26–41

Lübbe, Hermann, Der Mythos der „kritischen Generation". Ein Rückblick, in: APuZ B 20/1988, S. 17–25

Lüth, Erich, Ein Hamburger schwimmt gegen den Strom, Hamburg 1981

Lyman, Stanford M., Chinese Americans, New York 1974

MacArthur, Douglas, Reminiscences, New York 1964

McCormack, Gavan/Hank Nelson (Hg.), The Burma-Thailand Railway. Memory and History, St. Leonards 1993

McCormack, Gavan, Reflections on Modern Japanese History in the Context of the Concept of Genocide, in: Robert Gellately/Ben Kiernan, The Specter of Genocide. Mass Murder in Historical Perspective, Cambridge 2003, S. 265–286

McKee, Alexander, Dresden 1945. Das deutsche Hiroshima, Wien u. a. 1983

Maier, Charles S., Foreword, in: Joshua A. Fogel (Hg.), The Nanjing Massacre in History and Historiography, Berkeley u. a. 2000, S. VII–XVI

Makino, Uwe, Terror als Eroberungs- und Herrschaftstechnik. Zu den japanischen Verbrechen in Nanking 1937/38, in: Wolfram Wette/Gerd R. Ueberschaer (Hg.), Kriegsverbrechen im 20. Jahrhundert, Darmstadt 2001, S. 343–355

Manske, Gisela, Verbrechen gegen die Menschlichkeit als Verbrechen an der Menschheit. Zu einem zentralen Begriff der internationalen Strafgerichtsbarkeit, Berlin 2003

Marcuse, Harold, Das ehemalige Konzentrationslager Dachau. Der mühevolle Weg zur Gedenkstätte 1945–1968, in: Dachauer Hefte 6 (1990), S. 182–205

Marcuse, Harold, The Revival of Holocaust Awareness in West Germany, Israel, and the United States, in: Carole Fink/Philipp Gassert/Detlef Junker (Hg.), 1968: The world transformed, Cambridge u. a. 1999, S. 421–438

Marcuse, Harold, Legacies of Dachau. The Uses and Abuses of a Concentration Camp 1933–2000, Cambridge 2001

Marten, Heinz-Georg, Der niedersächsische Ministersturz. Protest und Widerstand der Georg-August-Universität Göttingen gegen den Kultusminister Schlüter im Jahre 1955, Göttingen 1987

Martin, Bernd, Restauration – Die Bewältigung der Vergangenheit in Japan, in: Zeitschrift für Politik 17 (1970), S. 153–170

Martin, Bernd, Japan und der Krieg in Ostasien. Kommentierender Bericht über das Schrifttum, in: HZ, Sonderheft 8, Literaturbericht zur Geschichte Chinas und zur japanischen Zeitgeschichte, München 1980, S. 79–220

Martin, Bernd, Japans Weg in die Moderne. Ein Sonderweg nach deutschem Vorbild?, Frankfurt a. M. 1987

Martin, Bernd, Japan and Germany in the Modern world, Providence/Oxford 1995

Maruyama Masao, Thought and Behaviour in Modern Japanese Politics, Oxford 1963

Maruyama Masao, Logik und Psyche des Ultranationalismus, in: Karl Friedrich Zahl (Hg.), Japan ohne Mythos. Zehn kritische Essays aus japanischer Feder. 1946–1963 (zuerst erschienen in Sekai, Mai 1946), München 1988, S. 37–59

Marxen, Klaus/Kôichi Miyazawa/Gerhard Werle (Hg.), Der Umgang mit Kriegs- und Besatzungsunrecht in Japan und Deutschland, Berlin 2001

Masumi Junnosuke, Postwar Politics in Japan, 1945–1955, Berkely 1985

Matz, Klaus-Jürgen, Reinhold Maier 1889–1971. Eine politische Biographie, Düsseldorf 1989

Meier, Christian, Erinnern – Verdrängen – Vergessen, in: Merkur 50 (1996), S. 937–952

Mendelsohn, John, War Crimes Trials and Clemency in Germany and Japan, in: Wolfe (Hg.), Americans as Proconsuls, S. 226–259

Menzel, Ulrich (Hg.), Im Schatten des Siegers: Japan. Bd. 1, Kultur und Gesellschaft, Frankfurt a. M. 1989

Meyer-Seitz, Christian, Die Verfolgung von NS-Straftaten in der sowjetischen Besatzungszone, Berlin 1998
Mielcke, Karl, 1917–1945 in den Geschichtsbüchern der Bundesrepublik (hg. von der Niedersächsischen Landeszentrale für Politische Bildung), Hannover 1961
Minear, Richard H., Victor's Justice. The Tokyo War Crimes Trial, Princeton/New Jersey 1971
Minear, Richard H., Atomic Holocaust, Nazi holocaust: Some reflections, in: Diplomatic History 19 (1995), S. 347–364
Mishima Ken'ichi, Mauer in der und gegen die Öffentlichkeit? Die Kriegs- und Besatzungsverbrechen im Bewußtsein der japanischen Öffentlichkeit, in: Marxen/Miyazwa/Werle, Der Umgang mit Kriegs- und Besatzungsunrecht, S. 115–129
Mishima Ken'ichi, Generationswechsel und Erinnerungskulturen in Japan, in: Cornelißen/Klinkhammer/Schwentker (Hg.), Erinnerungskulturen, S. 344–358
Mitchell, Richard H., Thought Control in Prewar Japan, London 1976
Mitscherlich, Alexander u. Margarete, Die Unfähigkeit zu trauern, München 1967
Mitscherlich, Alexander/Fred Mielke (Hg.), Medizin ohne Menschlichkeit. Dokumente der Nürnberger Ärzteprozesse, Frankfurt a. M. 1989
Miyaoka Isao, Foreign Pressure and the Japanese Policymaking Process: A Theoretical Framework (University of Tokyo. Institute for Social Science. Discussion Paper Series F-62), Tokyo 1997
Miyazawa Kôichi, Rechtsprobleme der Kriegsverbrecherprozesse, in: Marxen/Miyazawa/Werle, Der Umgang mit Kriegs- und Besatzungsunrecht, S. 23–38
Möller, Horst, Schuld und Verhängnis in der jüngsten deutschen Geschichte – Verengungen unseres Geschichtsbewußtseins, in: Heimat – Tradition – Geschichtsbewußtsein, hg. von Klaus Weigelt, Mainz 1986, S. 217–237
Mommsen, Hans, Neues Geschichtsbewußtsein und Relativierung des Nationalsozialismus, in: „Historikerstreit". Die Dokumentation der Kontroverse um die Einzigartigkeit der nationalsozialistischen Judenvernichtung, München/Zürich 1987, S. 174–188
Montgomery, John D., Forced to be Free. The Artificial Revolution in Germany and Japan, Chicago 1957
Munro-Leighton, Judith, The Tokyo Surrender. A diplomatic marathon in Washington, August 10–14 1945, in: Pacific Historical Review 65 (1996), S. 455–473
Murakami Kiriko, Bleibt Deutschland weiterhin Japans Modell? Zur Vergangenheitsbewältigung in Japan auf dem Hintergrund der deutsch-japanischen Beziehungen (Gekürzte Fassung eines Manuskriptes, das die Tokioter Germanistikprofessorin Murakami 1997 an der Universität Augsburg vorgetragen hat, in: www.presse.uni-augsburg.de/unipress/up199801/artikel_22.html, 11.02.03)
Musial, Bogdan, NS-Kriegsverbrecher vor polnischen Gerichten, in: VfZ 47 (1999), S. 25–56
Nakai Akio, Die „Entmilitarisierung" Japans und die „Entnazifizierung" Deutschlands nach 1945 im Vergleich, in: Beiträge zur Konfliktforschung 18 (1988), Bd. 2, S. 5–21
Niethammer, Lutz, Entnazifizierung in Bayern. Säuberung und Rehabilitierung unter amerikanischer Besatzung, Frankfurt a. M. 1972
Nishi Toshio, Unconditional Democracy. Education and Politics in occupied Japan 1945–1952, Stanford, California 1982
Noelle, Elisabeth/Erich Peter Neumann (Hg.), Jahrbuch der öffentlichen Meinung 1958–1964, Allensbach/Bonn 1965
Noelle, Elisabeth/Erich Peter Neumann (Hg.), Jahrbuch der öffentlichen Meinung 1965–1967, Allensbach/Bonn 1967
Noelle, Elisabeth/Erich Peter Neumann (Hg.), Jahrbuch der öffentlichen Meinung 1968–1973, Allensbach/Bonn 1974
Nora, Pierre, Zwischen Geschichte und Gedächtnis, Berlin 1990
Norbeck, Edward, Religion and Society in Modern Japan. Continuity and Change, Houston 1970
Novick, Peter, Nach dem Holocaust. Der Umgang mit dem Massenmord, Stuttgart/München 1999
Nowak, Kurt, Vergangenheit und Schuld – Kommentar zum Beitrag von Dan Diner, in: Claudia Lepp/Kurt Nowak (Hg.), Evangelische Kirche im geteilten Deutschland (1945–1989/90), Göttingen 2001, S. 117–134

Olson, Lawrence, Japan in Postwar Asia, New York u. a. 1970

Osten, Philipp, Die japanische Strafrechtswissenschaft und der Tokioter Kriegsverbrecherprozeß, in: Marxen/Miyazawa/Werle, Der Umgang mit Kriegs- und Besatzungsunrecht, S. 89–102

Osterhammel, Jürgen, Transkulturell vergleichende Geschichtswissenschaft, in: Heinz-Gerhard Haupt/Jürgen Kocka (Hg.), Geschichte und Vergleich. Ansätze und Ergebnisse international vergleichender Geschichtsschreibung, Frankfurt a. M. 1996, S. 271–313

Packard, George R., Protest in Tokyo: The Security Treaty Crisis of 1960, Princeton, N.J. 1966

Paik, Kyung Nam, Korea und Japan im Kräftefeld des Nord-West-Pazifik. Zur Entstehung und Problematik des koreanisch-japanischen Normalisierungsvertrags von 1965, München 1978

Paul, Christa, Zwangsprostitution. Staatlich errichtete Bordelle im Nationalsozialismus, Berlin 1994

Pauli, Gerhard, Die Zentrale Stelle der Landesjustizverwaltung zur Verfolgung nationalsozialistischer Gewaltverbrechen in Ludwigsburg – Entstehung und frühe Praxis, in: Juristische Zeitgeschichte Nordrhein-Westfalen, Bd. 9, Die Zentralstellen zur Verfolgung nationalsozialistischer Gewaltverbrechen – Versuch einer Bilanz. Hg. vom Justizministerium des Landes NRW, Düsseldorf 2001, S. 45–62

Pempel, T. John, Patterns of Japanese Policymaking. Experiences from Higher Education, Boulder/Colorado, 1978

Pempel, T. John, Policy and Politics in Japan. Creative Conservatism, Philadelphia 1982

Petersen, Susanne, Die Schulbuchprozesse: Geschichtspolitik in japanischen Schulbüchern, in: Conrad (Hg.), Geschichtspolitik in Japan, S. 59–82

Petzina, Dietmar/Ronald Ruprecht (Hg.), Wendepunkt 1945? Kontinuität und Neubeginn in Deutschland und Japan nach dem 2. Weltkrieg, Bochum 1992

Pfeil, Ulrich, Kampf um Geschichtsbilder – „1968" in Deutschland, in: Revue d' Allemagne et des pays de langue allemande, T. 35, 2–2003, S. 241–259

Pfeil, Beate Sibylle, Das Zentrum gegen Vertreibungen. Information und Kommentar, in: Europa ethnica. Zeitschrift für Minderheitenfragen 60 (2003), S. 123–124

Piper, Ernst (Hg. unter Mitarbeit von Usha Swamy), Gibt es wirklich eine Holocaust-Industrie? Zur Auseinandersetzung um Norman Finkelstein, Zürich/München 2001

Pharr, Susan J./Ellis Krauss (Hg.), Media and Politics in Japan, Honolulu 1996

Plitsch-Kußmaul, Kirsten, Die Entstehung und Ausprägung der Mediensysteme in Japan und der Bundesrepublik Deutschland. Ein Strukturvergleich 1945–1990, Neuried 1995

Political Reorientation of Japan. September 1945 to September 1948, hg. vom General Headquarter, Supreme Commander for the Allied Powers, Report of the Government Section, (2 vols) Washington 1949

Pohl, Dieter, Verfolgung und Massenmord in der NS-Zeit 1933–1945, Darmstadt 2003

Pohl, Manfred, Die Kommunistische Partei Japans. Ein Weg ohne Peking und Moskau, Hamburg 1976

Pohl, Manfred, Presse und Politik in Japan. Die politische Rolle der japanischen Tageszeitung, Hamburg 1981

Pritchard, John R., The Tokyo War Crimes Trial. 22 vols, New York 1981

Pronay, Nicholas/Keith Wilson, The Political Re-Education of Germany and her Allies After World War II, London/Sydney 1985

Pross, Christian, Wiedergutmachung. Der Kleinkrieg gegen die Opfer, Frankfurt a. M. 1988

Prozessmaterialien in der Strafsache gegen ehemalige Angehörige der japanischen Armee wegen Vorbereitung und Anwendung der Bakterienwaffe, Moskau 1950

Quigley, Harold S./John E. Turner, The New Japan: Government and Politics, Minneapolis 1956

Reader, Ian, Religion in Contemporary Japan, Honolulu 1991

Rees, Laurence, Horror in the East, London 2001

Reichel, Peter, Politik mit der Erinnerung. Gedächtnisorte im Streit um die nationalsozialistische Vergangenheit, München/Wien 1995

Reichel, Peter, Vergangenheitsbewältigung in Deutschland. Die Auseinandersetzung mit der NS-Diktatur von 1945 bis heute, München 2001

Rhode, Gotthold, Brief an Bischof Lilje. Anmerkungen zur Diskussion um eine Denkschrift, in: Die politische Meinung 11 (1966), Heft 112, S. 15–30

Richter, Steffi/Wolfgang Höpken (Hg.), Vergangenheit im Gesellschaftskonflikt. Ein Historikerstreit in Japan, Köln u. a. 2003

Rippley, LaVern J., The German-Americans, Boston 1976

Röhl, Wilhelm, Die japanische Verfassung, Frankfurt a. M./Berlin 1963

Röling, Bernard Victor Aloysius, Introduction, in: Chihiro Hosoya u. a. (Hg.), The Tokyo War Crimes Trial. An International Symposium, Tokyo 1986, S. 15–27

Röling, Bernard Victor Aloysius/C.F. Rüter (Hg.), The Tokyo Judgement. The International Military Tribunal for the Far East (I.M.T.F.E..) 29 April 1946–12 November 1948, 3 Volumes, Amsterdam 1977

Röling, Bernard Victor Aloysius/Antonio Cassese, The Tokyo Trial and Beyond. Reflections of a Peacemonger, Cambridge 1993

Rosenzweig, Beate, Erziehung zur Demokratie. Amerikanische Besatzungs- und Schulreformpolitik in Deutschland und Japan, Stuttgart 1998

Rudolph, Hartmut, Evangelische Kirche und Vertriebene, Bd. II: Kirche in der neuen Heimat, Göttingen 1985

Rückerl, Adalbert, Die Strafverfolgung von NS-Verbrechen. Eine Dokumentation, Heidelberg/Karlsruhe 1979

Russel, Edward Frederic Langley, The Knights of Bushido: The Shocking History of Japanese War Atrocities, New York 1958 (Titel der englischen Ausgabe: The Knights of Bushido. A Short History of Japanese War Crimes, London 1958)

Rustmeier, Walther, „Sünde und Schuld", in: Weltkirchenlexikon, Stuttgart 1960, S. 1411–1415

Saathoff, Günter, Die politischen Auseinandersetzungen über die Entschädigung von NS-Zwangsarbeit im Deutschen Bundestag – politische und rechtliche Aspekte, in: Klaus Barwig/Günter Saathoff/Nicole Weyde (Hg.), Entschädigung für NS-Zwangsarbeit. Rechtliche, historische und politische Aspekte, Baden-Baden 1998, S. 49–63

Sato Takeo, Japan und der Zweite Weltkrieg, in: Knigge/Frei, Verbrechen erinnern, S. 124–131

Sauerland, Thomas, Der russisch-japanische Territorialstreit in völkerrechtlicher Hinsicht, Köln 1998

Schaller, Michael, The American Occupation of Japan: The Origins of the Cold War, New York 1985

Scharlau, Winfried, Der General und der Kaiser. Die amerikanische Besatzung Japans 1945–1953, Bremen 2003

Scheffer, Paul, Das Vertrauenskapital schwindet. Die Walser-Bubis-Kontroverse zeigt, daß die Zeit der Vormundschaft über Deutschland vorbei ist, in: Frankfurter Allgemeine Zeitung, v. 12. Dezember 1998

Schieder, Wolfgang, Kriegsregime des 20. Jahrhunderts. Deutschland, Italien und Japan im Vergleich, in: Cornelißen/Klinkhammer/Schwentker (Hg.), Erinnerungskulturen, S. 28–48

Schildt, Axel, Der Umgang mit der NS-Vergangenheit in der Öffentlichkeit der Nachkriegszeit, in: Wilfried Loth/Bernd-A. Rusinek (Hg.), Verwandlungspolitik. NS-Eliten in der westdeutschen Nachkriegsgesellschaft, Frankfurt a. M./New York 1998, S. 19–54

Schildt, Axel, Ankunft im Westen. Ein Essay zur Erfolgsgeschichte der Bundesrepublik, Frankfurt a. M. 1999

Schlemmer, Thomas, Grenzen der Integration. Die CSU und der Umgang mit der nationalsozialistischen Vergangenheit, in: VfZ 48 (2000), S. 675–742

Schneider, Michael, Demokratie in Gefahr? Der Konflikt um die Notstandsgesetze: Sozialdemokratie, Gewerkschaften und intellektueller Protest (1958–1968), Bonn 1986

Schneider, Wolfgang, Wir kneten ein KZ. Aufsätze über Deutschlands Standortvorteil bei der Bewältigung der Vergangenheit, Hamburg 2000

Schöllgen, Gregor, Der Auftritt. Deutschlands Rückkehr auf die Weltbühne, Berlin 2003

Schuster, Armin, Die Entnazifizierung in Hessen 1945–1954. Vergangenheitspolitik in der Nachkriegszeit, Wiesbaden 1999

Schwade, Arcadio, Die staatliche Religionspolitik und der Einfluß der religiösen Gruppen, in: Klaus Kracht (Hg.), Japan nach 1945. Beiträge zur Kultur und Gesellschaft, Wiesbaden 1979, S. 56–69

Schwarz, Hans-Peter, Die Ära Adenauer. Gründerjahre der Republik 1949–1957, Stuttgart 1981
Schwarz, Hans-Peter, Die Ära Adenauer. Epochenwechsel 1957–1963, Stuttgart 1983
Schwarz, Hans-Peter, Adenauer – Der Staatsmann 1952–1967, Stuttgart 1991
Schwentker, Wolfgang, Täter oder Opfer? Schuldfrage, atomarer Schrecken und nationale Identität in Japan 1945–1995, in: Holger Afflerbach/Christoph Cornelißen (Hg.), Sieger und Besiegte. Materielle und ideelle Neuorientierungen nach 1945, Tübingen/Basel 1997, S. 141–163
Schwentker, Wolfgang, Die Grenzen der Entzauberung. Zur Rolle des Tennô in Staat und Gesellschaft Japans nach 1945, in: Cornelißen/Klinkhammer/Schwentker (Hg.), Erinnerungskulturen, S. 123–136
Seiffert, Hubertus, Die Reparationen Japans. Ein Beitrag zum Wandel des Reparationsproblems und zur wirtschaftlichen Entwicklung Japans nach 1945, Opladen 1971
Seifert, Wolfgang, Nationalismus im Nachkriegs-Japan. Ein Beitrag zur Ideologie der völkischen Nationalisten, Hamburg 1977
Seraphim, Franziska, Der Zweite Weltkrieg im öffentlichen Gedächtnis Japans: Die Debatte zum fünfzigsten Jahrestag der Kapitulation, in: Irmela Hijiya-Kirschnereit (Hg.), Überwindung der Moderne? Japan am Ende des 20. Jahrhunderts, Frankfurt a. M. 1996, S. 26–56
Seraphim, Franziska, Im Dialog mit den Kriegstoten: Erinnerungspolitik zwischen Nationalismus und Pazifismus, in: Conrad (Hg.), Geschichtspolitik in Japan, S. 12–25
Shafir, Shlomo, Die Rolle der Amerikanisch-Jüdischen Organisationen im trilateralen Verhältnis, in: Helmut Hubel (Hg.), Die trilateralen Beziehungen zwischen Deutschland, Israel und den USA, Erfurt 2001
Shigemitsu Mamoru, Die Schicksalsjahre Japans. Vom Ersten bis zum Ende des Zweiten Weltkrieges 1920–1945, Frankfurt a. M. 1959
Shingo Shimada, Formen der Erinnerungsarbeit: Gedenken der Toten und Geschichtsdiskurs in Japan, in: Geschichtsdiskurs, Bd. 5., Globale Konflikte, Erinnerungsarbeit und Neuorientierungen seit 1945, hg. von Wolfgang Küttler, Jörn Rüsen u. Ernst Schulin in Verbindung mit Gangolf Hübinger, Jürgen Osterhammel und Lutz Raphael, Frankfurt a. M. 1999. S. 30–45
Shiroyama Saburô, War Criminal. The life and Death of Hirota Kôki, Tokyo u. a. 1977
Smith, Warren W., Confucianism in Modern Japan – A Study of Conservatism in Japanese Intellectual history, Tokyo ²1973
Smith, Bradley F., Der Jahrhundert-Prozeß. Die Motive der Richter von Nürnberg – Anatomie einer Urteilsfindung, Frankfurt a. M. 1977
Smith, Bradley F., The Road to Nuremberg, New York 1981
Sontheimer, Kurt, Gegen den Mythos der 68er. Die Studentenrevolte war keine Nachgeschichte der NS-Zeit. Eine Replik auf Norbert Frei, in: Die Zeit, v. 8. Februar 2001
Steinbach, Peter, Nationalsozialistische Gewaltverbrechen. Die Diskussion in der deutschen Öffentlichkeit nach 1945, Berlin 1981
Steinberger, Petra (Hg.), Die Finkelstein-Debatte, München/Zürich 2001
Stephan, Cora, Schuldstolz, in: Merkur 53 (1999), S. 462–466
Stern, Frank, Im Anfang war Auschwitz. Antisemitismus und Philosemitismus im deutschen Nachkrieg, Tel Aviv 1991
Sugino Yoshiro, Japanese Political Culture and Confucianism, Ann Arbor, Mi. 1994
Sunder-Plaßmann, Anne, Rettung oder Massenmord? Die Repression der Stalin-Ära in der öffentlichen Diskussion seit dem Beginn der Perestrojka, Hamburg/London 2000
Takahashi Shigeio/Horst Nusser/Ichiro Kamura, Japan. Politische Geschichte im 19. und 20. Jahrhundert. Materialien zur Geschichte und Sozialkunde, München 1996 (nicht paginiert)
Tanaka Hiroshi, Japans Nachkriegsverantwortung und Asien. Nachkriegsentschädigungen und Geschichtsauffassung, in: ZfG 47 I (1999), S. 389–412
Tanaka Yuki, Hidden Horrors. Japanese War Crimes in World War II, Oxford 1996
Taylor, Telford, Die Nürnberger Prozesse. Hintergründe, Analysen und Erkenntnisse aus heutiger Sicht, München 1994
Tempel, Sylke, Legenden von der Allmacht. Die Beziehungen zwischen amerikanisch-jüdischen Organisationen und der Bundesrepublik Deutschland seit 1945, Frankfurt a. M. 1995

Thamer, Hans-Ulrich, NS-Vergangenheit im politischen Diskurs der 68er-Bewegung, in: Westfälische Forschungen 48/1998, S. 39–53
Thayer, Nathaniel, How the Conservatives Rule Japan, Princeton, N.J. 1969
Thürk, Harry, Singapore. Der Fall einer Bastion, Berlin 1993
Thurston, Donald R., Teachers and Politics in Japan, Princeton 1973
Toyka-Seid, Christiane, Gralshüter, Notgemeinschaft oder gesellschaftliche „Pressure-Group"? Die Stiftung „Hilfswerk 20. Juli 1944" im ersten Nachkriegsjahrzehnt, in: Gerd R. Ueberschär (Hg.), Der 20. Juli. Das andere Deutschland in der Vergangenheitspolitik nach 1945, Berlin 1998, S. 196–211
Trimbur, Dominique, L'influence américaine sur la politique israélienne de la RFA, 1951–1956, in: Relations Internationales, Nr. 109 (2002), S. 197–218
Tsuchimochi, Gary H., Education Reform in Postwar Japan. The 1946 U.S. Education Mission, Tokio 1993
Tsuneishi, Warren M., Japanese Political Style, New York 1966
Tsurumi Shunsuke, A Cultural History of Postwar Japan, London/New York 1987
Tsurumi Shunsuke, What the War Trials left to the Japanese People, in: Hosoya Chihiro u.a (Hg.), The Tokyo War Crimes Trial, An International Symposium, Tokyo 1986, S. 134–146
Tümmler, Hans, «Deutschland, Deutschland über alles». Zur Geschichte und Problematik unserer Nationalhymne, Köln/Wien 1979
Uhe, Ernst, Der Nationalsozialismus in den deutschen Schulbüchern, Frankfurt a. M. 1972
Ursachen und Folgen. Vom deutschen Zusammenbruch 1918 und 1945 bis zur staatlichen Neuordnung Deutschlands in der Gegenwart. Eine Urkunden- und Dokumentensammlung zur Zeitgeschichte. Hg. und bearb. von Herbert Michaelis u. Ernst Schraepler, Bd. 23, Berlin 1976
Vahlefeld, Hans Wilhelm, Japan. Herausforderung ohne Ende, Stuttgart 1992
Vogt, Helmut, Wächter der Bonner Republik. Die Alliierten Hohen Kommissare 1949–1955, Paderborn u. a. 2004
Voigt, Lothar, Aktivismus und moralischer Rigorismus: die politische Romantik der 68er Studentenbewegung, Wiesbaden 1991
Vollnhals, Clemens (Hg.), Entnazifizierung. Politische Säuberung und Rehabilitierung in den vier Besatzungszonen 1945–1949, München 1991
Wachs, Philipp-Christian, Der Fall Theodor Oberländer (1905–1998). Ein Lehrstück deutscher Geschichte, Frankfurt a. M./New York 2000
Wagner, Patrick, Die Resozialisierung der NS-Kriminalisten, in: Herbert (Hg.), Wandlungsprozesse, S. 179–213
Wagner, Wieland, Massenmedien, in: Manfred Pohl/Hans Jürgen Mayer, Länderbericht Japan, Bonn ²1998, S. 455–460
Ward, Robert E./Sakamoto Yoshikazu, Democratizing Japan. The Allied Occupation, Honolulu 1987
Wakabayashi, Bob Tadashi, The Nanking 100-men killing contest debate: War guilt amid fabricates illusions 1971–1975, in: Journal of Japanese Studies 26 (2000), S. 307–340
Warren, Alan, Singapore 1942. Britains Greatest Defeat, Hambledon/London 2002
Weber, Jürgen/Michael Piazolo (Hg.), Justiz im Zwielicht. Ihre Rolle in Diktaturen und die Antwort des Rechtsstaates, München 1998
Weber, Jürgen, Auf dem Wege zur Republik 1945–1947. 30 Jahre Bundesrepublik Deutschland, Bd. 1, München 1978
Weber, Wolfgang, Die „Kulturrevolution" 1968, in: Volker Dotterweich (Hg.), Kontroversen der Zeitgeschichte. Historisch-politische Themen im Meinungsstreit, München 1998, S. 207–228
Weglyn, Michiko, Years of Infamy. The Untold Story of America's Concentration Camps, New York 1976
Weinke, Annette, Die Verfolgung von NS-Straftätern im geteilten Deutschland. Vergangenheitsbewältigungen 1949–1969, Paderborn 2002
Welzer, Harald/Sabine Moller/Karoline Tschuggnall, „Opa war kein Nazi". Nationalsozialismus und Holocaust im Familiengedächtnis, Frankfurt a. M. 2002
Weiß, Matthias, Journalisten: Worte als Taten, in: Norbert Frei (Hg.), Karrieren im Zwielicht. Hitlers braune Eliten nach 1945, Frankfurt a. M./New York 2001, S. 241–299

Wengst, Udo, Beamtentum zwischen Reform und Tradition. Beamtengesetzgebung in der Gründungsphase der Bundesrepublik Deutschland 1948–1953, Düsseldorf 1988
Wengst, Udo, Thomas Dehler 1897–1967. Eine politische Biographie, München 1997
Wengst, Udo, Die rechtliche Ahndung von NS-Verbrechen in den Westzonen und in der Bundesrepublik Deutschland, unveröff. Vortragsmanuskript
Wentker, Hermann, Die juristische Ahndung von NS-Verbrechen in der Sowjetischen Besatzungszone und in der DDR, in: Kritische Justiz 35 (2002), S. 60–78
Wetzler, Peter, Kaiser Hirohito und der Krieg im Pazifik, in: VfZ 37 (1989), S. 611–644
Whitney, Courtney, MacArthur. His Rendezvous with History, New York 1956
Wickert, Erwin (Hg.), John Rabe. Der gute Deutsche von Nanking, Stuttgart 1997
Wieland, Günther, Der Jahrhundertprozeß von Nürnberg. Nazi- und Kriegsverbrecher vor Gericht, Berlin 1986
Williams, Justin, Sr., Japan's Political Revolution under MacArthur. A Participant's Account, Athens 1979
Williams, Peter/David Wallace, Unit 731: The Japanese Army's Secret of Secrets, London 1989
Winkler, Heinrich August, Der lange Weg nach Westen. Zweiter Band. Deutsche Geschichte vom „Dritten Reich" bis zur Wiedervereinigung, München ⁴2002
Wolfe, Robert (Hg.), Americans as Proconsuls. United States Military Government in Germany and Japan, 1944–1954, Carbondale/Edwardsville 1984
Wolffsohn, Michael, Ewige Schuld? 40 Jahre deutsch-jüdisch-israelische Beziehungen, München/Zürich 1988
Wolfrum, Edgar, Geschichtspolitik in der Bundesrepublik Deutschland. Der Weg zur bundesrepublikanischen Erinnerung 1948–1990, Darmstadt 1999
Wolgast, Eike, Die Wahrnehmung des Dritten Reiches in der unmittelbaren Nachkriegszeit (1945/46), Heidelberg 2001
Woller, Hans, Gesellschaft und Politik in der amerikanischen Besatzungszone. Die Region Ansbach und Fürth, München 1986
Woller, Hans, Der Rohstoff des kollektiven Gedächtnisses. Die Abrechnung mit dem Faschismus in Italien und ihre erfahrungsgeschichtliche Dimension, in: Cornelißen/Klinkhammer/Schwentker (Hg.), Erinnerungskulturen, S, 67–76
Woodward, William B., The Allied Occupation of Japan 1945–1952 and Japanese Religions, Leiden 1972
Yagyû Kunichika, Der Yasukuni-Schrein im Japan der Nachkriegszeit. Zu den Nachwirkungen des Staatsshintô, in: Cornelißen/Klinkhammer/Schwentker (Hg.), Erinnerungskulturen, S. 243–253
Yang Daqing, Re-Examining the Japanese Atrocities in Nanjing: Two Recent Publications, in: Japanstudien 10 (1998), S. 371–375
Yang Daqing, The Malleable and the Contested: The Nanjing Massacre in Postwar China and Japan, in: Perilous Memories. The Asia-Pacific War(s), hg. von T. Fujitani/Geoffrey M. White/Lisa Yoneyama, Durham/London 2001, S. 50–86
Yoneyama, Lisa, Hiroshima Traces. Time, Space and the Dialectics of Memory, Berkeley 1999
Yoshimi Yoshiaki, Comfort Women. Sexual Slavery in the Japanese Military During World War II, New York 2000
Yoshida Shigeru, Japan im Wiederaufstieg. Die Yoshida-Memoiren, Düsseldorf/Köln 1963
Yoshida Takashi, A Battle over history. The Nanjing Massacre in Japan, in: Joshua A. Fogel (Hg.), The Nanjing Massacre in History and Historiography, Berkeley u. a. 2000, S. 70–132
Yoshitsu, Michael M., Japan and the San Francisco Peace Settlement, New York 1983
Zahl, Karl Friedrich, Die politische Elite Japans nach dem Zweiten Weltkrieg (1945–1965), Wiesbaden 1973
Zuckermann, Moshe, Zweierlei Holocaust. Der Holocaust in den politischen Kulturen Israels und Deutschlands, Göttingen 1998

Personenregister

Achenbach, Ernst 127
Acheson, Dean 33, 88
Adenauer, Konrad 5, 11, 37, 40, 64, 85 ff., 88, 111 f., 116, 124–127, 130 f., 141, 143 ff., 159, 172
Adorno, Theodor W. 3
Amano Teiju 121
Anderson, Mark M. 165
Antoni, Klaus 98
Asanuma Inejiro 177
Assmann, Aleida 165
Assurnassirpal II. 41
Augstein, Rudolf 116

Baerwald, Hans H. 68, 118
Bahr, Egon 105
Bargen, Werner von 64
Baring, Arnulf 7
Baudissin, Wolf Graf von 136
Bauer, Fritz 127
Baumgartner, Josef 129
Benedict, Ruth 12, 74, 76, 83, 106
Benz, Wolfgang 72, 128
Berg, Nikolas 111
Berghoff, Hartmut 6
Biddle, Francis 67
Bismarck, Otto von 111
Blasius, Rainer 125
Böhm, Franz 87
Bohrer, Karl Heinz 165
Brackmann, Arnold 18
Brandt, Willy 105, 125, 164
Brauer, Max 52
Brentano, Heinrich von 88
Brüning, Heinrich 124
Bubis, Ignaz 163
Buruma, Ian 6, 18, 28, 49
Bussche, Axel von dem 136

Camus, Albert 4
Carter, Jimmy 160
Chang, Iris 1, 14, 18, 39
Chun Doo-Hwan 154
Chung-hee Park 81 f.
Churchill, Winston 1, 164
Clay, Lucius D. 36

Cohen, David 14
Conrad, Sebastian 7, 8, 11 f.
Cornelißen, Christoph 3, 7
Coulmas, Florian 74 f.

Dehler, Thomas 126
Dibelius, Otto 103
Dirks, Walter 130
Dohnanyi, Klaus von 162 f.
Dower, John W. 32
Dregger, Alfred 162

Eckert, Georg 112
Eichmann, Adolf 104, 145
Eisele, Hans 143
Eisenhower, Dwight D. 120
Eisenmann, Peter 166
Etô Jun 101

Fest, Joachim 164
Finkelstein, Norman 160
Fischer, Fritz 111
Fischer, Joseph 163 f.
Foljanty-Jost, Gesine 8
Fränkel, Wolfgang 145
Frank, Anne 42
Frei, Norbert 6, 10 f., 69, 89, 130, 142, 173
Freisler, Roland 72
Frevert, Ute 166
Friedrich, Jörg 166
Fuhr, Eckhard 165
Fuhrt, Volker 5, 8, 12
Fukasawa Shichiro 177
Fujio Masayuki 158
Fujioka Nobukatsu 159

Gall, Lothar 162
Gassert, Philipp 125
Gasteyger, Curt 35
Geißler, Heiner 164
Gerstenmaier, Eugen 124
Giordano, Ralph 5
Globke, Hans 144
Gluck, Carol 156
Göring, Hermann 29
Gomikawa Jumpei 132

Grass, Günter 166
Grew, Joseph 32
Grosser, Alfred 1, 3
Gruhl, Werner 15
Güde, Max 72

Habermas, Jürgen 164f.
Hallstein, Walter 64
Hansen, Niels 86
Harries, Meirion 66
Harries, Susie 66
Hartmann, Christian 16, 20
Hartmann, Rudolf 8
Hatoyama Ichiro 57, 60, 119f.,
Hattori Takushirô 109
Haupt, Heinz-Gerhard 2
Heimpel, Hermann 2
Heinrich IV. 106
Herbert, Ulrich 142f.
Heuss, Theodor 52f., 61, 128
Higashikuni Naruhiko 50
Hildebrand, Klaus 162
Hiraizumi Kiyoshi 108ff.
Hirohito (Tennô) 17, 20f., 24–31, 33, 45ff., 49ff., 53, 63, 75, 91f., 95–98, 109, 114, 120, 122, 151, 156f., 168
Hirota Kôki 47f.
Hirsch, Helga 166
Hitler, Adolf 1, 11, 15, 20, 23, 28, 31, 64, 94, 104, 111f., 126f., 145, 163f.
Hodenberg, Christina von 115
Höfer, Werner 115
Hoefner, Wilhelm 62
Höß, Rudolf 40
Honda Katsuichi 14, 151
Horkheimer, Max 3
Hosaka Masayasu 147f.
Hosokawa Morihiro 159
Hugenberg, Alfred 124
Hundhammer, Alois 124, 129

Ida Makato 74
Ienaga Saburô 18, 42, 108, 153
Igarashi Yoshikuni 26
Ikeda Hayato 121f., 177
Ishida Yuji 19

Jackson, Robert 45
Jaspers, Karl 51
Jenninger, Philipp 163
Jiang Kaishek 33, 77
Johnson, Chalmers 156

Kagawa Toyohiko 82f.
Kaiser, Jakob 94, 124
Kamei Fumio 49
Kanba Michiko 139

Katzenstein, Ernst 88
Kawai Kazuo 48, 96
Kawashima Takeyoshi 93
Keenan, Joseph B. 45
Kennan, George F. 34
Kido Kôichi 46
Kielmansegg, Johann Adolf Graf von 136
Kielmansegg, Peter Graf 149, 162
Kiesinger, Kurt Georg 124f.
Kirkpatrick, Ivone 126
Kishi Nobusuke 75, 119f., 125, 134, 147f.
Klarsfeld, Beate 125
Klinkhammer, Lutz 3, 7
Koch, Erich 40
Kocka, Jürgen 2, 64
König, Helmut 10
Kogon, Eugen 52
Kohl, Helmut 162ff.
Kôno Ichirô 115
Krupp, Alfried 70
Kubota Kan'ichirô 80f.
Küstermeier, Rudolf 87

Lafontaine, Oskar 164
Langewiesche, Dieter 165
Langhoff, Wolfgang 52
Leckie, Robert 16
Lee Kwan-Yew 1
Lehr, Robert 127
Levi, Primo 42
Lloyd, Selwyn 144
Lübbe, Hermann 142
Lüth, Erich 87

MacArthur, Douglas 25–29, 32ff., 47ff., 58, 68, 80, 91f., 95, 168
Macdonald, Dwight 42
Macmillan, Harold 144
Maier, Charles S. 167
Maier, Franz Karl 61
Maier, Reinhold 61
Makino, Uwe 18
Mann, Thomas 52
Mao Zedong 33, 47
Marshall, George C. 33
Martin, Bernd 9
Maruyama Masao 22, 29
Marxen, Klaus 19
Masamori Sase 7
Matsui Iwane 16, 23, 106
Matsumoto Jiichirô 61
McCloy, John 19, 25, 70
McCormack, Gavan 19
Menzel, Ulrich 7
Meyers, Franz 127
Mielcke, Karl 112
Miki Bukichi 115

Mink, Andreas 11
Mishima Ken'ichi 122
Mitscherlich, Alexander 5, 28f.
Mitscherlich, Margarete 28f.
Möller, Horst 162
Mommsen, Hans 162
Momper, Walter 163
Montgomery, John D. 8, 60, 62
Morgenthau, Henry 67f.
Motoshima Hitoshi 75f.
Miyazawa Kôichi 47
Müller, Josef 61, 124
Müller-Gangloff, Erich 104
Müller-Meiningen, Ernst 145
Murao Jirô 110
Murayama Tomiichi 159

Nagai Kafû 113
Nagano Shigeto 158
Nakasone Yasuhiro 100, 122, 157
Nannen, Henri 115
Naumann, Werner 126f.
Nieland, Friedrich 143
Nolte, Ernst 163f.
Nomura Kichisaburo 134
Novick, Peter 36, 160f.
Nowak, Kurt 105

Oberländer, Theodor 144f.
Odate Shigeo 121
Ogata Taketora 114
Ohnesorg, Benno 146
Okawa Shumei 16
Okuno Seisuke 158
Ôshima Hiroshi 99
Oster, Achim 136
Osterhammel, Jürgen 9

Papen, Franz von 124
Peres, Shimon 42
Perry, Matthew C. 17
Pius XII. 102
Poller, Walther 52
Pross, Christian 88

Raiser, Ludwig 105
Rassow, Peter 112
Remer, Ernst-Otto 127
Reuter, Ernst 126
Rhode, Gotthold 105
Rothfels, Hans 112
Ribbentrop, Joachim von 64
Ritter, Gerhard 111

Robespierre, Maximilien de 61
Röling, Bernhard V. A. 41
Roosevelt, Franklin D. 38, 67f.

Satô Eisaku 122, 135, 141
Sato Tadao 49
Scheffer, Paul 165
Schlüter, Leonhard 137
Schmid, Carlo 94
Schröder, Gerhard 144
Schröder, Louise 126
Schütz, Klaus 146
Schumacher, Kurt 86, 130
Schwarz, Hans-Peter 88, 142, 162
Schwentker, Wolfgang 3, 7
Schwerin, Ulrich Wilhelm Graf von 136
Seebohm, Hans-Christoph 144
Shidehara Kijûro 22, 51, 53, 57, 91f.
Shiina Etsusaburô 81f.
Speer, Albert 120, 124
Steltzer, Theodor 52
Stimson, Henry L. 55, 67
Suzuki Zenko 155
Syngman Rhee 80

Takeyama Michio 109
Thamer, Hans Ullrich 6
Thielicke, Helmut 103
Tôjô Hideki 28, 44, 47, 57
Tominaga Shozo 132
Truman, Harry S. 25, 27, 32f., 68
Tsuji Masanobu 73
Tsunoda Jun 110

Ulbricht, Walter 112

Wachs, Philipp Christian 145
Walser, Martin 165
Weber, Wolfgang 148
Wehler, Hans-Ulrich 172
Weisenborn, Günther 52
Weizsäcker, Richard von 11, 163
Werle, Gerhard 19
Whitney, Courtney 33
Wilson, Woodrow 55
Winkler, Heinrich August 163
Wirmer, Ernst 128
Wolffsohn, Michael 88

Yoshida Shigeru 49, 79f., 116f., 119ff., 123, 125

Zind, Ludwig 143